Journal de la comtesse Léon Tolstoï, Tome II

Sophie Tolstoï

© 2024, Sophie Tolstoï (domaine public)
Édition : BoD • Books on Demand GmbH, In de Tarpen 42, 22848 Norderstedt (Allemagne)
Impression : Libri Plureos GmbH, Friedensallee 273, 22763 Hamburg (Allemagne)
ISBN : 978-2-3225-3882-9
Dépôt légal : août 2024

25 janvier 1891.

Levée de bonne heure ; le rhume, je suis souffrante. Arrivée à Toula par un temps clair et doux. Non loin du pont, rencontré Liovotchka qui revenait déjà de promenade ; son expression était sereine, radieuse. Partout, toujours, j'aime à l'apercevoir, surtout lorsque je ne m'y attends pas. — A Toula, réglé quelques affaires : touché l'argent provenant de la vente du bois ; discuté avec le prêtre d'Ovsiannikovo au sujet du partage. J'ai cédé sur la plupart des points et nous sommes presque arrivés à un accord. Je suis allée voir les Raievskii, les Sverbéiev et les Zinoviev chez qui j'ai rencontré Arséniev, maréchal de la noblesse du département. Depuis l'année dernière, je remarque que l'on commence à me traiter en *vieille femme*. Bien que je n'y sois pas accoutumée, cela ne me fait que peu de peine. Nous sommes si habitués à sentir qu'il dépend de nous de susciter en autrui sympathie et admiration. Ce que j'attends des gens, maintenant, c'est plutôt de l'amitié et du respect.
Ce soir, en corrigeant les épreuves de la *Sonate à Kreutzer*, j'ai pensé que la femme, dans sa jeunesse, aime avec son cœur et se donne volontiers à l'être élu, parce qu'elle voit quelle joie c'est pour lui. Lorsque, dans son âge mûr, elle jette un coup d'œil en arrière, la femme comprend soudain que l'homme ne l'a aimée que lorsqu'il avait besoin d'elle et se souvient que dès qu'il était satisfait, il cessait d'être tendre pour devenir hargneux et prendre un ton rude et

sévère.

Alors, la femme, qui longtemps a fermé les yeux sur toutes ces choses, commence à éprouver elle-même des désirs sensuels. C'en est fait de l'amour qui vient du cœur, de l'amour sentiment. Comme l'homme, la femme devient périodiquement sensuelle, passionnée et exige que son mari la satisfasse. Malheur à elle, si, à ce moment, son mari a cessé de l'aimer et malheur à lui, s'il n'est pas en mesure de satisfaire les exigences de sa femme. — De là tous ces vilains drames de famille et tout ces divorces si inattendus dans un âge avancé. Le bonheur se subsiste que là où l'âme et la volonté triomphent du corps et des passions. — La *Sonate à Kreutzer* est inexacte en tout ce qui concerne la femme dans sa jeunesse. La femme jeune, surtout celle qui met au monde des enfants et les nourrit, ignore ces passions sensuelles. D'ailleurs, elle n'est femme qu'une fois tous les deux ans. C'est seulement vers la trentaine que la passion s'éveille.

Rentrée de Toula à 6 heures et dîné seule. Liovotchka était venu au-devant de moi, mais, à mon vif regret, nous ne nous sommes pas rencontrés. Il se montre plus tendre envers moi ces derniers temps et volontiers je m'abandonnerais encore à mes anciennes illusions. Mais comment ne pas songer que cela provient toujours de la même cause : dès qu'il se porte mieux, voilà que se réveille en lui le coutumier désir.

Toute la soirée, je me suis évertuée à corriger les épreuves de la *Sonate à Kreutzer* et de la postface ; puis j'ai fait des comptes, dressé une liste de tout ce que j'aurai à faire à

Moscou : achats de graines et de diverses autres choses, des commissions.

26 janvier 1891.

Levée à 10 heures Vanitchka est venu dans ma chambre. Dès qu'on l'eut habillé, on l'a mené promener. Achevé la correction des épreuves relues hier ; consulté encore une fois le catalogue des graines, noté divers articles. J'ai donné une leçon de musique à Andrioucha et à Micha. Andrioucha est terriblement entêté et désagréable pendant les leçons ; il a pris maintenant un ton qu'il est très difficile de lui faire perdre. — Les enfants Sverbéiev, accompagnés de leur Anglaise, les deux Raievskii et Serge Berger sont venus nous voir. Après avoir organisé différents jeux, ils sont allés luger sur la colline. J'ai accompagné Ivan Aleksandrovitch qui me fait pitié, car, devant la souffrance, il est faible comme un enfant. — Je suis allée auprès de Liovotchka pour lire avec lui la lettre du vieux Gay. A cette occasion, j'ai dit à Léon Nikolaïévitch que, parmi ses disciples, ceux que je préférais étaient Nicolas Nikolaïévitch, le fils de vieux Gay et le prince Khilkov. J'ai ajouté que ces gens avaient une culture universitaire, de vieilles traditions, qu'en cela résidaient leur force, leur charme et leur valeur intime et que nous verrions ce que *seraient leurs enfants*. Liovotchka a répliqué aussitôt d'un ton hargneux et irrité ; la conversation a pris un tour désagréable. Je lui en ai fait doucement l'observation et me suis retirée non sans éprouver à son endroit quelque ressentiment. Si l'on savait combien il y a peu de douceur et de vraie bonté en lui et que de choses il fait, *par principe, et non en suivant le mouvement de son cœur.*

Toute la maisonnée est allée se coucher. Je vais en faire autant. Dieu me préserve cette nuit de ces songes coupables qui m'ont réveillée ce matin !

4 février 1891.

J'ai eu beaucoup à endurer tous ces derniers temps. La nuit du 27 au 28, je suis partie à Moscou pour affaires. Démarches peu intéressantes. Le premier jour, après avoir dîné chez les Mamonov, je suis allée au concert avec Ourousov, Tania et Liova[1]. Grjimali et Poznanskaïa ont joué la *Sonate à Kreutzer*, Poznanskaïa est restée au piano toute la soirée. C'était si fatigant et il faisait si chaud que je n'ai pas pu suivre la musique bien que je sentisse que les artistes jouaient très bien. Le lendemain matin, j'ai versé à la Banque de Moscou 7 600 roubles pour dégrever d'hypothèques la propriété de Grinievka et, simultanément, j'ai déposé à la Banque de la Noblesse une demande de crédits hypothécaires. Dîné chez Feth où j'ai trop parlé. Le pire, c'est que j'ai été assez sotte pour me plaindre que Liovotchka ne m'aimât pas assez. Le soir, trouvé à la maison Dounaïev qui m'a aidée à faire les comptes avec le commis. Au sujet de Dounaïev, oncle Kostia a fait cette remarque : « Celui [1] qui soupire après toi. » Cela a suffi pour me gâter à tout jamais Dounaïev bien qu'il ait une si grande simplicité et bonté d'âme. Kouzminskii et Macha sont arrivés mardi matin de Iasnaïa Poliana ; j'ai été heureuse d'avoir par eux des nouvelles de la maison. Nous avons passé trois heures à bavarder gaiement, et à rire. Nous avons déjeuné ensemble. Tania, Liova, Viéra Pétrovna et Lili Obolienskaïa étaient aussi de la partie. Dès qu'Ourousov nous eut rejoints, nous nous sommes rendus chez Chidlovski. Le mercredi, chez les Séviertzov, où j'ai rencontré oncle Kostia et les Néchtchérinov, nous avons parlé du mariage et de l'amour. Le jeudi, chez les Diakov, en compagnie de Lisa, de Varia et de Macha Kolokoltzeva, je me suis sentie très à l'aise, comme à la maison, l'atmosphère était des plus amicales. J'ai mené les affaires à bonne fin. Ce qui me préoccupe, ce ne sont ni les gens ni les affaires, mais bien mon fils Liova, l'état où il se trouve, sa vie morale si complexe, son pessimisme, ses essais littéraires. Il m'a lu une de ses œuvres, *Montechristo*, un conte très touchant, très émouvant, presque enfantin. Il a envoyé un autre conte à *la Semaine* où Gaïdebourov lui a promis de le faire paraître au cours du mois de mars. C'est un secret, Liova m'a priée de n'en parler à personne. Je suis heureuse à la pensée que, même au cas où je devrais survivre à Liovotchka, je ne serais pas privée de cette atmosphère intellectuelle et artistique dont j'ai été enveloppée toute ma vie et à laquelle je suis habituée. Grâce à mon fils, je continuerai à m'intéresser à tout ce qui a si heureusement comblé mon existence. En lui, j'aimerai et lui-même et son père et ma propre vie. Mais qu'adviendra-t-il ?

Encore une émotion ! En rentrant à la maison, j'ai trouvé Micha Stakhovitch qui, pour la première fois et de façon assez inattendue, m'a avoué que depuis des années, il soupirait après Tania : « J'ai longtemps tâché de mériter Tatiana Lvovna, mais elle ne m'a jamais donné aucun espoir[2]. » Et nous qui croyions qu'il songeait à Macha ! Le récit que j'ai fait à Tania de cet aveu l'a vivement troublée. Je serais heureuse qu'elle épousât Micha Stakhovitch. J'ai beaucoup d'affection pour lui et, parmi les jeunes gens que je connais, c'est lui qui me plaît le mieux. N'est-il pas tout naturel que je désire voir ma fille chérie épouser le jeune homme que je préfère ?

Nous avons été très gais ces jours derniers. Kern et sa femme sont venus, puis les jeunes Raievskii, Dounaïev et Almazov. Stakhovitch a été notre boute-en-train. Les enfants ont lugé dimanche et pendant ces deux jours de fête. Je suis allée voir la mère aveugle d'un de nos serviteurs. Je lui ai donné des nouvelles de son fils et ai été heureuse de lui faire ce plaisir.

Aujourd'hui, j'ai fait travailler les enfants. Andrioucha a été paresseux pendant mon absence et n'a pas su sa leçon. J'ai perdu patience et l'ai chassé. Mon Dieu ! que de peines et que de tourments il me cause ! Bien que Liovotchka ne soit pas très en forme, il s'est rendu aujourd'hui à cheval à Iasienki et, après dîner, il a joué du Chopin. Aucun jeu ne m'émeut autant que le sien ; il a beaucoup de sentiment et trouve toujours l'expression exacte. Il a confié à Tania qu'il

méditait sur une œuvre artistique considérable et il a confirmé ce dire à Stakhovitch. Macha s'est décidée brusquement à aller à Pirogov, mais je ne l'ai pas laissée partir, car il fait froid, — 15 degrés et elle est enrouée. La nouvelle que Stakhovitch lui préfère Tania l'aurait-elle affligée ? On lui a tant de fois affirmé le contraire !
Tania est allée à Toula avec miss Lydia pour faire faire sa photographie. Micha Stakhovitch la lui a demandée et elle s'est hâtée d'aller au-devant de son désir. Elle est très émue… Encore une fois… à la grâce de Dieu !

6 février 1891.

Levée à 10 heures. Vu en songe mon petit Pétia, le fils que j'ai perdu. Macha le ramenait, je ne sais d'où, brisé et défait. Il est déjà grand, aussi grand que Micha à qui il ressemble. Nous nous sommes fait fête l'un à l'autre. Toute la journée, je l'ai vu, devant mes yeux, dans cette même demi-obscurité qui l'enveloppait lorsqu'il était malade. Passé tout le jour à tailler, à coudre, pour Andrioucha et Micha, des pantalons que j'ai terminés vers le soir. Liovotchka nous a lu *Don Carlos* de Schiller, je l'ai écouté en tricotant. Voici 11 heures. Liovotchka vient de partir à cheval pour Kozlovka chercher le courrier. Les fillettes sont allées se coucher. Elles sont toutes deux inquiètes, malheureuses même, depuis que Micha Stakhovitch a avoué ses sentiments pour Tania. Je lis la *Physiologie de l'Amour moderne* de Paul Bourget et, jusqu'à présent, je ne comprends pas ce dont il s'agit. D'ailleurs je ne fais que commencer, mais le livre ne me plaît pas.

Liovotchka est en admiration devant Vanitchka et joue avec lui. Ce soir, il a mis à tour de rôle Vanitchka et Sacha dans une corbeille vide dont il a rabattu le couvercle et, accompagné d'Andrioucha et de Micha, il les a promenés à travers les chambres. Les enfants le récréent, mais il ne s'occupe absolument pas d'eux.

7 février.

Tania est malade, elle a 39°,3, des douleurs dans les jambes, mal au dos et au ventre. Donné plusieurs leçons à Andrioucha et à Micha. Les maux de tête dont souffre constamment ce dernier m'inquiètent. Je suis sans nouvelle de mon fils Liova, ce qui me fait grand' peine. Serait-il malade ? Reçu une lettre de Manitchka Stakhovitch, mais c'est de Micha que j'en attendais une. Hier et aujourd'hui, j'aurais voulu accompagner Liovotchka à Kozlovka, mais il s'y rend toujours à cheval, c'est à croire qu'il le fait exprès. Il est redevenu sec, affecté et désagréable. Hier soir, j'étais intérieurement si fâchée contre lui ! Il m'a empêchée de dormir jusqu'à 2 heures du matin. Il a commencé par rester en bas pour faire sa toilette qui a duré si longtemps que je craignais qu'il ne fût malade. Se laver est pour lui tout un événement ! Il m'a raconté que ses pieds sont couverts de crasse et que, sous les croûtes, se sont formées des plaies dont il commence à souffrir. J'en éprouve un tel dégoût !

[22]. Après, il s'est couché. Quand il n'a pas besoin de moi pour son plaisir, je ne suis pour lui qu'un objet encombrant. L'aversion que je ressens ces jours-ci pour le côté physique de la vie de mon mari m'est extrêmement pénible, mais je ne peux pas, je ne peux pas m'habituer, je ne m'habituerai jamais à la saleté et à la mauvaise odeur. [12]. Je m'efforce de ne voir en lui que le côté spirituel et j'y parviens lorsqu'il est bon.

9 février.

Hier soir, enfin, mon rêve s'est accompli : j'ai accompagné mon mari jusqu'à Kozlovka. Nous avons fait le trajet en traîneau par un beau clair de lune. Pas de lettres. Aucune nouvelle de Liova. Tania semble mieux aller bien qu'elle ait encore 38°,6. C'est mon charmant petit Vanitchka qui vient de tomber malade. Il a de la fièvre lui aussi. Du vent, — 1°. Aujourd'hui, je suis triste et paresseuse. Confectionné à Vania un costume de marin, donné des leçons de musique durant deux heures, lu la brochure de Békétov, *le Régime alimentaire actuel et futur de l'homme*. L'auteur prédit la généralisation du végétarisme ; peut-être a-t-il raison ? Vanitchka tousse, cela me fait mal de l'entendre.

Dimanche, 10 février.

Depuis le dîner jusqu'au dîner, Tania a gémi tant ses maux de tête étaient violents ; la température a remonté jusqu'à

38°,5. Vanitchka est brûlant, il avait ce matin 39°,3. Maladie étrange, indéfinissable ! Non que je sois très inquiète, mais mes malades me font peine. Je ne me porte pas très bien non plus et n'ai pas fermé l'œil de la nuit. [11]. Copié le journal que Liovotchka a écrit à Sébastopol, très intéressant. Tricoté en tenant compagnie à mes malades. — Interrogé Andrioucha. Voilà une semaine qu'il ne sait pas sa leçon. L'école[3], organisée par Macha dans les dépendances de notre propre maison où fréquentent des gens de toute sorte, attire aussi mes enfants. Sacha y va également depuis que Tania est malade. Micha a une montre neuve dont il est enchanté. Seuls les enfants peuvent avoir de tels plaisirs. Je vois peu Liovotchka qui s'est remis à écrire sur la science et sur l'art. Il m'a montré aujourd'hui un article de l'*Open Court* où il est question de lui et où on lui reproche de ne pas conformer sa vie à ses principes sous prétexte que sa fortune est administrée par sa *femme* : « Nous savons quelle est en général l'attitude des hommes, et celle des Russes en particulier, à l'égard des femmes. Ce ne sont pas les femmes qui décident. » Cette phrase a été désagréable à Liovotchka, quant à moi, elle m'a laissée indifférente, je suis immunisée.

11 février 1891.

Andrioucha vient aussi de tomber malade. Vanitchka a passé une meilleure journée, mais cette nuit, il a eu de la fièvre. Annenkova est arrivée. Tania va beaucoup mieux.

Lettre brève de Liova. Beaucoup copié aujourd'hui. Cette partie du journal de Liovotchka sur la guerre de Sébastopol est intéressante.
J'ai travaillé et donné des leçons aux enfants.

12 février 1891.

Les enfants ont été malades tout le jour : chacun avait quelque chose : Macha avait mal au ventre, Tania à l'estomac, Micha aux dents ; Vanitchka a une éruption, Andrioucha de la fièvre et des vomissements. Seule Sacha est gaie et bien portante. Continué à copier le manuscrit de Liovotchka. Dans la soirée, il a pris son journal et s'est mis à le lire. Voilà qu'il me répète qu'il lui est désagréable que je le recopie. A part moi, j'ai pensé : « Si tu as pu mener si mauvaise vie, tu peux bien supporter ce désagrément. » Pas plus tard qu'aujourd'hui, il a fait toute une histoire, prétendant que je lui faisais, sans m'en douter, beaucoup de mal et qu'il aurait voulu anéantir ces documents. Après m'avoir adressé de vifs reproches, il m'a demandé si cela me ferait plaisir qu'on me rappelât les mauvaises actions dont le souvenir me tourmente, etc., etc... J'ai répondu que cela avait beau lui faire du mal, que je n'avais pas pitié de lui, qu'il pouvait brûler son journal si l'envie l'en prenait, que je ne regretterais pas la peine que je m'étais donnée pour le recopier. J'ai ajouté que si nous mettions en regard le mal que je lui avais fait et celui qu'il m'avait fait — il m'a si profondément blessée aux yeux du monde entier par sa dernière nouvelle la *Sonate à Kreutzer,* — le compte serait difficile à solder. Ses armes sont plus fortes et plus sûres que les miennes. Alors que, devant le monde, il voudrait rester sur ce piédestal sur lequel il s'est hissé au prix de tant d'efforts, son journal de jeunesse le replonge dans cette fange où il a vécu jadis et cela l'irrite.

Comment, pourquoi voit-on un lien entre la *Sonate à Kreutzer* et notre vie conjugale ? Je n'en sais rien, mais c'est un fait. Chacun, à commencer par l'empereur, pour finir par le frère de Léon Nikolaïévitch, sans oublier son meilleur ami Diakov, tout le monde est unanime à me plaindre. D'ailleurs à quoi bon parler d'autrui, moi-même, j'ai senti, dans le fond de mon cœur, que cette nouvelle était dirigée contre moi, qu'elle me blessait profondément, m'avait ravalée aux yeux du monde entier et qu'elle avait anéanti tout ce que nous avions conservé d'amour l'un pour l'autre. Et cela sans avoir, au cours de toute ma vie conjugale, fait un seul geste, jeté un unique regard qui eussent pu me rendre coupable aux yeux de mon mari. Ai-je eu dans le fond de mon cœur la possibilité d'aimer un autre être — y a-t-il eu une lutte ? — C'est là une autre question qui ne regarde que moi seule, c'est là le saint des saints dans lequel nul au monde n'a le droit de pénétrer, si je suis restée pure.

Pourquoi est-ce seulement aujourd'hui que j'ai avoué à Léon Nikolaïévitch mes sentiments touchant la *Sonate à Kreutzer* ? Voilà si longtemps qu'elle est écrite ! Eh bien ! tôt ou tard, il fallait qu'il les connût. D'ailleurs je n'ai fait que répondre au reproche qu'il m'adressait de lui faire du

mal. Je lui ai montré le mal qu'il m'a fait à moi.
Anniversaire de naissance de Macha. Douloureux fut le jour de sa naissance. Douloureux aussi en est le vingtième anniversaire !

13 février.

Nous avons terminé la conversation d'hier qui m'avait bouleversée en prenant la résolution de vivre ensemble, aussi sereinement et amicalement que possible, les années qui nous restent.
Les enfants continuent à se mal porter : Andrioucha a eu de la fièvre tout le jour ; Tania et Macha sont faibles et ont des maux de tête ; Micha souffre de névralgies. J'ai travaillé du matin au soir en tenant compagnie aux enfants et à Annenkova : taillé une robe de chambre pour Andrioucha ; stoppé des chaussettes, cousu une taie d'oreiller. Pendant la soirée, Liovotchka nous a terminé *Don Carlos* de Schiller. Reçu des lettres, moi une lettre de Liova, mon mari une lettre d'Alexandra Andréevna Tolstaïa. Bonnes nouvelles. Tania a quelque chose d'étrange, elle est hystérique. Les soucis quotidiens, les enfants, les maladies ont de nouveau paralysé ma vie spirituelle ; je souffre du sommeil où mon âme est plongée.

15 février.

Liovotchka m'a pour ainsi dire défendu de transcrire son

journal. Cela me fâche, j'avais déjà tant copié ! Il ne me restait plus que quelques pages du journal que j'ai entre les mains. Je continuerai ce travail en cachette de Liovotchka, — je veux absolument le mener à bonne fin. J'ai décidé depuis longtemps qu'il le fallait. — Les enfants sont guéris. Un télégramme de Liova annonçant qu'il est retenu à Moscou pour affaire et n'ira pas demain à Grinievka. Une lettre de Micha Stakhovitch au sujet du duel entre Lomonosov et le prince Vadbolskii. Tout ce que dit à ce propos Stakhovitch est très juste, le duel est un meurtre comme les autres. Il insiste pour que j'aille à Pétersbourg m'entretenir avec l'empereur des décisions prises par la censure quant aux œuvres de Léon Nikolaïévitch et fonde d'immenses espoirs sur ma visite à Alexandre III. Si j'étais plus tranquille quant à la maison et quant aux enfants, si j'aimais la *Sonate à Kreutzer*, si j'avais foi en l'*œuvre artistique* future de Liovotchka, j'irais. Mais où puiser la force maintenant ? Où prendre cet élan qui me permettrait d'avoir quelque influence sur l'empereur dont les opinions sont assez fermes ? Je ne sens plus en moi ce pouvoir que j'avais naguère d'agir sur les gens.

Nous sommes allés à Kozlovka chercher le courrier ; Liovotchka à cheval, Tania, Macha, Ivan Aleksandrovitch et moi en traîneau.

Clair de lune magnifique ; neige lisse et éclatante, route merveilleuse. Le froid et le silence. Nous avons chez nous — 12 degrés, mais en pleine campagne, la température est plus basse encore. En regagnant la maison, j'ai songé, non sans effroi, à l'existence de citadin. Comment se priver de cette belle nature, de cet espace, de ces loisirs qui font le charme de la vie à la campagne ?

16 février.

La lettre de Stakhovitch m'a si vivement émue que je ne fais que rêver du tzar, de la tzarine et ne pense pas à autre chose qu'à ce voyage à Pétersbourg. C'est surtout la vanité qui me pousse, mais je ne me laisserai pas prendre au piège, je n'irai pas. Liovotchka voulait partir à Pirogovo avec Macha, mais il est resté ici. Je sais pourquoi il est resté, je le sens au ton qu'il a pris avec moi.

J'ai travaillé tout le jour avec ardeur ; taillé du linge que j'ai cousu à la machine. Je continue à lire la *Physiologie de l'Amour moderne* ; cette analyse de l'amour sensuel m'intéresse. Donné aux enfants des leçons de musique ; nous avançons à pas lents, mais nous avançons. Andrioucha joue une sonate de Beethoven et Micha une sonate de Haydn. Micha a incomparablement plus de dispositions que son frère. Ce soir, Micha, Andrioucha et Alekséï Mitrofanovitch ont donné, dans notre école, des leçons aux jeunes filles du village et à nos servantes. Macha est si pâle et si maigre qu'elle fait peine à voir, mais il y a en elle quelque chose de touchant. Tania est excitée, inquiète, on dirait qu'elle attend quelque chose.

17 février.

Une lettre de Liova ; il est tombé malade à Moscou, de la même maladie, semble-t-il, qu'ont eue ici les enfants. Mais peut-être est-ce quelque chose d'autre. En tout cas je ne puis être tranquille bien que la lettre, écrite de la propre main de Liova, soit sincère et qu'il semble ne pas y avoir de danger. Ilia est à Moscou aussi, il a vendu le trèfle. J'ai écrit à Liova, à ma sœur Tania ainsi qu'à Micha Stakhovitch. Lettres mal venues. Reçu la visite de Nicolas Nikolaïévitch Gay et de sa femme. Il nous a apporté son nouveau tableau : *Judas le traître qui regarde s'éloigner le groupe des disciples*. La lumière de la lune est bien rendue, l'idée et le sujet sont bons, mais pauvrement traités. Sous un éclairage intense, c'est mieux (*sic*). Passé toute la journée avec Anna Pétrovna Gay ; mes occupations habituelles m'ont manqué. — Liovotchka s'est rendu à cheval à Toula d'où il est rentré très tôt, n'ayant pas trouvé les Davidov chez eux et ayant chargé le valet de chambre de les inviter à venir voir le tableau de M. Gay. Liovotchka est plein d'entrain, mais très agité. Aujourd'hui, il va à Toula, demain à Pirogovo ; tantôt il renonce à manger de la soupe grasse, tantôt il veut boire des infusions de malt d'avoine. Il est las de se bien porter, c'est évident. Toute cette agitation me déplaît et m'effraie. Il répète sans cesse qu'il ne peut pas écrire. Macha a eu de nouveau sa classe du soir et, comme elle était seule pour faire les cours, elle est fatiguée.

18 février.

Mauvaises nouvelles de Liova. Un télégramme annonçant que le docteur croit qu'il s'agit des mêmes malaises accompagnés de fièvre dont Liova a souffert il y a deux ans. A en croire la lettre qu'écrit le malade, il irait mieux, mais à ce que raconte Ilia qui arrive de Moscou, Liova serait atteint de la même maladie que toute le monde a eue à Iasnaïa Poliana. Dieu veuille qu'elle ne dure pas longtemps ! Demain Tania ira voir son frère à Moscou et moi je me rendrai à Toula pour l'affaire du partage des terres que nous possédons en commun avec le prêtre d'Ovsiannikovo. Très désagréable et ennuyeux.

Boutkévitch, Gay et moi avons lu à haute voix le récit d'un écrivain peu connu intitulé *les Heures*. Désagréablement discuté avec Ilia de questions d'argent. Macha se fane et m'inquiète. J'ai grand' pitié d'elle ! Les jours passent uniformes et sans couleur. Donné aujourd'hui une leçon de catéchisme qui a mal marché et brodé une couverture en tenant compagnie à Anna Pétrovna.

Un vent terrible, effrayant à entendre.

19 février.

Je suis allée à Toula : les magasins, le pope, la préfecture, les rues, c'est tout ce que j'ai vu. Les conversations avec le pope au sujet du partage n'ont abouti à aucun résultat. J'étais accompagnée d'Ivan Aleksandrovitch. Tania est partie pour Moscou auprès de son frère malade ; je m'en réjouis pour lui. L'état de Liova m'inspire peu d'inquiétudes, il me semble qu'aujourd'hui, il va mieux. Je l'aime tant que je ne puis pas m'imaginer qu'il pourrait lui arriver malheur.

J'ai brodé, mangé, sottement bavardé. En un mot, je suis bête. Raïevskii est venu voir le tableau de Gay. Ai rencontré dans la rue Davidov, ce qui m'a fait plaisir. Il m'est particulièrement sympathique. Oui, il est remarquable et il y a peu de gens comme lui.

20 février.

Nous venons d'accompagner les vieux Gay à Kozlovka. Deux lettres, une de Tania, l'autre de Liova écrite au crayon. Il va mieux, le matin il a 37 degrés et le soir 38°,6. Reçu un télégramme. Je suis inquiète des crises d'hystérie qu'a Micha pendant les leçons : il rit, il pleure... heureusement cela passe vite ! Peut-être que je le fais trop travailler ? Andrioucha, lui aussi, s'endort sur la besogne. Liovotchka, Macha et moi sommes allés à Kozlovka ; temps doux, du vent. Pendant la soirée, Liovotchka, les deux Gay et moi avons parlé de choses douloureuses : de nos relations conjugales et de la souffrance qu'éprouvent les maris lorsqu'ils ne sont pas compris par leurs femmes. Voici les propos de Liovotchka : « De même que les femmes enfantent dans la douleur, de même, c'est dans la douleur que nous mettons au monde une idée nouvelle ; il se produit en nous toute une transformation psychique et pourtant, on nous reproche nos souffrances et on n'en veut rien savoir. » A quoi j'ai répondu : « Pendant que vous mettez au jour ces enfants imaginaires, ces enfants spirituels, nous, avec de réelles souffrances, nous enfantons des êtres vivants qu'il nous faut nourrir, instruire, sur les biens desquels il nous incombe de veiller. Comment pourrions-nous briser notre vie morale déjà si complexe pour suivre les transformations psychiques qui s'opèrent en vous. Non seulement, il nous est impossible de les suivre, mais encore nous ne pouvons que les déplorer. » La discussion a duré longtemps, nous nous sommes faits l'un à l'autre maints reproches ; pourtant chacun de nous, dans le fond de son cœur, ne voulait qu'une seule chose, — tel est du moins mon constant désir, — ne pas toucher aux endroits douloureux et vivre ensemble le plus amicalement possible. Ceux qui disent et font réellement le bien avec générosité, — je ne parle pas seulement des maris aimés, — ne manquent jamais de rencontrer, tôt ou tard, la sympathie d'autrui.

23 février.

Gorbounov est notre hôte ; Annenkova vient d'arriver. Sacha est malade, elle a de la fièvre et tousse ; je fais tout ce que je peux pour la bien soigner, son état m'inspire des craintes. Annenkova m'a raconté avoir vu à Moscou Liova et Tania. Bien que Liova soit guéri, il n'ose encore se mettre en route. Nous avons reçu de Polonskii une lettre et des vers, *l'Angélus du soir*. Pendant la soirée, Liovotchka a cousu des bottes et s'est plaint d'avoir des frissons. Dehors, c'est la tempête, un vent terrible. Tout le jour, j'ai soigné Sacha en gardant Vanitchka ; donné à Andrioucha et à Micha une leçon de musique qui a duré deux heures, brodé une couverture. Des pensées coupables me tourmentent. C'est étrange, on dirait qu'elles ne me concernent pas, moins encore ma vie spirituelle, qu'elles me sont étrangères et restent là, à côté de moi, impuissantes à me toucher et à me corrompre.

Micha a bien joué aujourd'hui et m'a fait grand plaisir. Nous avons déchiffré à quatre mains la sérénade de *Don Juan*. Aux sons de cette mélodie, son visage s'est soudainement éclairé.

Andrioucha et lui font des cachotteries, ce qui m'inquiète beaucoup. Serait-ce M. Borel qui les déprave ? Qui sait ! La pureté, la sainte pureté m'a toujours été plus chère que tout au monde.

25 février.

Liovotchka, Macha, Pétia Raïevskii et Gorbounov, sont allés accompagner Annenkova jusqu'à Kozlovka. Dans la compagnie de Pétia, Macha est devenue plus gaie, elle est heureuse de l'intérêt qu'il lui témoigne.

Hier, une lettre de Liova assez sombre à cause de sa santé et une lettre de Tania plus rassurante. Ils n'osent pas encore se mettre en route. — Hier, à 4 heures du matin, j'ai été

réveillée par la toux de Vanitchka. Macha et moi avons sauté à bas du lit, lui avons donné à boire de l'eau de Seltz très chaude et lui avons fait faire des inhalations qui ont arrêté les étouffements. La toux et une forte fièvre, 40 degrés. Je craignais qu'il n'y en eût pour longtemps, mais juste vingt-quatre heures plus tard, c'est-à-dire aujourd'hui, tout était passé et il a pu chanter au salon. Sacha va aussi beaucoup mieux, elle est sur pied.
Donné aux enfants une leçon de catéchisme et parlé longuement avec Micha de la conception de Dieu. Il est déjà troublé par différentes négations, surtout par la négation de l'Église. J'ai essayé de lui expliquer le véritable sens de l'Église, tel que je le conçois : la société des fidèles, la conservatrice des choses sacrées, de la foi et non un ensemble de rites. [47]. Liovotchka se porte bien, il est calme et serein. Nous vivons en bons termes, amicalement, mais nos relations restent peu profondes, superficielles. Pourtant, elles sont meilleures qu'au début de l'hiver. Le vent continue à rugir. La fille d'Olga Erchova, une charmante enfant de sept ans, vient de mourir. Elle était très aimée de sa mère dont j'ai grand' pitié. Liovotchka et Annenkova sont allés la voir au village, et moi je suis souffrante et n'ai pas pu les accompagner.

28 février.

Ces journées ont passé sans que je m'en aperçoive. Vanitchka est encore malade et continue à beaucoup

tousser ; j'ai travaillé, donné des leçons et lu… [6]. Tania, Liova et Sonia Mamonova sont arrivés hier soir. Bien que Liova ait maigri, il n'a pas l'air malade. Sa santé lui inspire de continuelles craintes et effectivement son organisme est délicat. Tania est plus jolie et semble se mieux porter. Visite des trois frères Raïevskii qui arrivent de Kozlovka. Tous les enfants étaient allés à leur rencontre. La route est en mauvais état. Le temps reste clair, vent du sud, +2° environ. Après avoir accompagné Ivan Ivanovitch Gorbounov jusqu'à la gare de Toula, Léon Nikolaïévitch est allé voir les Raïevskii. Il est de bien meilleure humeur, mais dans cette joie de vivre, il y a quelque chose de printanier, d'égoïste et de matériel. Depuis longtemps je ne lui avais pas vu l'air si bien portant et si vert. A quoi travaille-t-il en ce moment, je l'ignore, car il ne veut pas en parler. — On nous annonce de Moscou que la censure a interdit tout le treizième tome. Comment cela finira-t-il ? Je n'en sais rien et n'ai pris encore aucune décision.
Pendant la soirée, Liovotchka nous a lu à haute voix un conte de Néfédov. Morne et sans intérêt. Je vais me coucher. Je suis triste et je languis…

2 mars.

Hier a été pour nous un jour de fête. Les enfants, en compagnie des Raïevskii, munis de tout le nécessaire, sont allés prendre le thé dans la maison du garde forestier de Zassiéka. Après dîner, nous avons organisé divers jeux.

Vanitchka a été d'une gentillesse extrême, il a mis tout son sérieux à bien jouer. Parmi tous ces gens de taille élevée, aux larges épaules, — ceci est vrai surtout des Raïevskii, — cette petite « miette » intelligente et pâlotte était très touchante. Aujourd'hui Serge et Ilia sont venus avec Tzourikov, un camarade de Serge et des voisins. Chaque fois qu'il vient ici, Ilia demande de l'argent, ce qui est fort désagréable. Il dépense sans compter et mène une vie beaucoup trop large. Liovotchka est triste. Quand je lui en ai demandé la raison, il m'a répondu : « Je ne peux pas écrire. » Et sur quoi écrit-il ? Sur la non-résistance.

Comment pourrait-il écrire sur cette question qui a été tournée et retournée dans tous les sens par lui et par tout le monde ? Il voudrait un travail *artistique*, mais il lui est difficile de s'y mettre. Ici déjà, le raisonnement n'est plus de mise. Lorsque jaillira à flots de son âme l'élan artistique et créateur, il ne l'arrêtera pas, il ne pourra pas l'endiguer ; alors la non-résistance lui paraîtra inopportune ; pour le moment, il a peur de laisser libre cours à cet élan et son âme est dans l'angoisse.

Liovotchka s'est fâché aujourd'hui parce que Serge et moi lui avons reproché d'être mauvais. J'aurais voulu lui dire quelques paroles caressantes, mais je n'ai réussi qu'à le blesser.

Terminé aujourd'hui Bourget : la *Physiologie de l'Amour moderne*, en français naturellement. Très intelligent, mais ennuyeux. Tout tourne autour de la même question et ces mœurs me sont étrangères.

3 mars.

Dernier jour gras. Andrioucha est allé à cheval à Kozlovka. Micha et Macha se sont rendus en traîneau à Iasienki, puis à Téliatenki pour voir un paysan qui est au lit depuis plusieurs mois avec une affreuse plaie. Macha fait bien de s'occuper de lui et de le consoler ; c'est une œuvre bonne et utile. Liova est un peu plus gai, mais sa mauvaise mine m'inquiète. Sonia Mamonova a chanté, Serge et Liova ont joué. J'ai bavardé avec Tzourikov. Je me repens toujours d'avoir trop parlé. Cousu tout le jour ; au milieu de cette agitation, il m'était impossible de rien faire d'autre. J'ai été heureuse de voir nos neuf enfants réunis autour de la table.

6 mars.

Serge est parti pour Nikolskoïé et Macha, accompagnée de Sachka, est partie pour Toula avec une paysanne malade. La vie a repris son train normal. Samedi et dimanche, il m'a été agréable de voir mes neuf enfants réunis à table, autour de nous deux. Je ne quitte guère la maison et vaque à différents travaux. Après dîner, afin de prendre un peu d'exercice, je me joins à Liovotchka et joue avec les petits : Sacha, Vania et Kouzka. Chaque jour, après le dîner, Liovotchka fait avec eux le tour de la maison ; il assied l'un des enfants dans un panier vide dont il rabat le couvercle ; après l'avoir promené à travers toutes les pièces, il le dépose dans un endroit quelconque et l'enfant assis dans le panier doit

deviner dans quelle chambre il se trouve. — Liovotchka est très maigre et n'a plus que la peau sur les os. Il me fait peine ; pourtant il est plus gai. Cet été, il faudra qu'il fasse une sérieuse cure de koumiss.
Ensemble nous avons lu une nouvelle russe, *Au couchant.* Seule, j'ai lu Spinoza. Je ne partage pas l'intérêt qu'il manifeste pour l'histoire du peuple hébreux. Attendons ce que sera l'*Éthique !* J'aime les choses abstraites, les idées générales et non l'étude d'une branche spéciale. Liovotchka a cité le menu d'un repas végétarien, publié par un journal allemand, consistant en du pain et des amandes. Celui qui prescrit un tel régime fait sans doute comme Liovotchka qui, dans la *Sonate à Kreutzer,* prêche l'abstinence et... [37].

8 mars.

Reçu le fascicule de *la Semaine* qui contient le conte de Liova. C'est la première fois que paraît de lui une œuvre sous la signature de L. Lvov. Je n'ai pas encore relu le conte, car la revue ne nous est arrivée qu'aujourd'hui et j'ai dû me rendre à Toula. Les essais littéraires de Liova, son avenir me tourmentent beaucoup. Est-ce une manifestation fortuite de sa sensibilité, d'une vie dont il n'avait pas encore conscience, ou bien est-ce le début d'une carrière littéraire ? Comme je voudrais que le travail littéraire devînt le centre de son existence, alors il prendrait goût à la vie. Bien qu'il soit encore très maigre, sa santé et sa mine sont meilleures.

A Toula, réglé les affaires : les hypothèques de Grimovka, les fonds provenant de la vente du bois, l'argent de niania, les dépôts à la Banque d'État, des achats, enfin des visites chez les Zinoviev et les Davidov. Comme de coutume, voyage pénible, fatigant. Il faut faire des visites très courtes, d'une heure environ. En restant davantage, on trouble la vie intime, la vie de famille et on sent que l'on est à charge à ses hôtes.

Dimanche 10 mars.

Aujourd'hui, on nous a apporté le courrier de Kozlovka pendant que Liovotchka déjeunait. Après avoir jeté un coup d'œil sur les lettres et les journaux, j'ai dit : « Et pour moi, encore aucune nouvelle du treizième tome ! » Liovotchka m'a répondu : « A quoi bon ces démarches ? Je devrai informer le public que je renonce à mes droits sur toutes les œuvres contenues dans le treizième tome. — Attends au moins qu'il paraisse ! — Cela va sans dire. » Après qu'il m'eut quittée, j'ai éprouvé envers lui un sentiment mauvais car il me prive de cet argent dont j'ai si grand besoin pour les enfants. Aussi ai-je cherché quelque chose de méchant à lui dire et lorsqu'il est parti se promener, je lui ai fait part de mes intentions : « Tu informeras le public que tu renonces à tes droits d'auteur et moi j'ajouterai que j'espère que le public aura assez de délicatesse pour ne pas se prévaloir de droits appartenant à tes enfants. » Il s'est efforcé, non sans douceur, de me prouver que c'était moi qui étais indélicate.

Je l'ai écouté sans mot dire. Il a ajouté que si je l'aimais, j'annoncerais moi-même au public qu'il renonçait aux droits sur ses nouvelles œuvres. Il est sorti et j'ai eu pitié de lui. Tous ces intérêts matériels m'ont paru si mesquins en comparaison de la douleur que j'éprouve à sentir nos deux âmes devenues si étrangères l'une à l'autre. — Aussi après dîner, lui ai-je demandé pardon de lui avoir dit quelque chose de désagréable. J'ai ajouté que je renonçais à l'idée de faire part au public de quoi que ce soit et que je voulais avant tout ne pas lui faire de peine. Nous avons pleuré tous les deux. Vanitchka qui était auprès de nous a pris peur et nous a demandé ce qu'il y avait : « Maman avait blessé papa, lui ai-je répondu, et nous faisons la paix. » Cette explication l'a satisfait et il a poussé un cri d'exclamation.

Le froid, le vent. Le maître de dessin est venu et m'a priée de lui prêter de l'argent. Je m'y suis refusée. C'est un mauvais professeur.

J'ai mal au dos, à la poitrine, et suis d'une extrême faiblesse. Après dîner, Tania, Sonia Mamonova, Macha, Vania et aussi un peu Micha ont dansé aux sons de l'harmonica et du piano. Sonia avait mis des vêtements de paysanne. Alekséï Mitrofanovitch s'est rendu à Toula avec quatre de ses élèves.

Lu un article de Melchior de Vogüé : *A propos de la Sonate à Kreutzer*. Extraordinairement intelligent et subtil. Il dit entre autres que chez Tolstoï, l'analyse est poussée si loin qu'elle tue toute vie personnelle et littéraire. Pendant la soirée, Liovotchka nous a lu à haute voix une assez bonne nouvelle de Potapenko : *la Fille du Général*. J'ai tricoté, puis taillé et cousu avec Sonia une veste pour Agathe Mikhaïlovna.

Liovotchka corrige et transcrit : *De la Non-Résistance*. C'est Macha qui copie pour lui. De tels articles se donnent avec peine à l'artiste qui a totalement abandonné tout travail *littéraire*.

11 mars.

Sonia Mamonova est partie ; mon frère Wenceslas est arrivé. Sa présence m'est agréable ; je vois en lui un portrait vivant de ma mère et je me rappelle l'amour qu'elle avait pour lui.

Tania a accompagné Sonia jusqu'à Toula où elle a dîné chez le gouverneur. Liovotchka, de son côté, est allé à cheval à Toula chez les Davidov et les Zinoviev pour affaires concernant quelques paysans. Passé toute la journée avec mon frère. Le soir, lecture à haute voix.

12 mars.

Un Américain, rédacteur au journal *Herald*, vient d'arriver de New-York. Encore un obscur Nikiforov. Conversations, conversations sans fin. La censure de Moscou m'informe que le treizième tome est irrévocablement interdit. J'irai à Pétersbourg faire des démarches à ce sujet. Ce voyage me bouleverse étrangement. Je sens que je n'aboutirai à rien. J'ai perdu la chance et la foi en mes propres forces. Peut-être Dieu me viendra-t-il en aide ? La neige, le vent, le froid. On pourrait recommencer à circuler en traîneau.

13 mars.

Je suis allée à Toula où je n'ai vu que des hommes d'affaires ; toujours ce partage avec le prêtre d'Ovsiannikovo. Le soir causé avec l'Américain ; il a besoin pour ses journaux de renseignements sur Liovotchka. Je lui en ai donné, mais avec prudence, car l'expérience m'a appris qu'il le fallait ainsi. Wenceslas est parti ce matin de bonne heure. Il s'est détaché de nous et je le regrette. Alexandra Andréevna Tolstaïa m'écrit que l'empereur n'accorde pas d'audience aux dames, mais me prie d'attendre la réponse encore huit ou dix jours.
J'irai à Moscou, je ferai paraître les douze premiers tomes en expliquant les raisons pour lesquelles la parution du treizième est différée. J'ai si peu envie de bouger, ces démarches sont tellement pénibles ! Mais qui s'en occupera si ce n'est moi ?
Le froid, le vent ! Il est tombé de la neige et, de nouveau, tout le monde circule en traîneaux.

20 mars.

J'ai passé à Moscou les journées du 15 et du 16 en compagnie de Liova. Il est enchanté à la pensée que son conte *Montechristo* paraîtra dans la livraison d'avril de *la*

Source et je partage son contentement. Je m'intéresse à ses essais d'écrivain, à ses succès auprès des éditeurs qui lui manifestent beaucoup de sympathie, ce dont je me réjouis. A Moscou, j'ai appris que le treizième tome avait été interdit à Pétersbourg. A Moscou, la censure n'a retenu que la *Sonate à Kreutzer*. J'irai à Pétersbourg, je mettrai tout en œuvre pour obtenir une audience de l'empereur et reconquérir le treizième tome. — J'ai été heureuse de voir à Moscou les deux Olsoufiev et Vsiévolojskii ; ils sont tous trois de bons garçons. — Donnaïev est tout à fait étrange et malade. — J'ai ramené à Iasnaïa Poliana Varienka Nagornova, un être charmant, lumineux, qui a fait ici la joie de tout le monde. Elle n'est repartie qu'aujourd'hui. Tania et Macha sont allées l'accompagner à Toula dans la nouvelle voiture. Elles passeront la nuit chez les Zinoviev car elles veulent visiter l'exposition de peinture. J'irai aussi dimanche avec les garçons. Tant que le sort du treizième tome n'est pas décidé, je ne puis penser ni m'intéresser à rien. Je rédige ma requête et ma lettre au tzar, je songe, je me recueille, je réfléchis et attends la réponse d'Alexandra Andréevna Tolstoïa qui doit m'informer si l'empereur consent à me recevoir. Liovotchka assure que son esprit sommeille et que son travail ne marche pas. Il a des douleurs au creux de l'estomac, mais à en juger par sa mine, il est plein de forces.

Le vent, le dégel, + 5 degrés, la boue. On circule en voiture.

21 mars.

Lu Spinoza. Deux de ses raisonnements m'ont frappée : le premier concerne le pouvoir et les lois : pour se soumettre les hommes, le pouvoir ne doit pas les menacer de châtiments pour les délits commis, mais les amener à comprendre qu'il est de leur propre intérêt de tendre vers l'idéal qu'il a déterminé et à croire qu'en faisant cet effort, ils travaillent à leur propre bonheur et au bonheur général. Le second a trait aux miracles : les gens incultes, le vulgaire ne reconnaît la main de Dieu qu'en dehors du vraisemblable et des lois de la nature. Dans l'univers entier, ils ne voient pas la main divine. C'est pourquoi ils attendent de Dieu des miracles, c'est-à-dire un phénomène qui n'est pas conforme aux lois naturelles.

Les fillettes sont rentrées de Toula où elles ont passé la nuit chez les Davidov et vu l'exposition de peinture. Elles ont eu grand froid. Vent terrible, tempête. Bien que le thermomètre marque 0 degré, c'est le dégel. Une fois de plus, Andrioucha a été désagréable pendant la leçon de musique. Il ne fait pas la moindre attention à son travail et ne s'intéresse qu'aux objets qui l'entourent ; il retire brusquement sa main lorsque je veux la toucher et se détourne quand je l'arrête. Je patiente, je patiente, puis n'y pouvant plus tenir, je me mets à crier ou bien je frappe sa main. La tenue de cet enfant me déconcerte.

Des lettres de Liova et de Tania. — Liovotchka est extraordinairement gentil, d'humeur gaie et tendre. Hélas ! la raison en est toujours la même. Si ceux qui ont lu avec vénération la *Sonate à Kreutzer* pouvaient jeter un coup d'œil sur la vie amoureuse de Léon Nikolaïévitch, s'ils pouvaient voir l'unique cause qui le rend gai et bon, ils jetteraient leur divinité à bas du piédestal sur lequel ils l'ont placée. Quant à moi, je l'aime ainsi, normal, bon et cédant à ses habitudes. Il ne faut pas être bestial, mais il n'y a pas besoin de se faire violence pour prêcher des vérités auxquelles on ne peut pas soi-même conformer sa vie.

22 mars.

J'ai passé tout le jour à essayer aux enfants leurs vêtements d'été. Après dîner, Liovotchka et moi avons joué à quatre mains. Le soir, au lieu de faire des réussites, il m'a aidée à démêler du fil écru qui était très embrouillé et il y a pris plaisir. — Écrit une lettre à Sonia. Ma santé laisse à désirer, je suis fatiguée.

23 mars.

Aujourd'hui, pour la première fois, j'ai senti le printemps. Bien qu'il gèle, le soleil s'est couché dans un ciel très clair, les oiseaux ont chanté. A Tchépije, les troncs des jeunes bouleaux se dessinaient avec une extraordinaire beauté. Après dîner, Sacha et Andrioucha m'ont aidée à balayer la neige sur la terrasse. — Liovotchka s'est rendu à cheval à Toula où il n'est allé que chez les Davidov. Il est rentré à 8 heures du soir. Il est gai et bien portant. Ce matin, il déjeunait pendant que je travaillais au salon. Soudain, il m'a dit : « Je suis bête, écoute ce que je viens de trouver : quand est-ce qu'on se porte bien ? Quand on a une bonne et qu'on ne lui donne pas de thé, c'est-à-dire quand on a une bonne sans thé (santé)[4]. » Cela en réponse à la plaisanterie que j'avais faite sur le kissel au chocolat qu'il était en train de manger : c'est du chocolat inoffensif, sans vanille, du chocolat de santé. — Tel est le calembour qui lui est venu à l'esprit.

Donné des leçons de musique aux enfants, joué à quatre mains une gavotte de Bach adaptée pour enfants. Pétia Raïevskii est arrivé. Toujours rien de Pétersbourg. Cette attente et cette absence de nouvelles m'accablent.

Dimanche, 24 mars.

Écrit ce matin trois lettres ; deux en réponse à celles que j'ai reçues de Liova et de Dounaïev et une à Alexandra Andréevna Tolstaïa. Attendre est pour moi un tel supplice que je me suis décidée à poser de nouveau la question. La lettre de Liova est longue et détaillée. C'est bien de sa part de ne pas interrompre les relations avec la famille et de narrer sincèrement tout ce qui le touche. Restée seule, j'ai lu dans les *Rouskia Viedomosti* un article remarquable : *les Idées de Schopenhauer sur l'art d'écrire*. Schopenhauer divise les écrivains en trois catégories : « Certains écrivent tout simplement des idées qu'ils ont prises dans d'autres livres ; d'autres s'assoient à leur table et se demandent ce qu'ils pourraient bien écrire ; ceux de la troisième catégorie commencent par longuement réfléchir et quand ils ont beaucoup d'idées, ils les couchent par écrit. Ces derniers sont les plus rares. » Cette distinction est intelligente.

Tous les enfants sont allés prendre le thé dans la maison du garde forestier. Davidov et sa fille ainsi que le petit Boukhmann, sont arrivés à 3 heures. Après le dîner, nous sommes allés faire une promenade ; après avoir regardé les vaches et les porcs, nous sommes allés à la grange et avons grimpé sur la paille. De retour à la maison, j'ai fait de la musique à quatre mains avec Davidov, puis tous ensemble, nous avons joué avec animation à différents jeux. Mes relations avec Liovotchka sont amicales et simples. Sa santé est bonne, il s'est promené et a écrit une petite partie de son article. Quand le terminera-t-il et quand aura-t-il les mains libres ? + 2°. Le soir, il gèle. Encore beaucoup de neige partout, en particulier dans la forêt.

27 mars.

Le 25, avec Andrioucha et Micha, je suis allée à Toula voir l'exposition de peinture ; en général, les tableaux me font grand plaisir, mais cette fois, il y en avait fort peu de bons. Très beaux paysages de Volkov et de Chichkine. Au sortir de l'exposition, nous sommes allés dans une confiserie, puis dans un magasin de fournitures scolaires, enfin chez les Raïevskii. Ivan Ivanovitch et Elèna Pavlovna sont allés dîner chez les Sverbéiev. Sophie Dmitrievna et moi les accompagnés. Les six garçons ont dîné seuls. Les Sverbéiev m'ayant donné un billet dont ils disposaient, je suis allée au concert avec Liouba [4], une fillette charmante. Les garçons y sont allés de leur côté avec Raïevskii. Concert et conférence ont été médiocres ainsi qu'il en est toujours en province. Je ne me suis pas ennuyée, mais j'étais lasse. Les enfants ont eu beaucoup de plaisir.

En sortant du concert, je suis allée passer la nuit chez les Davidov, les garçons ont profité de l'hospitalité des Raïevskii. Le lendemain matin, ils ont regagné la maison, et moi, je me suis levée de bonne heure pour faire des courses. Dans la rue de Kiev, je suis tombée sur Ilia. Très surprise de cette rencontre, je l'ai prié de venir avec moi regarder des voitures. Course longue et ennuyeuse. Après quoi, je suis allée chez le notaire principal au sujet de la lettre de gage et je suis rentrée à la maison avec Ilia. Il est venu ici chercher des renseignements sur la propriété qui doit être vendue en licitation et il m'a demandé 35 000 roubles que je lui ai refusés. Cela m'a été désagréable, mais je m'en suis tirée. Après dîner, désirant rester auprès des enfants, je suis allée dans la chambre de Tania. Ilia s'est brusquement écrié : « Je ne vous donnerai pas de juments pour le koumiss. » J'ai sursauté : « Je ne te demande rien, mais je donnerai des ordres au régisseur. — Le régisseur, c'est moi. — Et c'est moi la maîtresse. » Étais-je fatiguée ? La conversation au sujet de l'argent et de la propriété m'avait-elle excitée, j'ai eu un accès de colère terrible et j'ai dit à Ilia : « Si tu oses refuser des juments pour le koumiss de ton père, que viens-tu faire ici ? Va-t'en au diable, tu me mets au supplice. » Je suis partie en frappant la porte. C'est mal, c'est honteux, je suis indignée contre mon fils, — oui, vraiment, c'est dégoûtant !

Ensuite, nous nous sommes, pour la première fois, entretenus sérieusement de l'impossibilité de rester dans l'indivision et de la nécessité de tout partager. J'en serais contente à condition que les enfants consentissent à tirer les lots au sort. Il est probable qu'à cela non plus, Ilia ne consentira pas, il voudrait rester à Grinievka et à Nikolskoïé et moi, je ne veux pas voir lésés les plus jeunes de mes enfants qui sont sans défense. A vrai dire, ce n'est qu'avec Ilia que cela sera difficile [11]. Les autres sont délicats et souscriront à tout. Liovotchka a toujours eu un faible pour Ilia sur les défauts duquel il a toujours fermé les yeux ; cette fois encore, il voudrait lui céder sur tous les points et je crains que cela n'entraîne des désagréments sans fin. Par bonheur, Grinievka est à mon nom et je ne permettrai pas que les petits soient frustrés. Toutes ces discussions sont pénibles à Liovotchka, et à moi, elles sont dix fois plus pénibles encore, car il me faut défendre les petits contre les grands. Tania prend constamment le parti d'Ilia, c'est déplaisant. Demain, je partirai pour Pétersbourg. Que j'ai peu envie d'y aller ! Ce voyage me fait peur et je pressens un échec. Il fait plus doux, mais il y a du vent. Dans la journée, + 7°.

22 avril 1891.

Presque un mois que je n'ai rien noté dans mon journal. Un

mois particulièrement intéressant et fécond en événements. Toujours la même chose : peu de temps, les nerfs tendus à l'extrême, nombreuses lettres à écrire à la maison, aussi ai-je négligé mon journal.

C'est aujourd'hui le second jour de Pâques et aussi le second jour de chaleur. Temps estival. En deux jours, tous les arbustes et tous les arbres ont passé du brun au vert tendre. Pour la première fois, le rossignol a chanté à gorge déployée dès le matin. Hier soir, il n'avait fait qu'accorder son instrument.

Je suis rentrée de Pétersbourg le dimanche des Rameaux. Pendant les premiers jours de la semaine, j'ai repris haleine, donné quelques leçons aux enfants et ai joui du calme dans le cercle de la famille. Ensuite ont recommencé les conversations au sujet du partage auxquelles tous les enfants, Ilia surtout, ont pris part avec ardeur. Voici comment nous avons partagé : à Ilia, Grinievka et une partie de Nikolskoïé, — à Serge une autre partie de Nikolskoïé, — à Tania ou à Macha une partie plus importante de Nikolskoïé à charge de ristournes en espèces. Liova a reçu la maison de Moscou et une parcelle du terrain de Bobrowskii à Samara ; à Tania ou à Macha, Ovsiannikovo et 40 000 roubles en espèces ; à Andrioucha, à Micha et à Sacha, 2 000 déciatines de terrain dans le gouvernement de Samara ; à Vanitchka et à moi Iasnaïa Poliana. J'avais exigé au début que toutes les parts fussent tirées au sort, ensuite, j'ai dû céder devant les protestations de Léon Nikolaïévitch et des enfants. C'est bien que les petits aient reçu les terres sises dans le gouvernement de Samara, car elles augmenteront de valeur. En outre, ce sont des terres nues, il est impossible d'y rien voler ou abîmer, d'y abattre des arbres ; enfin, la gérance en est confiée à une seule personne. On m'a donné Iasnaïa Poliana à moi et à Vanitchka, car les enfants ne peuvent pas en priver leur père et que, là où je suis, là sont aussi Léon Nikolaïévitch et Vanitchka.

Ilia a passé ici trois jours et nous a amené Tzourikov et Narichkine. Serge et Liova sont ici aussi. Serge s'est beaucoup détaché de la famille, l'envie le reprend d'être fonctionnaire dans le département de Moscou. Seul, il s'ennuie à Nikolskoïé, c'est naturel. Liova part aujourd'hui pour Moscou afin de préparer ses examens. Bien qu'il soit très maigre, son état moral est bon. Son récit *Montechristo* qui a paru dans le fascicule d'avril de *la Source* lui a été payé 26 roubles. Et de *la Semaine* où a paru en mars son récit *Amour*, il a reçu 65 roubles. Ses premiers honoraires ! Liovotchka prise beaucoup *Montechristo*.

Pendant la semaine de la Passion, j'ai envoyé Andrioucha et Micha faire leurs dévotions, mais je n'ai pas pu les accompagner parce que j'étais souffrante. Ils ont prié comme prie le peuple, passivement, instinctivement. Samedi, à la demande de tous les domestiques, on est venu dire chez nous la messe du matin. Liovotchka n'était pas à la maison à ce moment, mais je lui avais demandé s'il ne lui serait pas désagréable qu'on célébrât une messe matinale dans notre salon et il m'avait répondu : « Pas le moins du monde. »

Hier, après le petit déjeuner, j'ai donné ordre d'atteler la nouvelle voiture et, accompagnée de tous les enfants, de Lydia, de niania, de Tania, de Macha et des deux bonnes, nous sommes allés à Zassiéka à la cueillette des champignons. Vanitchka et Sacha sont restés tout le temps à mes côtés. Ma myopie ne me permettait pas de découvrir les champignons, mais j'aime la nature qui se réveille et bourgeonne au souffle du printemps, j'aime l'épais silence de la forêt, aussi ai-je eu beaucoup de plaisir. Liova et Andrioucha sont allés à la pêche, mais le poisson n'a pas mordu ; Liova a tué un canard. Aujourd'hui, comme hier, les enfants ont joué au pas-de-géant sur le pré devant la maison.

Hier soir, mes enfants ont organisé différents jeux avec les petits paysans. C'est étrange de voir des enfants de onze et treize ans se comporter en hommes et non plus en camarades avec les filles du village. C'est désagréable et je le regrette.

Dounaïev est en séjour chez nous. Liovotchka est un peu triste. Quand je lui en demande la raison, il me répond que le travail ne marche pas. Mais évidemment, mon voyage à Pétersbourg, les dévotions des enfants, la messe matinale, rien de tout cela n'est conforme à sa foi et il s'en afflige. Étrange est mon attitude en cette occurence : j'éprouve la plus sincère admiration pour toutes ces lois morales que Léon Nikolaïévitch a instituées pour lui-même et pour les autres, mais je ne vois et ne trouve pas la possibilité de les appliquer à la vie. M'arrêter à mi-chemin, je ne le puis, ce n'est pas dans mon caractère et aller jusqu'au bout, je n'en ai pas la force…

Ce pendant nos enfants grandissent sans religion ; or les enfants comme le peuple ont absolument besoin de formes pour entretenir des relations avec la divinité. L'Église n'a pas d'autre but. Seuls peuvent se détacher de l'Église, sans se sentir dans un isolement sans espoir, ceux qui ont foi dans les idées abstraites et morales les plus élevées.

Je viens d'accompagner Liova qui partait pour Moscou ; Tania et Vanitchka sont allés le reconduire jusqu'à Iasienki.

Je vais m'efforcer de reconstituer dans ma mémoire, pour les rapporter consciencieusement, toutes les démarches que j'ai faites à Pétersbourg au sujet de l'interdiction prononcée par la censure contre le treizième tome des œuvres complètes de Léon Nikolaïévitch. Je relaterai aussi mon entretien avec l'empereur qui a eu lieu le 13 avril 1891.

---

1. Liova, diminutif de Liev (Léon) par lequel Sophie Andréevna désignait son troisième fils.

Le diminutif de Léon Nikolaïévitch est Liovotchka.

2. En français dans le texte.

3. Au début de janvier 1890, Tania et Macha Lvovna avaient organisé, dans une isba de Iasnaïa Poliana, une école pour les enfants du village qu'elles instruisaient elles-mêmes. L'hiver suivant, l'école fut transférée dans les dépendances de la propriété des Tolstoï. Cette école que fréquentaient aussi des adultes n'eut pas longue vie.

4. En français dans le texte.

J'ai quitté Iasnaïa Poliana la nuit du 28 au 29 mars. Arrivée à Moscou le matin, j'ai passé quelques instants avec Liova, puis je suis allée à la Banque d'État convertir du 5 % en 4 %. A 4 heures, j'étais déjà à la gare Nicolas et m'installais très commodément dans un comportiment de deuxième classe avec la femme d'un propriétaire foncier de Mogilev, maréchal de la noblesse de quelque district. Je fis un bon voyage. Quand j'arrivai à Pétersbourg, chez les Kouzminskii, je les trouvai à peine levés. Sacha avait été envoyé en inspection dans les provinces baltiques, Tania s'habillait et les enfants étaient à l'église. Tania et moi avons été heureuses de nous revoir, elle m'a installée dans sa chambre à coucher. Notre premier devoir fut de convoquer Micha Stakhovitch. Ce dernier assura m'avoir écrit pour m'avertir qu'Hélène Grigorievna Chérémétiéva, née Strogonova, fille de Maria Nikolaïevna Lichtenberg et cousine d'Alexandre III, avait fait des démarches et obtenu de l'empereur qu'il consentît à me recevoir. Je sollicitais cette audience afin de prier l'empereur de vouloir bien examiner lui-même les œuvres de Léon Nikolaïévitch. Ou bien cette lettre que Stakhovitch assure m'avoir envoyée s'est perdue, ou bien il ne l'a pas écrite. C'est un homme qui ne dit pas toujours la vérité, aussi m'arrive-t-il de douter de sa parole. Stakhovitch m'a soumis un brouillon de lettre à l'empereur qui m'a vivement déplu. N'empêche que je l'ai pris. Afin que tout soit bien clair, je noterai encore que Chérémétiéva avait entrepris ces démarches pour m'obtenir une audience de l'empereur sur la demande de Sophie Stakhovitch que Chérémiétéva aime beaucoup. Le lendemain de mon arrivée, je suis allée voir Nicolas Nikolaïévitch Strakhov chez lui. Son appartement n'est qu'une magnifique bibliothèque contenant tous les livres collectionnés par lui. Ma visite l'a étonné et réjoui. Ensemble, nous avons cherché en quels termes je devais écrire et parler au souverain. Le projet de lettre élaboré par Stakhovitch lui a déplu autant qu'à moi et vers 5 heures, il m'a apporté son propre projet. Ce deuxième projet ne répondant pas davantage à mon attente que le premier, j'en ai écrit encore un troisième que mon frère Wenceslas a mis au point dès son arrivée. Le 31 mars fut expédiée la lettre suivante :

« Votre Majesté Impériale,

« Je me permets de solliciter humblement de Votre Majesté une audience afin que je puisse adresser personnellement à Votre Majesté une requête concernant mon mari le comte Léon Nikolaïévitch Tolstoï. L'attention bienveillante que Votre Majesté voudra bien m'accorder me permettra de lui exposer les conditions qui pourraient ramener mon mari à ses anciens travaux artistiques et littéraires. Je me permettrai aussi de signaler à Votre Majesté certaines fausses accusations portées contre l'activité de Léon Nikolaïévitch Tolstoï, accusations qui lui sont pénibles et privent de ses dernières énergies spirituelles l'écrivain russe dont la santé décline déjà, mais qui pourrait peut-être encore contribuer, par ses œuvres, à la gloire de sa patrie.

« De Votre Majesté Impériale la fidèle sujette,

« Comtesse Sophie Tolstaïa. »

Le 31 mars 1891.

Je ne savais comment faire parvenir cette lettre au souverain. Ma sœur Tania s'adressa par téléphone à l'un de ses bons amis, haut fonctionnaire des postes, Stalkovskii. Dès le lendemain matin, celui-ci nous envoya un courrier porteur d'un message nous promettant que ma lettre serait remise le soir même à l'empereur. En effet, la lettre lui parvint le 1er avril. C'est ce même jour que mourut à Karkhov d'une pleurésie et d'une maladie de cœur la grande-duchesse Olga Féodorovna qui se rendait en Crimée. Cette mort, en connexion étroite avec le mariage de Mikhaïl Mikaïlovitch, fils de la défunte, avec la comtesse de Merenberg sans le consentement du tsar et des parents de Mikhaïl Mikaïlovitch, défrayaient à Pétersbourg toutes les conversations. Partout, on ne parlait que de cela. Conformément à l'usage et à l'étiquette, neuf jours durant toute activité fut suspendue à la cour et la famille impériale resta plongée dans le deuil et l'isolement. De l'appartement des Kouzminskii, nous assistâmes au transfert du corps de la grande-duchesse qui fut conduit de la gare à la forteresse Pierre-et-Paul. L'empereur et Mikhaïl Nikolaïévitch suivaient immédiatement le cercueil [38].

Afin de savoir approximativement en quels termes parler à Alexandre III et comment le prier de laisser paraître le treizième tome des œuvres complètes, je décidai d'aller à la censure demander à Féoktistov les raisons qui en avaient déterminé l'interdiction. Ma sœur Tania m'accompagna. Je saluai Féoktistov que j'avais connu à Moscou, alors que, jeune homme, il venait d'enlever secrètement sa femme et je lui demandai pourquoi la censure avait retenu tout le treizième tome. D'un geste sec et machinal, il ouvrit un livre et se mit à lire d'une voix monotone : *De la Vie* a été interdit par la censure ecclésiastique sur l'ordre du Saint-Synode. L'article *Que devons-nous faire ?* par la police. Quant à la *Sonate à Kreutzer*, elle a été interdite par ordre impérial.

Je répliquai avec chaleur que *De la Vie* avait déjà paru dans *la Semaine* sans soulever de la part de la censure la moindre objection ; que les chapitres intitulés *Que devons-nous faire ?* faisaient partie non du treizième, mais du douzième tome qui avait déjà paru. Il ne restait donc que la *Sonate à Kreutzer* et j'espérais obtenir de l'empereur qu'il en autorisât la parution.

Visiblement très confus d'apprendre que *De la Vie* et *Que devons-nous faire ?* ne figuraient pas entièrement dans le treizième tome, Féoktistov fit appeler son secrétaire à qui il donna ordre d'examiner l'affaire et nous promit une réponse dans deux jours. Je lui reprochai sévèrement l'inattention et la légèreté avec lesquelles s'était comportée la censure envers un écrivain tel que Léon Nikolaïévitch. Sans même lire la table des matières, on nous avait plongés, mon mari et moi, dans un si grand trouble et une si vive inquiétude ! Féoktistov comprit sans doute qu'il avait fait une bêtise et, le 3 avril, il m'apporta lui-même le treizième tome en m'annonçant qu'on pouvait le faire paraître.

C'est aux environs de la même date que le *Novoïé Vremia* publia la liste des pièces qui devaient être jouées dans les théâtres impériaux au cours de la saison suivante. Parmi ces pièces figuraient *les Fruits de la Civilisation* de Léon Nikolaïévitch Tolstoï. Sachant que cette pièce avait été interdite sur les scènes impériales, j'allai chercher des informations au Comité des théâtres. Je demandai au fonctionnaire si la direction avait prié l'auteur de l'autoriser à représenter sa pièce. Il me répondit que non. Je me fâchai et lui fis observer que le procédé était par trop simple et fort peu délicat ; j'ajoutai, entre autres choses, qu'à l'avenir c'était avec moi et non avec mon mari que les pourparlers devaient être menés. Le lendemain, le régisseur se présenta chez moi avec un papier sur lequel étaient énumérées les conditions auxquelles la pièce serait jouée dans son théâtre. Je devais contracter des obligations de toutes sortes, par exemple m'engager à ce que la pièce ne fût pas représentée sur des scènes privées. Au cas où cette clause ne serait pas respectée, il me faudrait payer une amende de 2 000 roubles, etc... Ces clauses m'irritèrent à tel point que, dès le lendemain, je retournai au théâtre et déclarai au fonctionnaire que je refusais de contracter aucune obligation, que je préférais que la pièce ne fût pas jouée, bref que je ne signerais rien à *aucun* prix. Je demandais au fonctionnaire de m'annoncer au directeur. Comme il s'y refusait, je fis cette remarque : « Vous avez d'étranges mœurs. On peut parler à l'empereur, mais il est impossible de voir un directeur de théâtre que ses fonctions obligent à recevoir. » Mon ton hautain lui en ayant imposé, il alla m'annoncer à son supérieur. Je songeai à part moi : « Valets, il suffit de hausser la voix pour vous faire obéir ! » Vsiévolojskii me reçut d'un air dégagé, me présenta son adjoint, un certain Pogojev, tout en me disant : « Ainsi, comtesse, vous ne voulez pas nous donner la pièce ? — Je refuse simplement de contracter des obligations que je ne pourrai pas remplir. — C'est uniquement pour la forme ! — Mais pour moi, c'est une affaire de conscience et je ne signerai rien. » C'est alors que Pogojev se mêla à la conversation : « Si vous ne souscrivez pas à ces conditions, au lieu de toucher 10 % de la recette brute, vous ne touchez que 5 %. » Je sursautai et me tournant vers lui : « Nous ne sommes pas au marché ici et je n'ai pas l'habitude de marchander. Laissons de côté, je vous prie, toutes ces questions d'argent. Elles n'ont pour moi aucun intérêt et elles en ont moins encore pour le comte. Quant à la pièce, je ne vous la donnerai pas. » Puis m'adressant à Vsiévolojskii : « Comment ne comprenez-vous pas, vous qui appartenez au même monde que nous, qu'on ne peut pas traiter Léon Nikolaïévitch Tolstoï comme un auteur de vaudeville ? Nous tous et moi la première, en qualité de sa femme, devons tenir compte des principes de Léon Nikolaïévitch, aussi ne puis-je consentir à ce que cette pièce ne soit jouée sur aucune scène privée. La plus grande joie de l'auteur vient précisément de ce que jusqu'ici, cette pièce ne lui a pas rapporté un centime. En souscrivant à cette clause, j'empêcherais les théâtres privés de représenter cette pièce dans les spectacles de bienfaisance. »

Je discutai avec ardeur. Vsiévolojskii proposa la suppression de quelques articles du contrat. A cela non plus, je ne consentis pas. Il finit par me suggérer de lui écrire une lettre personnelle l'autorisant à jouer cette pièce dans les théâtres impériaux à charge par lui de me verser 10 % de la recette brute.

Mon fils Serge proposa de donner ces sommes aux œuvres de bienfaisance de l'Impératrice Marie. Je l'eusse fait volontiers, mais il me faut tant d'argent pour mes neuf enfants ! Où dois-je en prendre ?

J'ai mis à profit mes loisirs pour aller visiter deux expositions de peinture. Étais-je de mauvaise humeur ou fatiguée, je ne sais, mais les tableaux n'ont fait sur moi que peu d'impression. Tania et moi avons fait des courses, je me suis commandé des robes et ai passé beaucoup de temps avec les miens et avec leurs hôtes. J'ai été heureuse de rencontrer trois fois Alexandra Andréevna Tolstaïa avec qui j'ai beaucoup parlé de religion, de Liovotchka, des enfants et de ma situation dans la famille. Elle n'a cessé de me témoigner tendresse et sympathie. J'ai dîné chez les Stakhovitch, les Mengden, les Trokhimovskii, les Auerbach et chez Alexandra Andréevna Tolstaïa. A part ces sorties, j'ai passé tout mon temps à la maison. On a voulu m'entraîner à un spectacle de la célèbre actrice italienne Éléonora Duse, — mais j'avais les nerfs trop fatigués et ne voulais pas dépenser d'argent. Pendant tout mon séjour à Pétersbourg, je n'ai dormi que cinq heures par nuit.

Enfin le jeudi 12 avril, à bout de patience, je résolus de ne pas attendre davantage une audience de l'empereur. J'étais en mal de la maison, nerveuse, la semaine de la Passion approchait, aussi décidai-je de regagner Iasnaïa Poliana le dimanche suivant. Je m'habillai, me rendis chez Chérémétiéva pous la remercier des démarches qu'elle avait faites et lui dire que je ne pouvais attendre plus longtemps. Chérémétiéva avait alors auprès d'elle la princesse de Meklembourg et croyant qu'on lui annonçait Sophie Andréevna Tolstaïa, la sœur d'Alexandra Andréevna Tolstaïa, ne me reçut pas. J'allai alors chez Sophie Stakhovitch lui dire que je partais dimanche et la prier d'en informer Chérémétiéva afin que celle-ci, à son tour, en informât le tsar. De là, j'allai prendre congé d'Alexandra Andréevna.

A 11 heures du soir, je venais de me mettre au lit lorsqu'on m'apporta un billet de Sophie Stakhovitch. L'empereur, par l'intermédiaire de Chérémétiéva, me faisait dire qu'il me recevrait le lendemain matin, à 11 heures, au palais Anitchkov.

Au premier moment, ce qui m'enchanta c'est l'idée que je pourrais partir dès le lendemain. Je commençai aussitôt à faire ma malle, notai différentes choses et envoyai demander à Mme Auerbach une voiture et un valet de pied. Je me couchai à 3 heures en proie à une vive agitation, mais impossible de m'endormir. Je ne faisais que répéter ce que je devrais dire à l'empereur.

Le matin, je donnai quelques ordres, priai Tania de terminer les emballages, m'habillai et attendis l'heure du départ. Je m'étais fait faire une robe de deuil, un voile et un chapeau de dentelle noire. Douze ou quinze minutes plus tard, je partais. Mon cœur battait légèrement lorsque nous pénétrâmes dans la cour du palais. Tout le monde me rendit les honneurs. Je répondis en saluant.

Dans l'antichambre, je demandai au suisse si l'empereur avait donné ordre de recevoir la comtesse Tolstoï ? Il me répondit que non. Je posai la même question à un autre personnage dont j'obtins la même réponse. Le cœur faillit me manquer. On appela le courrier d'Alexandre III. Alors apparut un jeune homme à l'air avenant, en uniforme rouge vif garni d'or, avec un immense tricorne. A lui encore, je demandai si l'empereur avait donné ordre de recevoir la comtesse Tolstoï ? « Certes, répondit-il, je vous en prie, Excellence, l'empereur, en revenant de l'église, s'est déjà informé si vous étiez ici. » L'empereur avait assisté, quelques minutes auparavant, au baptême de la grande-duchesse Elisabeth Féodorovna qui se convertissait à l'orthodoxie. Le courrier gravit l'escalier en courant. Je le suivis sans mesurer mes forces. Lorsque, arrivé en haut, il se retira me laissant seule, je sentis tout mon sang affluer au cœur et je crus que j'allais mourir à l'instant même. J'étais dans un état terrible. La première idée qui me vint à l'esprit c'est que ma vie avait pourtant plus de prix que toute cette affaire. Puis je songeai que le courrier allait venir, me prier d'entrer chez l'empereur, qu'il ne trouverait plus que mon cadavre ou bien en tout cas, qu'il me serait impossible de

dire un mot. Mon cœur battait avec une telle violence qu'il m'était littéralement impossible de respirer, de proférer un son ou un cri. Je m'assis. J'aurais voulu demander à quelqu'un un peu d'eau, mais je ne le pouvais pas. Je me souvins alors que lorsqu'on avait forcé un cheval, on le faisait marcher au pas. Je me levai donc et me mis à marcher lentement. Je n'en éprouvai que fort peu de soulagement. Avec prudence, afin qu'on n'en pût rien voir, je délaçai mon corset, me rassis, et me frictionnai la poitrine. J'évoquai mes enfants. Comment accueilleraient-ils la nouvelle de ma mort ? Par bonheur, le tsar sachant que je n'étais pas encore arrivée, avait reçu un autre visiteur. J'eus ainsi le temps de me ressaisir et de reprendre haleine et même de remettre de l'ordre dans ma toilette. A ce moment, le courrier annonça : « Sa Majesté prie son Excellence la comtesse Tolstoï, d'entrer chez lui. » Je le suivis. Sur le seuil du cabinet du souverain, il s'inclina et se retira. L'empereur s'avança jusqu'auprès de la porte et me rendit la main. Je fis la révérence. Il commença ainsi :
— Excusez-moi, comtesse, de vous avoir fait attendre si longtemps une audience, mais les circonstances ne m'ont pas permis de vous recevoir plus tôt.
— Je suis profondément reconnaissante à Votre Majesté de la faveur qu'elle me fait en voulant bien me recevoir.
Le souverain se mit à parler de mon mari en des termes dont je ne me souviens plus ; puis il me pria de préciser ce que je désirais de lui. Déjà j'avais recouvré le calme et parlais avec assurance :
— Votre Majesté, je remarque depuis quelque temps que

mon mari est enclin, comme par le passé, à écrire des œuvres littéraires. Il m'a dit récemment : « Je me suis assez éloigné de mes travaux philosophico-religieux pour pouvoir écrire une œuvre artistique et en ce moment s'élabore dans mon cerveau une œuvre qui, par la forme et l'étendue, sera comparable à *Guerre et Paix*. » Pourtant, la prévention contre lui ne fait que croître. Ainsi, on avait saisi le treizième tome de ses œuvres complètes dont on vient d'autoriser la publication. On a donné ordre de jouer dans les théâtres impériaux *les Fruits de la civilisation* que la censure avait condamnés. La *Sonate à Kreutzer* est interdite…
— Mais elle est écrite de telle sorte que vous-même, sans doute, ne la donneriez pas à lire à vos enfants.
— Par malheur, cette nouvelle pousse les choses à l'excès, mais l'idée fondamentale est celle-ci : l'idéal ne peut jamais être atteint. Si l'absolue chasteté est posée en idéal, alors ce n'est que dans le mariage que l'on peut rester pur.
Lorsque j'annonçai à l'empereur que Léon Nikolaïévitch semblait disposé à s'adonner, comme jadis, au travail artistique, Alexandre III s'est exclamé : « Ah ! que ce serait bien ! Comme il écrit, comme il écrit ! »
Après avoir défini l'idéal tel qu'il est conçu dans la *Sonate à Kreutzer*, j'ajoutai :
— Comme je serais heureuse si l'interdit qui pèse sur cette œuvre pouvait être levé et si elle pouvait faire partie des œuvres complètes. Ce serait là, à l'égard de Léon Nikolaïévitch, une faveur manifeste qui, peut-être, l'encouragerait au travail.
L'empereur me répondit :

— La nouvelle peut paraître dans les œuvres complètes. Chacun n'est pas en mesure de les acheter, en sorte que la *Sonate à Kreutzer* ne pourra pas avoir une grande diffusion.
Je ne me rappelle plus à quel propos, mais par deux fois, l'empereur exprima son regret que Léon Nikolaïévitch se soit détaché de l'Église :
— Il surgit chez le simple peuple déjà tant d'hérésies qui ont sur lui une influence néfaste.
— Je puis donner à Votre Majesté l'assurance que mon mari n'a jamais rien prêché au peuple ni à qui que ce soit ; il ne s'est jamais adressé aux paysans. Non seulement il ne cherche pas à répandre ses manuscrits, mais encore il est au désespoir lorsqu'on le fait à son insu. Il est arrivé qu'un jeune homme a volé un manuscrit dans la serviette de mon mari et a copié quelques pages de son journal ; deux ans plus tard, il diffusait le document lithographié. (Je faisais allusion, sans le nommer, à Novociélov et au procédé dont il avait usé avec *Nicolas Palkine*[1]).
Le souverain exprima sa surprise et son indignation :
— Comment ? Que c'est mal ! C'est vraiment affreux ! Chacun a le droit d'écrire ce qu'il veut dans son journal, mais voler un manuscrit, c'est une très mauvaise action !
Alexandre III parle avec timidité, d'une voix agréable et chantante. Le yeux et le sourire sont bons et caressants. Il est de grande taille, plutôt gros, mais robuste d'aspect. Il n'a presque plus de cheveux. Les tempes sont trop rapprochées l'une de l'autre. Il m'a un peu rappelé Vladimir Grigoriévitch Tchertkov, surtout par la voix et la manière de parler.

Le souverain m'a demandé ensuite quelle était l'attitude de mes enfants envers les doctrines de leur père ? J'ai répondu qu'ils ne pouvaient que respecter les principes de haute morale que prêchait Léon Nikolaïévitch, que pourtant, je jugeais nécessaire de les élever dans la foi religieuse, que mes enfants et moi avions fait nos dévotions en août dernier, mais à Toula et non chez nous, à la campagne, parce que de nos prêtres, qui devraient être nos pères spirituels, on avait fait des délateurs qui nous avaient faussement dénoncés.

— J'ai entendu parler de cela, remarqua l'empereur.

Ensuite, je racontai que mon fils aîné était chef de district, que le second était marié, vivait sur ses terres et les administrait, que le troisième était étudiant. Quant à mes autres enfants, ils étaient encore à la maison.

Je note encore qu'en parlant de la *Sonate à Kreutzer*, l'empereur m'avait demandé :

— Votre mari ne pourrait-il pas la modifier quelque peu ?

— Non, Votre Majesté, il ne peut jamais rectifier ses œuvres. Quant à cette nouvelle, il m'a dit qu'elle lui répugnait et qu'il ne pouvait plus en entendre parler.

Le souverain me demanda encore :

— Voyez-vous souvent Tchertkov, le fils de Grégoire Ivanovitch et d'Elisabeth Ivanovna ? En voilà un que votre mari a tout à fait converti.

N'étant pas préparée à cette question, j'hésitai une minute. Puis m'étant ressaisie, je répondis :

— Voilà plus de deux ans que nous ne l'avons pas vu. Sa femme est malade et il ne peut la quitter. Le terrain sur lequel se sont tout d'abord rencontrés Léon Nikolaïévitch et

Tchertkov était tout autre que religieux. Mon mari, ayant remarqué que la littérature populaire abondait en livres stupides et immoraux, suggéra à Tchertkov l'idée de la réformer et de lui donner un caractère plus moral et plus instructif. Mon mari écrivit quelques récits pour le peuple qui, après avoir été tirés par millions d'exemplaires, sont aujourd'hui condamnés comme nuisibles et hérétiques. On a édité en outre beaucoup d'ouvrages scientifiques, philosophiques, historiques, etc… L'œuvre était excellente, progressait, mais elle a été en butte aux persécutions :
A cela l'empereur ne répondit rien.
— Votre Majesté, finis-je par dire, si mon mari s'adonne de nouveau à la création artistique et si je fais éditer ses œuvres, ce serait pour moi un insigne bonheur si Votre Majesté consentait à les examiner et à les juger Elle-même.
— J'en serais bien aise, envoyez-moi directement ses œuvres afin que je les lise.
Le souverain parla-t-il encore d'autres choses ? Je ne me le rappelle plus. Il me semble avoir rapporté tous ses propos. Pourtant, je me souviens qu'il a ajouté :
— Rassurez-vous. Tout s'arrangera ! Je suis très content. — Ce disant, il se leva et me tendit la main. Je répondis en m'inclinant :
— Je regrette de n'avoir pas eu le temps de demander à être reçue par l'impératrice. On m'a dit qu'elle était souffrante.
— Non, l'impératrice se porte bien aujourd'hui et elle va vous recevoir. Demandez que l'on vous annonce.
J'allais franchir la porte du cabinet de l'empereur, lorsque celui-ci m'arrêta et me demanda si je resterais longtemps

encore à Pétersbourg ?
— Non, Votre Majesté, je pars aujourd'hui.
— Pourquoi si vite ?
— L'un de mes enfants est souffrant.
— Qu'a-t-il donc ?
— La varicelle.
— Ce n'est pas grave. Seulement, il faut veiller à ce qu'il ne prenne pas froid.
— Précisément, Votre Majesté, je crains qu'il ne prenne froid en mon absence. La température est si rigoureuse.
Après avoir fait une fois encore la révérence et non sans que l'empereur m'eût très cordialement serré les mains, je sortis.

Me revoici dans le petit salon aux meubles tendus de satin rouge [21]. Partout des plantes et des fleurs à profusion. Je n'oublierai jamais ces superbes azalées d'un rouge vif sur lesquelles mes regards s'étaient arrêtés lorsque je croyais mourir [14].
Un laquais d'âge mûr, au type et à l'accent étrangers, se tenait sur le seuil du salon où recevait l'impératrice. De l'autre côté, un nègre en costume national. Auprès du cabinet de l'empereur, il y avait aussi des nègres, au nombre de trois, si je ne m'abuse. Je demandai à être annoncée à la souveraine en ajoutant que l'empereur m'y avait autorisée...
Le laquais me répondit que l'impératrice recevait une dame en ce moment, mais qu'il m'annoncerait dès que celle-ci sortirait.
A quinze ou vingt minutes de là, lorsque la visiteuse fut partie, le laquais m'informa que l'empereur était venu lui-même faire part à l'impératrice de mon désir de la voir. J'entrai. La souveraine s'avança vers moi d'un pas rapide et léger. La couleur de son visage est très jolie ; les cheveux châtain foncé sont lissés avec un soin extrême, comme s'ils étaient collés ; la taille très fine, le cou et les mains aussi ; une robe de laine noire. L'impératrice n'est ni grande ni petite. La voix frappe parce qu'elle est forte et gutturale. La souveraine me donna la main et, de même que l'empereur, m'invita sur-le-champ à m'asseoir :
— Je vous ai déjà vue une fois, n'est-ce pas[2] ? demanda-t-elle.
— J'ai eu le bonheur d'être présentée à Votre Majesté il y a

de cela quelques années à l'Institut Saint-Nicolas chez Mme Schostag.

— Ah ! certainement, et votre fille aussi. Dites-moi, est-il vrai qu'on vole les manuscrits du comte et qu'on les imprime sans lui en demander la permission. Mais c'est une horreur, c'est très mal, c'est impossible.

— C'est vrai, Votre Majesté, c'est bien triste ! Mais que faire ?

Après quoi, l'impératrice me demanda combien j'avais d'enfants et ce qu'ils faisaient. Je lui exprimai ma joie de savoir que son fils Georges Aleksandrovitch se portait mieux et ajoutai que j'avais pris part à la peine que lui avait causée l'éloignement de ses deux fils dont l'un était si souffrant. Elle me répondit qu'il avait eu une fluxion de poitrine, que la maladie suivait son cours, mais que son fils avait fait une imprudence et lui avait donné de vives inquiétudes. Grâce à Dieu, il est aujourd'hui tout à fait rétabli. J'exprimai mes regrets de n'avoir jamais vu ses enfants. A quoi la souveraine me répondit qu'ils étaient actuellement à Gatchina :

— Ils sont tous si heureux, si bien portants, ajouta-t-elle. Je tiens à ce qu'ils aient des souvenirs heureux de leur enfance.

— Dans une famille comme celle de Sa Majesté, tout le monde doit se sentir heureux.

— Ce petit Michel aux joues roses, il joue *(sic)* une grande fille de seize ans, ajouta l'impératrice en se levant et en me tendant la main, je suis très contente de vous avoir revue encore une fois.

Je fis la révérence et sortis.

La voiture des Auerbach me ramena chez les Kouzminskii ; j'étais si contente que, sans m'en apercevoir, je grimpai en courant les quatre étages.

Je fus accueillie par ma sœur Tania, puis par Sophie, Mania et Micha Stakhovitch, par Alexandre Mikhaïlovitch ainsi que par tous les enfants Kouzminskii. Force me fut de tout raconter. Chacun prit part à ma joie. C'était à qui me féliciterait. J'expédiai deux télégrammes, l'un à Moscou, l'autre à Iasnaïa Poliana, je déjeunai et, à 3 heures, je pris place dans le train. Tout le monde vint m'accompagner à la gare. En regardant ma sœur Tania, son visage fatigué, en me rappelant toutes les démarches qu'elle avait faites et combien elle avait pris à cœur toute cette affaire, j'éprouvai grand'peine à me séparer d'elle.

J'ai omis de noter qu'Alexandre III, après s'être enquis de l'influence de Léon Nikolaïévitch sur le peuple, avait parlé de la jeunesse qui se convertissait aux idées de Tolstoï. Je lui répondis qu'il s'agissait là presque uniquement de gens qui s'étaient engagés sur une fausse route, qui faisaient une mauvaise politique, que Léon Nikolaïévitch les avait ramenés à la terre, à la non-résistance au mal et à l'amour ; que s'ils n'étaient pas dans le vrai, du moins ils étaient pour le maintien de l'ordre.

Le dimanche 14 avril sont venus m'attendre à la gare de Koursk à Moscou Liova, Dimitri Alekséïévitch Diakov et Dounaïev. Nous avons déjeuné et, une fois encore, j'ai dû tout raconter. Liova et Dimitrii Aleséïévitch m'ont écoutée avec un vif intérêt. Sur le quai, j'ai rencontré Nadia Zinoviéva qui prenait aussi le train. Elle nous a invités à prendre place dans le compartiment réservé pour elle et nous avons voyagé très gaiement : Liova, Nadia, deux dames de Kharkov et moi.

A la maison, j'ai été accueillie par Tania et par les petits. Revenu de Tchépije, Liovotchka était allé m'attendre au jardin d'où il ne rentrait pas. Je suis arrivée plus tôt qu'on ne m'attendait. Macha était dans sa chambre. Je suis très heureuse d'être à la maison. Mais Liovotchka est mécontent de mes aventures et de mon entrevue avec le tsar. Il lui semble que nous avons pris des engagements que nous ne pourrons pas tenir, qu'auparavant l'empereur et lui s'ignoraient, que tout cela peut nous nuire et nous attirer des désagréments.

---

1. Nouvelle de L. N. Tolstoï.
2. L'impératrice et Sophie Andréevna ont constamment parlé français.

- [Deuxième trimestre](#)
- [Troisième trimestre](#)
- [Quatrième trimestre](#)

23 avril 1891.

Dès le matin, j'ai planté des arbustes extraits de Tchépije et de la sapinière ainsi que des glands ramassés par Vanitchka et par niania. Vanitchka, Lydia et Dounaïev m'ont aidée à emplanter la partie du jardin qui avoisine l'Étang-bas. Quel dommage que le vieux jardin se meure et comme je voudrais voir croître le jeune. Bien que Dounaïev soit un brave homme, j'éprouve envers lui un sentiment étrange qui ressemble à de la répugnance.
Les Zinoviev sont venus dîner ; nous avons causé tout en nous promenant. Pendant la soirée, les deux Zinoviev ont joué et chanté, puis ce fut au tour de Serge qui a fort bien interprété une ballade de Chopin.
Le soir, je me suis rappelé feu Ourousov (l'approche de l'été réveille toujours ce souvenir). J'ai éprouvé un si poignant regret à la pensée qu'il n'est et ne sera jamais plus. Comme il savait bien, par sa propre personnalité, remplir la vie des autres ! Comme il m'a gâtée par sa fidèle sympathie, par la conviction qu'il exprimait que j'étais digne des meilleures choses, que je pouvais tout, qu'il me suffisait de vouloir, que tout ce que je faisais était magnifique, etc... Tandis que les miens n'écoutaient que leur égoïsme et ne me témoignaient que mépris, indifférence et jalousie. Pourquoi nos proches sont-ils toujours plus sévères envers nous qu'envers les autres ? C'est dommage ! Cela gâte les relations et la vie. — Temps

froid et clair. — Liovotchka vient de me faire dire par Tania qu'il était couché et avait éteint la bougie. Des lèvres innocentes me transmettent des paroles qui ne sont rien moins qu'innocentes. Je sais ce que cela veut dire et cela m'irrite.

24 avril.

Accompagné aujourd'hui à Iasienki les jeunes Zinoviev et Serge qui se rendaient à Toula. De là, mes filles Tania et Macha sont parties pour Pirogov. J'ai emmené aussi à Iasienki Sacha et Vanitchka. La pluie s'est mise à tomber et j'ai craint que les enfants ne prissent froid. Plus tard, j'ai écrit des lettres à Liova, à Sophie Stakhovitch, à Feth ; j'ai répondu à la question que m'avait adressée Gaïdebourov au sujet de la nouvelle édition. Repas calme en compagnie de Liovotchka, de Dounaïev, de Lydia et des quatre petits. Après dîner, Liovotchka et Dounaïev se sont préparés à partir à pied pour Toula. Le vent du nord soufflait avec une telle violence que je les ai suppliés de rester. Mais Liovotchka est têtu, et, de ma vie, je ne me rappelle pas une seule occasion où il ait cédé à mes instances, *surtout en ce qui concerne sa santé*. Aussi est-il parti en pardessus d'été avec Dounaïev.

En me promenant avec les enfants au jardin, j'ai aperçu près de l'Étang-bas un troupeau de vaches qui paissaient juste à l'endroit où j'ai planté hier de petits chênes et de petits sapins. Des femmes et des filles du village les gardaient avec placidité jusqu'au moment où je me suis mise à crier. J'ai regretté ma peine et les jeunes arbustes. Je suis allée trouver Vasilii à qui j'ai donné ordre d'empêcher les vaches de pénétrer dans l'enclos. C'est difficile avec les gens d'ici que Liovotchka a trop gâtés. En rentrant, j'ai préparé pour Vanitchka un bain auquel j'ai assisté, puis je l'ai mis au lit ; après quoi, j'ai copié le journal de Léon Nikolaïévitch. Voici qu'il est 11 heures. Le vent hurle et je suis inquiète pour tous les absents. J'ai envoyé au-devant de mon mari jusqu'à Kozlovka, mais je doute qu'il ait eu le temps d'arriver jusqu'à Toula et d'y prendre le train. Liovotchka et Dounaïev sont rentrés en chemin de fer. Il faisait si froid que Liovotchka s'est réjoui de trouver sa pelisse.

29 avril.

Quelques jours déjà que je n'ai rien noté dans mon journal. Avant-hier, j'ai eu une nouvelle crise d'étouffement ; on eût dit que les voies respiratoires étaient bouchées. En outre, de terribles battements de cœur et des congestions. Je me suis jetée dans les bras de niania en disant que j'allais mourir. Après avoir embrassé Vanitchka, j'ai couru en bas dire adieu à Liovotchka. Au physique, c'était terrible, — au moral, pas le moins du monde. Léon Nikolaïévitch n'était pas chez lui. Je me suis signée, et toujours à bout de souffle, j'ai attendu la mort. Dès que je fus un peu revenue à moi, je parvins à demander l'inhalateur et de la moutarde que j'appliquai sur la poitrine. Lorsque je fus étendue et que j'eus inhalé les vapeurs, je me sentis soulagée. Pourtant, quelque chose s'est déchiré en moi et reste en désordre dans la poitrine. Je crois que je ne vivrai plus longtemps. La vie m'impose des efforts qui ne sont plus de mon âge.

Depuis deux jours, nous avons pour hôte le vieux Gay qui arrive de Pétersbourg. J'ai écrit au ministre de l'Intérieur afin qu'il rappelle au tsar l'autorisation qu'il m'avait personnellement donnée de publier la *Sonate à Kreutzer* dans les œuvres complètes. Une lettre fort triste de Liova qui ne veut pas se présenter à son examen et se propose de quitter l'Université. Liovotchka et moi lui avons écrit pour lui conseiller de ne pas abandonner l'Université avant de savoir exactement ce qu'il fera après. Je doute qu'il nous écoute. Qu'il fasse ce qui est le mieux pour lui ! De toute façon, il faudra lui venir en aide. Tania part pour Moscou après-demain. Ici, tout le monde est gai et dispos. Aujourd'hui, les enfants ont pris leurs leçons. Le froid, la pluie toute la journée. Voilà trois jours que je suis malade et que je garde la maison. Dehors, tout verdoie : l'herbe, le feuillage. Les rossignols chantent.

30 avril.

Les Gay sont partis, nous restons seuls en famille, ce qui est fort agréable. Il fait froid et il gèle la nuit. Passé toute la journée à la maison, seule la plupart du temps. Voilà bien longtemps que je ne me suis pas sentie aussi au large qu'aujourd'hui : l'esprit dégagé, l'âme libre, je comprends tout et mentalement je parcours des espaces infinis. Il y a des jours où j'ai exactement l'impression contraire : je me sens à l'étroit, j'étouffe comme dans une prison. Lu *la Vie éternelle*. Livre magnifique, mais pas nouveau. Liovotchka est allé à cheval à Iasienki où il a trouvé ce livre que Nikoforov lui a envoyé par la poste.

Que de mal m'a fait la solitude dans laquelle j'ai passé ma jeunesse ! Je me rappelle l'importance que prenait à mes yeux le moindre incident : un mets pas assez ou trop cuit ; j'exagérais tout chagrin ; les points de comparaison faisant défaut, je laissais passer les bonnes choses sans même les apercevoir ; n'importe quel étranger me semblait intéressant. Monotones, les jours succédaient aux jours sans susciter ou réveiller en moi énergie ou intérêt pour quoi que ce soit. Non, je n'étais pas faite pour la solitude qui a opprimé toutes mes forces psychiques.

1er mai.

Tania est partie ce matin pour Moscou. Après un séjour chez nous, Ilia s'est rendu à Toula pour l'affaire du partage. Davidov, sa fille et le prince Lvov sont venus dîner. Davidov et le prince Lvov me sont tous deux fort agréables et j'aurais passé en leur compagnie une bonne journée si ma santé n'eût laissé à désirer. J'ai de la bronchite, de la fièvre la nuit et je suis très abattue.

Copié le journal de Liovotchka. Lu *la Vie éternelle*. Très bien, très intéressant ! Après dîner, tout le monde est allé se promener et moi j'ai joué deux heures durant, les *Romances sans paroles* de Mendelssohn et une sonate de Beethoven. Combien je regrette de mal jouer. Parfois je voudrais me mettre à étudier pour acquérir quelque maîtrise. Liovotchka est allé au-devant de Davidov. Il continue à se promener et à écrire son article. En prenant le thé, nous avons parlé de l'éducation. Je n'ai pas envie d'envoyer les enfants au lycée, mais je ne vois pas d'autre issue et ne sais que faire. Je ne puis les instruire seule. Léon Nikolaïévitch qui passe sa vie à si bien *raisonner ne fait* absolument *rien* dans ce domaine. Il est venu un monsieur apporter un message d'Orlov ; il vient de repartir. Le temps est plus doux. C'est à qui m'apportera des violettes fraîchement écloses. Nous avons mangé des champignons ; le rossignol chante, lentement les feuilles s'épanouissent. Printemps tardif, paresseux, froid, sans gaieté. Comme Davidov est sympathique par sa finesse de sentiment !

15 mai.

De nouveau, j'ai longtemps négligé mon journal et de nouveau beaucoup d'événements. Monia Ourousova (née Maltzéva) est arrivée le 2 ou le 3 avec ses deux filles aînées : Mary et Ira. Leur présence m'a fait maladivement penser à feu prince Ourousov ; je ne puis me défaire de ce sentiment. Quand j'étais à table, je le voyais assis en face ou à côté de moi, auprès de Liovotchka et, à un moment où nous attendions l'arrivée de sa famille, me disant : « Vous

les aimerez, n'est-ce pas, comtesse ? Vous aimerez ma *pauvre* femme. » Il prononçait ce mot *pauvre* avec un accent étranger. Effectivement, j'aime sa pauvre femme et ses enfants, Mary surtout qui me le rappelle de manière frappante et qui a si bien joué une sonate de Beethoven que l'on ne peut douter de son beau et remarquable talent. Elles sont toutes deux à la fois si naïves et si cultivées. La princesse a beaucoup changé à son avantage ; elle a accepté son sort et se repent de maintes choses. Je ne sais pas pourquoi chaque fois que nous nous rencontrons et, ces jours derniers encore, elle me dit avec calme et gravité que son mari m'aimait d'un amour exceptionnel, qu'il me préférait à Liovotchka, que c'était chez moi qu'il avait goûté les joies de la famille et que je lui ai donné ce qu'elle, sa femme, aurait dû lui donner : sympathie, amitié, tendresse, attentions. — Je lui ai répondu qu'elle faisait erreur en pensant que son mari m'avait tant aimée, qu'il ne m'en avait jamais rien dit, que nous n'étions que des amis. Ce à quoi elle a répliqué : jamais il n'eût osé vous avouer son amour et il aimait trop le comte pour se l'avouer à lui-même.
Après avoir passé ensemble trois jours agréables, nous nous sommes quittées amicalement.
Elle est partie en Crimée avec ses filles et moi j'ai été appelée à Moscou par Tania pour les examens de mes fils. Alekséï Mitrofanovitch est parti avec nous par l'express, le 6 mai. Il faisait chaud. Tandis que je tricotais, les enfants ont circulé dans le couloir, lié amitié avec les voyageurs qui leur ont donné des friandises. Le soir, dès notre arrivée, je

me suis rendue chez Polivanov afin de prendre toutes indications utiles concernant les examens. Andrioucha était si inquiet qu'il n'a pas fermé l'œil de la nuit. Micha au contraire était calme et s'est endormi sur-le-champ. Le premier examen de catéchisme s'est bien passé en ce sens que la frayeur des candidats s'est dissipée. Nous avons habité les dépendances durant cinq jours et, à nos minutes de loisir, nous avons joui de notre magnifique jardin. Les enfants ont mal passé leurs examens. A quoi cela tient-il ? Sont-ils mal doués ? Ont-ils de mauvais maîtres ? On accepte Andrioucha en troisième et Micha en seconde, mais je n'ai pas encore décidé si je les mettrais au lycée ; j'ai pitié d'eux, c'est terrible ! Mais c'est terrible aussi de ne pas les y mettre. Laissons au sort le soin de décider ! Andrioucha et Micha sont si différents l'un de l'autre : le premier est timide, nerveux et observe tout avec attention ; le second est vif, loquace et veut jouir de tous les biens de la vie.

Nous sommes allés à l'exposition française qui n'est pas tout à fait terminée et pas encore ouverte. Nous n'avons pu voir qu'une fontaine lumineuse, les bronzes et la porcelaine. En rentrant au Kremlin, j'ai vu de nombreux équipages devant le petit palais. Le grand-duc Serge Aleksandrovitch ayant pris les fonctions de général-gouverneur de Moscou, reçoit aujourd'hui toute la ville.

La censure n'autorise pas la parution du treizième tome et s'accroche à trois phrases qui sont à peu près les suivantes : « De la tour Eiffel jusqu'à la conscription générale… » « Quand tous les peuples de l'Europe sont occupés à enseigner le meurtre à la jeunesse » et encore : « Tout est fait et dirigé par des gens en état d'ivresse. » Mais ces phrases figurent déjà dans l'article qui constitue la préface au livre d'Alekséïev : *De l'ivresse*. J'ai écrit à ce sujet à la censure de Moscou et à Féoktistov qui est à Pétersbourg. En mon absence est arrivée à Iasnaïa Poliana une lettre ministérielle m'autorisant à publier dans les œuvres complètes la *Sonate à Kreutzer* et la postface. J'ai appris cette nouvelle à Moscou chez l'imprimeur. Dans mon for intérieur, je triomphe à la pensée d'avoir bravé tout le monde, de m'être adressée au tsar lui-même et d'avoir, moi simple femme, obtenu ce que nul autre n'aurait pu obtenir. Sans aucun doute, je dois cette victoire à mon influence personnelle. Je disais à tous que si j'avais pour une minute cette inspiration grâce à laquelle je pourrais agir sur l'empereur, j'obtiendrais ce que je voulais. Cette inspiration m'est venue, j'ai fait fléchir la volonté du souverain qui est bon et susceptible de subir une bonne influence. Celui qui lira ces lignes pensera sans doute que je me vante, mais il se trompera et commettra une injustice.

J'aurais grande envie d'envoyer à l'empereur le treizième tome des œuvres complètes qui paraîtra d'ici quelques jours et d'y joindre une photographie de toute notre famille à laquelle il a témoigné tant d'intérêt. Et la tsarine et lui m'ont priée de leur parler en détail des enfants.

Le printemps bat son plein. Les pommiers sont en fleurs. Il y a dans cette floraison quelque chose d'extravagant et de féérique. Jamais je n'ai rien vu de semblable. Chaque fois que, par la fenêtre, je jette un coup d'œil sur le jardin, je suis frappée de ces nuages blancs aux reflets rosâtres qui se détachent sur un fond vert tendre.

Temps sec, très chaud. Dans toutes les pièces l'enivrant parfum du muguet.

Le pauvre Liovotchka a une inflammation des paupières ; il a déjà passé quarante-huit heures seul en bas dans une chambre noire. Aujourd'hui, il va un peu mieux. Hier, nous avons consulté le docteur Roudniev qui a prescrit des compresses d'eau blanche. Hier, par l'intermédiaire de Macha, Liovotchka a écrit à Alékhine (un obscur) une lettre traitant de questions religieuses. J'ai été frappée par cette lettre où tout était si parfaitement d'accord avec mes vues. Le problème de l'immortalité et de la vie future ne doit pas nous inquiéter puisque nous nous remettons entre les mains de Dieu en lui disant : « Que ta volonté soit faite ! » Les desseins de Dieu sont insondables, aussi est-il vain d'essayer de les pénétrer.

Les Kouzminskii arrivent demain, et aujourd'hui, à table, les enfants ont exprimé le regret de voir notre vie de famille, si paisible et si heureuse, troublée par l'immixtion d'un élément étranger bien que proche qui apportera de l'agitation dans la maison. J'aime tant ma sœur qu'aucun membre de sa famille ne pourra jamais m'être à charge ; quant à elle, je suis toujours très heureuse de la voir. Serge est parti pour Toula. Hier soir, Tania, Serge et Liova ont causé ensemble jusqu'à 2 heures du matin. Tous trois étaient fort contents.

Hier, Liovotchka a dicté à Tania un début romanesque. Tania ne m'a pas dit ce dont il s'agissait et je ne veux pas la questionner, ni questionner Liovotchka sur ce qui ne fait que renaître. Raconter est toujours désagréable.

22 mai.

Encore une semaine fort agitée ! Les Kouzminskii sont arrivés ainsi qu'Erdelli, le fiancé de Macha. La vie estivale a recommencé : la baignade, une foule d'enfants bruyants et agités, la chaleur, la belle nature. Feth est venu avec sa femme, il nous a lu des vers. L'amour et encore l'amour. Il admire tout ce qu'il a vu à Iasnaïa Poliana et semble très content de la visite qu'il y a faite, de Liovotchka et de moi. Il a soixante-dix ans. Sa lyrique toujours débordante éveille en moi des idées et des sentiments poétiques, équivoques, qui ne sont plus de mon âge. Et qu'importe qu'ils ne soient plus de mon âge ; ne sont-ils pas bons et innocents puisqu'ils restent platoniques ?
Macha est partie avec Mlles Filosofov qui rentraient chez elles à Paniki. Qu'elle se distraye ! La pauvre a si peu d'entrain et de jeunesse pour ses vingt ans ! Nous sommes allés nous promener, mais la pluie nous a forcés, les uns après les autres, à regagner la maison. Nous avions l'intention de passer la soirée à lire, mais nous avons agréablement parlé de littérature, d'amour, d'art, de peinture. Léon Nikolaïévitch a dit qu'il ne savait rien de plus répugnant que des tableaux représentant les scènes voluptueuses de la vie quotidienne, par exemple, un moine convoitant une femme, un guide tartare à cheval

accompagnant une dame en Crimée, un beau-père qui regarde sa bru avec des yeux goulus, etc... Toutes ces scènes sont répugnantes dans la vie, à quoi bon les fixer sur la toile ? Je partage entièrement l'avis de Liovotchka et n'aime que les tableaux représentant la beauté, la nature, les idées élevées.

C'est aujourd'hui l'anniversaire d'Ilia. Le pauvre continue à mener une vie obscure, désordonnée, sur ses terres, au milieu de sa famille, constamment en proie au doute et mécontent de son sort. Je regrette que nos relations se soient gâtées pour des questions d'intérêt. Mais j'espère que tout s'arrangera. Une certaine obscurité enveloppe toutes ses actions [20].

27 mai.

Annenkova est chez nous avec une jeune fille qu'elle propose comme institutrice pour Sacha et Vania en remplacement de niania. Mais la personne ne me plaît pas ; elle est maladive et dépourvue de naturel. Ilia est venu chercher le plan de Nikolskoïé ; il est plus gentil et plus souple. Il a emmené Liova avec lui. Ce dernier m'a demandé hier quand nous avions eu ces belles journées d'hiver avec le merveilleux éclairage. J'ai transcrit pour lui la page de mon journal portant la date du 9 décembre 1890 où ces journées sont dépeintes. Sans doute a-t-il besoin de cette description pour ce qu'il écrit. Hier, sur la route de Kozlovka, nous avons rencontré les Zinoviev et leurs filles qui ramenaient chez nous Tania et les deux jeunes Kouzminskii. Mlles Zinoviev ont très agréablement chanté. Ma sœur Tania aussi. Aucun timbre de voix n'est comparable au sien.

Aujourd'hui les Raïevskii, père et fils, sont venus de Toula pour dîner avec nous. Après le repas, comme nous les reconduisions, nous avons rencontré l'éditeur du *Journal de Koursk* qui menait sa bicyclette à la main. Il a abordé Léon Nikolaïévitch, lui a dit qu'il rêvait de faire sa connaissance et lui a demandé l'autorisation de venir nous voir [34]. — Corrigé les épreuves de la *Sonate à Kreutzer* que je n'aime pas et qui continue à me déplaire. Combien est faux ce début où l'auteur, parlant des deux époux, assure que les périodes de sensualité alternent avec les périodes de refroidissement après satisfaction. C'est totalement inexact. Cela n'est pas dans la nature de la femme en général et ne peut pas être chez une jeune femme qui vient de se marier. La femme très jeune ne connaît pas ces périodes de sensualité, toujours humiliantes et pénibles, aussi longtemps qu'on n'en a pas pris l'habitude. La seule consolation qu'elle a c'est de penser qu'elle fait plaisir à l'homme qu'elle aime en se donnant à lui. Pour la femme d'âge mûr, il n'y a pas non plus cette alternance de périodes amoureuses et de périodes de refroidissement. Les rapports conjugaux fréquents ne font qu'exciter davantage la femme gâtée par de telles relations et celle-ci ignore la satiété. Il ne peut y avoir de calme que si, pendant longtemps, l'homme ne touche pas à elle ; il y a de l'irritation si elle n'est pas satisfaite, mais cette irritation vient non de ce que la femme est rassasiée, mais de ce qu'elle a honte de ses propres désirs. C'est toujours chez le mari qu'il y a ces flux et reflux de sensualité qui dépendent de la satisfaction ou de la non-satisfaction de ses désirs.

Temps froid et sombre. Depuis trois jours, le vent du nord souffle avec une telle violence que tout le monde reste à la maison. Vasia Kouzminskii, avec un pistolet d'enfant, a tiré dans l'œil de Sacha autour duquel s'est formée une tâche bleue. Vanitchka n'a pas dormi cette nuit, il a eu mal au ventre ; trois heures durant, je lui ai donné des soins et n'ai pas pu m'endormir avant 5 heures. Les lilas et les muguets sont défleuris. Vania et niania m'ont apporté des violettes écloses de cette nuit. Il y a déjà des champignons blancs. Temps sec, les foins sont mauvais. Raïevskii m'a raconté que la famine sévit chez eux dans le district d'Epifane. Une lettre de Macha. On voit qu'elle est contente d'être chez les Filosofov et je m'en réjouis.

1er juin.

Des visiteurs du matin au soir : le mari d'Annenkova, propriétaire foncier s'intéressant aux questions juridiques, un homme vulgaire et étrange que l'on dit d'une bonté et d'une délicatesse sans bornes. Il a amené Nélioubov, juge d'instruction à Lgov, un homme brun, maigre, idéaliste exalté. Souvorine du *Novoïé Vrémia* a passé la soirée avec nous. Il fait l'impression d'être timide, mais de s'intéresser à tout. Il a demandé l'autorisation de nous amener ou de nous envoyer un sculpteur juif, demeurant à Paris, pour que celui-ci fît le buste de Léon Nikolaïévitch. J'ai accepté sa proposition ; Liovotchka, comme toujours, a gardé le silence, mais je crois que cela lui est agréable. Hier sont venus Samarine, le général Biestoujev et Davidov. Liovotchka s'est rendu à Toula pour visiter les abattoirs, mais hier n'étant pas jour d'abatage, il n'en a vu que l'emplacement. C'est Davidov qui l'a ramené en voiture. Le soir, nous sommes allés nous promener. Mes relations avec Davidov deviennent de plus en plus faciles, c'est un homme très agréable. J'ai dû raconter à Samarine et à Biestoujev mon entrevue et ma conversation avec l'empereur, — cela intéresse énormément tout le monde. Mais la vraie, la profonde raison de mon voyage à Pétersbourg, nul ne la devinera à cause de la *Sonate à Kreutzer*. Cette nouvelle a jeté une ombre sur moi : les uns présument qu'elle est tirée de notre propre vie, les autres me plaignent. N'est-ce pas le tsar lui-même qui a dit : « J'ai pitié de sa pauvre femme ? » Oncle Kostia m'a raconté qu'à Moscou, j'étais devenue une « victime » que tout le monde plaignait. J'ai voulu me montrer afin que l'on vît combien peu je ressemblais à une victime ; j'ai voulu qu'on parlât de moi ; j'ai fait cela instinctivement. J'avais prévu le succès que j'obtiendrais auprès d'Alexandre III ; je n'ai pas encore épuisé cette faculté de susciter en autrui de la sympathie et j'ai conquis le tsar par mes paroles et ma chaleur de sentiment. Mais, aux yeux du public, il me fallait encore obtenir l'autorisation de publier la *Sonate à Kreutzer*. Tout le monde sait que c'est moi qui ai obtenu du tsar cette autorisation. Or si cette œuvre avait été inspirée par moi, si elle peignait mes relations avec Léon Nikolaïévitch, je ne serais certes pas intervenue pour en obtenir la diffusion. Chacun le comprendra qui se donnera la peine de réfléchir. Le tsar parle de moi dans les termes les plus flatteurs. Il a dit à Chérémétiéva qu'il regrettait d'avoir eu, ce jour-là, tant d'affaires urgentes qui l'ont empêché de prolonger un entretien très intéressant et très agréable pour lui. La comtesse Aleksandra Andréevna Tolstaïa m'a écrit que j'avais fait une excellente impression. Au dire de la princesse Ourousova qui rapporte les propos de Joukovskii, l'empereur m'aurait trouvée simple, sincère et sympathique ; il ne pensait pas que j'étais encore si jeune et si belle. Tout cela est très flatteur pour ma vanité de femme et me venge de mon mari qui, loin d'essayer de me mettre en valeur, s'est au contraire constamment efforcé de me ravaler aux yeux de la société. Je n'ai jamais pu comprendre pourquoi. — Depuis ce matin, la pluie, le froid, le vent. Nul n'est sorti. Je vais aller tout de suite donner aux enfants leur première leçon de musique de cet été. Liova et Macha ne sont pas encore rentrés. A la maison, tout va bien. J'ai avec Liovotchka des relations simples et amicales, les enfants sont calmes et gentils. Avant-hier sont venus les « baschkirs » qui s'occuperont de la préparation du koumiss. Ce ne sont pas les mêmes que l'année dernière, mais une mère et ses deux fils, des gens pauvres et effacés. Liovotchka répète sans cesse qu'il ne boira pas de koumiss, qu'il n'en veut pas, mais ces jours-ci, il souffre de l'estomac.

3 juin.

Un Allemand de Berlin a passé avec nous la journée d'hier. Il est venu voir *Tolstoï* et lui demander, pour ses Juifs allemands, Lœvenfeld et autres, des articles à traduire. Lui-même est un marchand de laine qui parcourt toute la Russie pour ses achats ; un homme flatteur et déplaisant qui nous a gâté toute notre journée. Le soir, Liovotchka, ma sœur Tania et moi nous sommes entretenus de questions abstraites. Liovotchka affirme que certaines actions sont *impossibles* à aucun prix ; de là les chrétiens martyrs ; ils ne *pouvaient pas* sacrifier aux idoles de même que les paysans ne *peuvent* pas cracher les hosties, etc… J'ai répondu qu'il y avait en effet certaines actions que l'on ne pouvait accomplir, mais qu'elles devenaient possibles dès lors qu'on les faisait pour une fin quelconque, par exemple pour le bien ou le salut du prochain. Alors, Liovotchka m'a posé cette question : « Et tuer un enfant ? » J'ai répondu que c'était là une action impossible, car, quel qu'en soit le but, on n'en pouvait commettre de pire. Cette opinion n'étant pas de son goût, il a pris un ton courroucé, terrible et d'une voix enrouée s'est mis à crier : ah ! ah ! A ce ton déplaisant, je répliquai par une série de choses désagréables ; j'affirmai qu'il était impossible de causer avec lui, que depuis longtemps, tous ses amis étaient d'accord sur ce point, qu'il n'aimait qu'à prêcher, que je ne pouvais pas parler quand il criait de même que je ne pouvais dominer les aboiements d'un chien. C'est très mal de ma part, mais je suis d'un naturel emporté. Soudain, je me suis rappelé son attitude de ces derniers jours [1] et ces mots de la *Sonate à Kreutzer* : « Période d'amour, période de satiété » [41].

Aujourd'hui, c'est passé. A tout prix et aussi longtemps que je le pourrai, je m'abstiendrai de tout rapport intime avec lui, je ne puis oublier si vite cette dernière période ni les résultats qu'elle a entraînés. Allée à Toula. Entretien avec le notaire au sujet de ce détestable partage. Je suis allée voir les Raïevskii, ai dîné chez les Davidov. Pendant la soirée sont venus les Zinoviev, le gouverneur et son frère l'ingénieur.

Liovotchka a en ce moment deux thèmes de conversation : l'hérédité qu'il nie et le végétarisme qu'il prêche. Il y a encore un troisième thème dont il ne parle pas, mais dont il écrit, semble-t-il, c'est l'Église qu'il nie avec plus d'acharnement que jamais.

Mes enfants se promènent toute la journée, ils montent à cheval et vont ici et là. Je les vois peu et je le regrette. Vanitchka, Sacha, Tania et les deux jeunes Kouzminskii sont venus à ma rencontre et à celle de ma sœur. Le jeune Tzinger est arrivé. Il continue à faire froid, l'été ne vient pas.

5 juin.

Journée douce et claire, nuit de lune. Je suis en proie à

l'inquiétude. Mon activité ne me donne pas satisfaction, tout ce que je fais me semble vain. Il me faudrait encore un autre travail que je ne *sais* et ne *puis* faire. Ce matin, ma sœur Tania et moi avons lu une nouvelle de Potapenko, *la Fille du général,* que Léon Nikolaïévitch aime beaucoup. Après dîner, Liova, Tania, Macha, Viéra Kouzminskii se sont mis à parler d'un voyage à travers la Russie dont ils ont grande envie. Je comprends leur désir, j'ai si peu vu moi-même ! Ma sœur Tania s'est fâchée et s'est écriée que c'était là le désir d'une jeunesse rassasiée de tous les biens de ce monde. Plus tard, les enfants sont allés chez les Zinoviev. Liovotchka m'a accompagnée chez le cordonnier et chez Timoféï Fokanov, un paysan du village qui est malade. Jamais, je n'ai autant désiré être en union avec Liovotchka, causer avec lui ; je ne parle pas d'une vile union corporelle, mais d'une union spirituelle. — Actuellement, c'est impossible. Il a toujours été rude et, maintenant, comme il l'a fait ce soir, il ne cesse de frapper aux endroits sensibles. A propos du voyage des enfants, il a essayé de prouver que, de leur part, ce désir du superflu, provenait de la mauvaise éducation qu'ils avaient reçue. Qui est responsable de cette éducation ? C'est à ce sujet qu'éclata la querelle. J'ai dit que cette éducation correspondait à la vie que menait la famille. Il m'a répondu qu'il y a douze ans s'était opérée en lui toute une transformation, que j'aurais dû me transformer aussi et donner aux plus jeunes de nos enfants une éducation conforme à ses nouvelles convictions. A quoi j'ai répliqué que seule, je n'aurais jamais *pu* ni *su,* qu'il *parlait* beaucoup, *passait des années entières à écrire*, mais ne s'occupait pas de l'éducation des enfants et allait souvent jusqu'à oublier leur existence.

La discussion s'est terminée heureusement, nous étions redevenus amis quand nous nous sommes séparés. Liova et Andrioucha sont allés à cheval à Pirogov. Je viens de corriger encore un placard de la *Sonate à Kreutzer*. Il est 2 heures du matin.

6 juin.

Allée à Toula avec Sacha, Vania, Micha, niania et Lydia. Cette dernière avait besoin d'un passeport. J'ai photographié les plus jeunes de mes enfants et ai couru de côté et d'autre pour le partage. Quelle affaire compliquée, difficile et pénible ! J'ai été très fâchée d'apprendre que deux bons de mille roubles étaient sortis au tirage il y a deux ans et depuis lors ne rapportaient aucun intérêt.

Ce soir, pour la première fois, je me suis baignée avec Tania, Macha et Macha Kouzminskaïa — Liova et Andrioucha sont rentrés de Pirogov ce soir à 11 heures. Journée chaude, nuit fraîche. Beaucoup pensé à la mort que je me suis nettement représentée. Nous avons chez nous Pétia Raïevskii qui est tout heureux d'avoir terminé ses études au lycée. Alexandre Vasiliévitch Tzinger est aussi notre hôte.

7 juin.

Micha Kouzminskii est malade, je crois qu'il a la diphtérie. J'ai un poids sur le cœur, je suis inquiète pour lui et pour tous les autres enfants. Ma sœur Tania écarte de son esprit toute idée de danger, moi, je ne puis suivre son exemple. Mais quand arrive le malheur, elle, qui n'y est pas préparée, s'abandonne au plus complet désespoir. Nous avons envoyé chercher le docteur Roudniev.

A la demande d'un des obscurs, Léon Nikolaïévitch est allé à Toula voir la maîtresse d'un de ses disciples, un certain Doudtchenko que je ne connais pas. Cette femme, de l'endroit d'où on l'expulse, se rend par étapes jusqu'à Tver. On lui a proposé de faire le voyage à sa guise et à ses frais, mais elle a refusé et fait route avec les prisonniers. Pourquoi ? Agit-elle par fanfaronnade, par vanité ou par conviction ? Ne l'ayant jamais vue, je n'ose me prononcer. Cette femme n'était pas à Toula, paraît-il, et je crois que Liovotchka est content d'avoir fait son devoir et de ne l'avoir pas trouvée. Il est retourné aux abattoirs et nous a raconté avec grande émotion qu'il avait été témoin d'un spectacle affreux : la peur qu'ont les bœufs lorsqu'on les mène aux abattoirs et qu'on les dépèce avant même qu'ils soient morts et alors qu'ils agitent encore les pattes. Effectivement, c'est terrible, mais chaque mort est terrible. La sœur de Liovotchka, Maria Nikolaïevna, est arrivée. Elle ne parle que des couvents, du P. Ambroise, de Jean de Cronstadt, des miracles opérés par telle ou telle icone, des prêtres, des religieuses, ce qui ne l'empêche pas d'aimer la bonne chère et de s'emporter. Elle n'a pas le moindre amour pour personne. Le soir, nous nous sommes baignés, pendant la journée il fait une chaleur terrible. En taillant les cheveux de Vanitchka, je lui ai involontairement piqué la tête avec la pointe de mes ciseaux. Le sang a jailli et il a fondu en larmes. « Pardonne à maman, maman n'a pas fait exprès, » lui ai-je dit. Comme il continuait à pleurer, je lui ai conseillé de me battre, alors il m'a saisi la main et il l'a baisée passionnément. Quel enfant charmant ! J'ai peur qu'il ne vive pas.

9 juin.

Fête de la Trinité. Journée d'été, claire, chaude, magnifique. Soirée douce, charmante. Clair de lune. Chaque année ramène cette fête. Dès le matin, les enfants parés et chargés de fleurs se sont rendus solennellement à la messe avec Maria Nikolaïevna, le gouverneur et les gouvernantes. Nos deux familles se sont réunies pour prendre le café sur la place à croquet. On a entamé de longues discussions, puis tout le monde s'est dispersé, qui est allé écrire, qui se baigner. Macha Kouzminskaïa est sortie avec son fiancé Erdelli qui vient d'arriver. C'est un gentil garçon, bon, sympathique, mais c'est un enfant. Voilà ce qui est terrible, car il a vingt ans. Je me suis étendue sur mon lit, ai appelé Vanitchka et Mititchka dans ma chambre et leur ai conté des histoires. Il faut les développer. Lorsque nous avons entendu les chants des paysannes, nous avons suivi cette foule bigarrée et sommes allés jusqu'à Tchépije où on tressait des guirlandes. Le retour des mêmes impressions a quelque chose de triste et d'émouvant. Depuis trente ans que je vis à Iasnaïa Poliana, chaque année, nous tressons des couronnes que nous abandonnons au fil de l'eau. Presque trois générations ont grandi sous mes yeux. Une fois par an, je les vois réunies et aujourd'hui, j'ai éprouvé de la tendresse pour ces gens parmi lesquels j'ai vécu et pour qui j'ai fait si peu.

Souper joyeux. Tout le monde était bien aise d'être réuni. La présence parmi nous de deux membres de la famille Tolstoï, de Maria Nikolaïevna et de Lienotchka était fort agréable. Quant à Serge, je suis toujours particulièrement heureuse de l'avoir auprès de moi. Ilia qui était ici hier a recommencé à parler du partage. Rien n'est encore décidé et nous ne savons comment faire pour le mieux. Tantôt c'est celui-ci qui est mécontent d'une chose, tantôt c'est celui-là qui craint je ne sais quoi. Cela m'afflige. Quand à Liovotchka, il n'oppose à toutes ces discussions que nonchalance et mauvais vouloir. En général, il est pour tout d'une indifférence extrême. Hier et aujourd'hui, il s'est cousu des souliers. Il passe les matinées à écrire son article, se nourrit fort mal, refuse les œufs, ne boit ni lait ni koumiss. Il se bourre l'estomac de pain, de soupe aux champignons, de malt d'avoine, de chicorée. Au lieu de labourer la terre, il veut la bêcher pour y semer du froment. Encore une nouvelle folie ! S'exténuer à bêcher une terre sèche et dure comme pierre. Serge joue du piano : sa sœur Machenka l'écoute avec émotion. Moi aussi, j'ai toujours grande joie à l'entendre. Nous sommes allés nous baigner.

Liovotchka est parti je ne sais où. Aujourd'hui, j'ai pensé à lui. J'aimerais le voir bien portant, — il s'abîme complètement l'estomac par un régime des plus nuisibles (de l'avis même du docteur). — J'aimerais le voir faire œuvre d'artiste, — et il écrit des prêches sous forme d'articles. — J'aimerais le voir tendre, sympathisant, amical, — et lorsqu'il n'est pas grossièrement sensuel, il est indifférent. Encore cette idée de bêcher la terre ! Il ne manquait plus que cette nouvelle fantaisie ! — Quelle chaleur ! Sa nature inquiète et fantasque m'a mise et continue à me mettre à rude épreuve.

13 juin.

Levée à 4 heures du matin et accompagné les enfants qui partaient chez Ilia. Temps clair et froid. Je me suis recouchée, mais longtemps n'ai pas pu m'endormir. Le matin, Liovotchka m'a déclaré qu'il partait à pied avec les obscurs chez Boutkévitch qui habite à quarante verstes de Iasnaïa Poliana. Bien que je redoute pour lui la fatigue et que ses relations avec Boutkévitch me soient désagréables, je vois qu'il est de nouveau en proie à l'inquiétude et que, s'il ne fait pas cette visite, il ne manquera pas d'inventer quelque autre bizarrerie. Ils sont partis tous trois, sac au dos, par un soleil brûlant. Les nuits sont très froides, mais les journées chaudes et sèches. Partout on se plaint de la sécheresse et de la famine menaçante. C'est pénible ! On se demande comment le peuple russe pourra subsister cette année. Dans certaines régions, rien n'a poussé, il a fallu labourer à nouveau la terre. A Iasnaïa Poliana cela passe encore, mais par endroits, le pain manque et pour les hommes et pour le bétail.

Après déjeuner, j'ai mis en ordre toute la maison ; aidée de Fomitch et de Nikita, j'ai essuyé la poussière qui s'était accumulée dans les coins ; puis j'ai appelé Ivan Aleksandrovitch et le jardinier. Nous sommes allés ensemble compter les pommes afin de savoir approximativement combien chaque arbre porte de fruits. Le soir nous a surpris en pleine besogne. Je continuerai demain.

Nous nous sommes réunis sur la terrasse pour prendre le thé et nous avons eu froid. Macha a parlé avec effroi de la dépravation qui règne parmi les domestiques à tel point que le petit Filka est obligé de fuir les ouvriers. C'est pourquoi Macha veut le mettre en apprentissage à Toula chez un cordonnier. J'ai été peinée de constater que mes filles n'ignoraient rien de cette dépravation ; étant donné la vie que mène Macha, il ne saurait en être autrement. Elle est sans cesse parmi les gens du peuple où l'on n'entend parler que de telles choses.

Liova et Ivan Aleksandrovitch sont rentrés. Lorsque Micha Kouzminskii est revenu de chez Lodijenskii, la conversation a pris un autre tour. A cette heure, tout le monde dort et moi, je vais lire. Je m'ennuie en l'absence d'Andrioucha et de Micha, j'ai peur pour eux ainsi que pour Léon Nikolaïévitch.

14 juin.

Bonne journée d'activité, bien que je n'aie pas fermé l'œil la nuit dernière. Ce matin, lu dans le journal des nouvelles russes ; nettoyé la maison, mis beaucoup de choses en ordre. Je ne sais pourquoi l'absence de Liovotchka me rend toujours énergique et diligente. Nous sommes allés nous baigner. Avant le repas, j'ai lu les bonnes feuilles d'une biographie allemande de Léon Nikolaïévitch que nous a envoyée Lœwenfeld. Après dîner, nous sommes allés en bande nous promener dans les champs où nous avons cueilli des bluets et dans la forêt où nous avons trouvé des violettes. Nous nous sommes assis pour admirer la belle et fraîche soirée. Tout était extraordinairement clair et calme. J'ai fait encore le tour du jardin et jeté un coup d'œil sur les chênes et les sapins que j'ai plantés. En rentrant, corrigé le épreuves russes du *Deuxième livre de lecture,* écrit des lettres, pris le thé avec Tania, car la jeunesse était partie à Kozlovka. Philippe est allé à Krapivna à la Chambre de Tutelle de la Noblesse où l'on s'occupe de me nommer tutrice des quatre petits dans l'affaire du partage. Vers 5 heures de l'après-midi, il a aperçu Léon Nikolaïévitch à trois verstes de Krapivna. Grâce à Dieu, Liovotchka est en bonne santé ! Reçu aussi des nouvelles des enfants. Il est 2 heures du matin, je vais me coucher. Nuits très froides.

15 juin.

Allée à Toula avec ma fille Macha ; moi pour l'affaire de partage, Macha pour mettre en apprentissage le petit Filka. Elle y a réussi. L'affaire du partage en reste toujours au même point, car Macha ne veut pas accepter sa part. La pauvre ne se rend pas compte de ce que signifie rester sans un sou, après avoir vécu comme elle a vécu. Elle a décidé cela en état d'hypnose et non par conviction. Elle attend son père pour lui demander conseil. En tout cas, il faut qu'elle consente à signer quelques pièces.

Le soir, nous avons parlé des morts, des agonisants, des pressentiments, des songes et, en général, de tout ce qui agit sur l'imagination. Nous avons été interrompus par la femme du docteur Koudriatzev qui arrive du Caucase. Elle aurait voulu voir Léon Nikolaïévitch, mais ne l'a pas trouvé à la maison. Ensuite est arrivé Micha Kouzminskaïa qui nous rapporté des faits très intéressants. Cette nuit on été dérobés dans le pavillon différents objets appartenant à Tania. Certains indices ont permis de conclure que le vol avait été commis par une folle, la sœur de la nourrice de Mitia. Accompagné de la nourrice, Micha s'est rendu chez cette folle et prudemment l'a questionnée sur l'endroit où elle avait fourré les objets disparus. L'aventure ne manque pas d'originalité ! La folle a retrouvé, l'une après l'autre, toutes les choses qu'elle avait cachées : un album sous des buissons à Iasienki ; au cimetière, près de l'église, un coffret à ouvrage et des clefs qu'elle avait recouverts de petits cailloux ; deux serviettes et une blouse, sous le pont. Dans le fossé boueux, elle avait piétiné sa propre sarafane et le pantalon de son mari ; enfin elle avait suspendu à un arbre dans le jardin de Téliatniki un encrier ancien en argent. Elle se souvenait de tout. L'un après l'autre, tous les objets furent retrouvés à l'exception de l'encrier que l'on ne put aller chercher car il faisait déjà sombre. Ce soir, il a plu, mais trop peu ; la température est plus douce. Dieu veuille qu'il pleuve davantage !

16 juin.

Il a plu toute la journée et nous avons eu de l'orage. Nature et gens commencent à revivre. Liovotchka est rentré de chez Boutkévitch, il est morne et taciturne. Ma fille Macha apprend, parmi les ouvriers et les paysans, des choses terribles qui la salissent moralement. Elle s'étonne, s'afflige, raconte, et, ce faisant, rapporte à la maison toute cette fange. Durant ma vie entière, je me gardai de telles impressions et je suis écœurée d'entendre ma propre fille narrer qu'il a fallu mettre le petit Filka en apprentissage à Toula pour le soustraire aux ouvriers qui le dévêtaient et faisaient ensuite avec lui tout ce que bon leur semblait. C'est vraiment terrible ! Quand j'ai rapporté ce fait à Liovotchka, il m'a dit qu'il ne fallait pas prendre ces gens en aversion, mais les aider à sortir de l'ignorance profonde où ils sont plongés. Aider, oui certes, Liovotchka et moi le pouvons, mais Macha, une jeune fille dans l'ignorance de ses vingt ans ! C'est lui qui l'a poussée dans ce milieu perverti. Qu'il réponde pour elle devant Dieu et devant sa conscience !

Mais moi, avec ma nature, je ne puis, je mourrais, j'étoufferais dans ce milieu. Quant à Macha, on lui a mis sous les yeux un spectacle dont toute jeune fille devrait se détourner avec horreur.

Passé la journée à tapisser les meubles de la chambre de Sacha et de Lydia. J'ai parfois besoin de faire un travail physique. Voilà ce désir satisfait pour longtemps ! L'orage. J'en suis moralement accablée. J'ai passé une nuit terriblement agitée.

18 juin.

Anniversaire de naissance de Sacha qui a sept ans. Ce matin, après lui avoir offert nos cadeaux, nous sommes allés avec elle à Iasenki ; ayant rencontré Andrioucha, Micha et M. Borel qui rentraient de chez Ilia, nous avons fait route ensemble, très gaiement. Les enfants ont raconté que le séjour chez Ilia a été charmant et très gai. J'ai traduit de l'anglais la préface d'un livre sur le végétarisme. Je me suis donné beaucoup de mal et le travail a avancé. Macha est rentrée de Toula pour dîner ; elle m'a rapporté de chez le notaire différentes pièces dont je me suis occupée plus d'une heure.

Le soir, nous avons emporté à Tchépije de la vaisselle, des victuailles, des baies, le samovar ; tout le monde a fait cercle autour du feu que nous avions allumé et nous avons fait un pique-nique comme disent les enfants. Les fillettes ont essayé d'organiser des jeux, mais on manquait d'animation. L'obscurité commençait à tomber lorsque nous vîmes arriver deux femmes qui venaient nous avertir qu'un taureau en fureur s'était échappé et courait dans notre direction. En moins d'une minute, tous les objets furent rassemblés, et nous reprîmes le chemin de la maison. En effet le taureau courait en liberté et poursuivait le berger qu'il avait failli enlever sur ses cornes. En rentrant à la maison, je fus très inquiète de n'y pas trouver Liovotchka et d'apprendre qu'il était allé se baigner. Heureusement, il ne tarda pas à revenir, mit sa robe de chambre et expliqua qu'il avait de la fièvre et des douleurs au creux de l'estomac. Je m'y attendais. Tous ces derniers temps, il s'est nourri d'une manière abominable ; il n'a mangé pour ainsi dire que du pain dont il s'est bourré l'estomac, bien que le docteur l'ait averti qu'il n'y avait rien de plus nuisible. Ajoutez à cela qu'il a fait cent verstes à pied, le dos courbé, l'estomac comprimé par le poids du sac, pour se rendre chez Boutkévitch et en revenir. Je n'ai jamais vu homme plus obstiné dans ses caprices. C'est par esprit de contradiction que, sans me dire pourquoi, il ne boit pas du tout de koumiss. Que c'est pénible de voir, à côté de soi, un homme qui se ruine la santé ! Ce matin, ma fille Tania m'a dit des choses désagréables et méchantes sur l'éducation que je donne à mes enfants et le soir, elle a lancé quelques traits au sujet de la manière dont on épuise les chevaux. Grâce à Dieu, dans ces deux occasions, j'ai gardé le silence.

Hier soir, toute la maisonnée est allée chez les Zinoviev. Tandis que Liovotchka faisait un tour de promenade, j'ai passé la soirée seule à lire *la Vie éternelle* que j'avais abandonnée. La définition de Dieu me déplaît, car elle renferme quelque chose de matériel : « Dieu est la vie éternelle et universelle dans l'infini du temps et dans l'infini de l'espace ; dans tous les siècles comme dans chaque instant ; dans tous les mondes comme dans chaque atome[1]. » C'est là une conception panthéiste de la divinité. Mais où est le Dieu esprit, ce Dieu d'amour et de bonté que je prie ?

Liovotchka écrit et Macha Kouzminskaïa copie pour lui. Ce serait intéressant de savoir ce qu'il écrit et comment il écrit, mais je crains de nuire au travail en demandant à le lire ou seulement en y faisant allusion.

29 juin.

Journées paisibles, heureuses, sans hôtes, sans événements, sans joies comme aussi sans chagrins. Pourtant chacun des petits a eu la fièvre durant vingt-quatre heures. Aujourd'hui sont arrivés Répine et Kousminskii. Après déjeuner, j'ai emmené promener Sacha et Vania, car niania est à Soudakov chez sa mère et Lydia, qui est fatiguée, garde la maison. Répine nous a accompagnés. Nous nous sommes assis dans la pépinière pour reprendre haleine et Répine a croqué notre groupe dans un album. Ce n'est pas ressemblant, mais assez pittoresque. Journée claire, magnifique ! Les enfants ont cueilli beaucoup de fleurs et de baies. Nous avons parlé de choses intéressantes. Répine est certainement un homme que la vie a brisé.

Tania, accompagnée de Lénotchka, est partie chez Serge dont c'est l'anniversaire de naissance. Elle rentrera sans doute demain.

Répine se propose de faire quelques esquisses ; il veut dessiner Liovotchka dans son bureau de travail.

Nous attendons mardi Aleksandra Andréevna.

---

1. Cette définition de Dieu est en français dans le texte.

16 juillet 1891.

Aleksandra Andréevna est venue chez nous, puis est partie en toute hâte pour Tzarskoïé où elle était appelée par la maladie de sa sœur aveugle, Sophie Andréevna. Comme toujours, elle a apporté avec elle joie et tendresse. Elle s'intéresse à tout, mais elle est courtisane jusqu'à la moelle des os : elle aime la cour, le tsar, toute la famille impériale, d'abord parce qu'en général, elle est disposée à aimer tout le monde ; ensuite parce que ce sont des membres de la famille impériale, qu'elle est orthodoxe et reconnaît le tsar comme l'oint du Seigneur.
Le lendemain de son départ, je suis allée à Moscou commander 20 000 exemplaires du treizième tome ; on n'en avait tiré que 3 000 qui ont été enlevés très rapidement. J'ai dû me donner beaucoup de mal pour trouver du papier et une imprimerie qui se chargeât de faire ce travail en deux semaines. J'ai acheté le trousseau de Macha Kouzminskaïa et commandé de l'argenterie. Viéra Kouzminskaïa m'a accompagnée. Nous sommes descendues chez les Diakov qui sont installés dans notre maison. Je suis allée à l'exposition française avec Viéra, mais je n'ai vu que bien peu de tableaux, car c'était le soir et on a fermé. Je me suis terriblement ennuyée. Je ne suis pas montée en ballon pour économiser cinq roubles.
Liovotchka m'a écrit à Moscou qu'il veut aussi renoncer à ses droits sur les douzième et treizième tomes. Les

imprimera qui voudra !

D'une part, je regrette cet argent dont ma famille sera privée ; d'autre part, sachant que la censure n'a autorisé la parution de ces articles que dans les *Œuvres complètes*, il serait vil de les laisser publier ailleurs, d'induire ainsi les éditeurs en erreur et de les exposer à des pertes. Mais comme rien ne m'est plus douloureux que de peiner Liovotchka, je l'ai prié hier de faire comme il voulait et l'ai assuré que je ne protesterais pas et ne lui ferais aucun reproche. Depuis lors, il se tait et ne prend aucune décision.

Tous ces jours-ci, quantité de visiteurs ! Répine est parti aujourd'hui après avoir terminé un petit tableau : Léon Nikolaïévitch écrivant dans son bureau. Il a commencé une grande toile qu'il achèvera chez lui. Liovotchka est représenté, grandeur naturelle, dans la forêt, pieds nus, les mains passées sous la ceinture.

Guinsbourg sculpte un grand buste qui semble très mal venir ; il en a fait aussi un plus petit qui est meilleur : Liovotchka assis à sa table à écrire.

Nous avons eu encore la visite de Varia Nagornova, de Viéra et de Varia Tolstaïa et des Zinoviev. Les Helbig, frère et sœur, sont ici. Aidée du jeune Helbig, j'ai photographié le buste de Répine ainsi que Vania et Mitia. Les photographies ne sont pas réussies.

En se rendant à Samara, Liova m'a écrit deux lettres assez fades. Serge est allé aussi à Samara pour mes affaires. Le notaire Biéloborodov a apporté les pièces avant-hier. L'affaire du partage avance. Figner est venu dimanche soir et a chanté. Pas très bien. Liovotchka n'est pas gai. On m'a dit aujourd'hui qu'il avait déclaré ne pas vouloir aller à Moscou. Je ne sais ce que je ferai, je ne sais que décider ; j'ai souvent le cœur déchiré par l'inquiétude, le doute et je suis effrayée par la responsabilité de prendre tel ou tel parti. Mais comment instruire les enfants ici à la campagne. Je ne sais et n'en vois pas la possibilité. Et Liova qui abandonnera l'université s'il doit, de nouveau, rester seul ! Et Tania qui aura plus de chances de se marier à Moscou ! Enfin Léon Nikolaïévitch à qui il est si pénible de vivre en ville ! C'est toujours de Dieu que j'attends l'impulsion qui, au moment voulu, me forcera à prendre tel ou tel parti.

Toujours la chaleur, une sécheresse épouvantable. Nuits fraîches. La *famine*, la *famine* la plus terrible. On n'entend parler que de cela de tous côtés. Cette idée ne me quitte pas. La situation me semble *absolument sans issue.*

La santé de Liovotchka laisse à désirer ; hier, il a mangé une telle quantité de pois verts et de pastèques que j'ai pris peur pour lui. La nuit, il a souffert de l'estomac. Il n'a pas bu et il continue à ne pas boire de koumiss.

Voilà deux soirs que je vais me promener avec Vania et Sacha. Hier nous sommes allés à Zakaz, près du ravin ; aujourd'hui près du pont non loin du bois en coupe. Vanitchka aime à laisser travailler sa fantaisie, il imagine des choses terribles : qu'il y a des loups là-bas, que l'un des puits est une eau spéciale.

Le buste que fait Guinsbourg est très mauvais.

21 juillet.

Force m'est de narrer l'histoire absurde, triste, invraisemblable qui est arrivée aujourd'hui. A vrai dire, je ne sais ce qui est absurde. Est-ce moi ? Sont-ce les situations dans lesquelles on se trouve parfois placé. Je suis excédée, brisée d'âme et de corps !

Aujourd'hui, avant le déjeuner, Liovotchka m'annonce qu'il adresse à quelques journaux une lettre par laquelle il renonce à ses droits sur toutes ses dernières œuvres. Il y a quelque temps, lorsqu'il m'avait fait part de cette intention, j'avais décidé de me soumettre humblement et je l'avais fait. A quelques jours de là, il revint sur cette question. Cette fois, n'y étant pas préparée, j'éprouvai tout d'abord envers lui un sentiment mauvais, c'est-à-dire je sentis nettement tout ce que cette démarche avait d'injuste envers la famille. Pour la première fois, je compris que, par cette renonciation, il déclarait encore une fois publiquement son désaccord avec sa femme et ses enfants. C'est là surtout ce qui m'a alarmée ! Nous nous sommes dit l'un à l'autre maintes choses déplaisantes. Comme je lui reprochais son avidité de gloire, sa vanité, il s'est écrié que j'avais besoin de roubles et qu'il n'avait jamais vu femme plus bête et plus avide que moi. Je lui ai reproché de m'avoir constamment humiliée parce qu'il n'avait pas l'habitude d'avoir affaire à des femmes comme il faut ; il prétendit que tout l'argent que je recevais ne me servait qu'à gâter les enfants. Il finit par me crier : « Va-t'en, va-t'en ! » — Je suis partie. Ne sachant que faire, j'allai d'abord au jardin. Le gardien s'étant aperçu que je pleurais, j'eus honte de moi. Alors

j'allai dans le verger aux pommes, m'assis au bord d'un petit fossé et, avec le crayon que j'avais dans la poche, je signai toutes les déclarations. Puis j'écrivis dans mon petit carnet que j'allais me suicider à Kozlovka parce que j'étais accablée par la discorde qui régnait entre Liovotchka et moi, parce que je n'avais plus la force de décider seule toutes les questions concernant la famille.
Telles étaient les raisons pour lesquelles je voulais quitter la vie.
Je me rappelle que, dans ma jeunesse, chaque querelle faisait naître en moi le désir de me suicider, mais alors, je sentais que je ne pouvais pas accomplir cet acte. Aujourd'hui, je l'eusse fait si le hasard ne m'avait sauvée. Je courais vers Kozlovka dans un état de complète démence. Je ne sais pourquoi la pensée de Liova ne me quittait pas. Je me disais que si je trouvais, à l'instant même, un télégramme ou une lettre m'informant qu'il n'est plus, cette nouvelle ne ferait que hâter l'exécution de mon dessein. Arrivée non loin du petit pont, près du grand ravin, je m'étendis à terre pour reprendre haleine. Le crépuscule tombait, mais je n'avais pas peur. C'est étrange, mais ce qui me paraissait alors le plus important, c'est qu'il serait honteux de rentrer à la maison et de ne pas accomplir mon projet. Hébétée, calme, je marchais vers le but. J'avais un mal de tête terrible comme si j'eusse été serrée dans un étau. Tout en poursuivant mon chemin, j'aperçus quelqu'un en blouse qui venait de Kozlovka. Je me réjouis pensant que c'était Liovotchka et que nous allions nous réconcilier. Or, c'était Alekseï Mikhaïlovitch Kouzminskii. J'étais fâchée

qu'il vînt à l'encontre de mon dessein et sentais qu'il ne me quitterait pas. Il fut très étonné de me voir seule et, à l'expression de mon visage, comprit que j'étais profondément bouleversée. Je ne m'attendais pas le moins du monde à le rencontrer, m'efforçais de lui persuader qu'il devait me laisser, regagner la maison, que j'allais rentrer tout de suite. Mais sans me lâcher, il insistait pour que je l'accompagnasse et, me montrant le foule qui passait de l'autre côté, il me dit que j'aurais peur de ces gens et qu'on ne savait jamais qui rôdait par ici.

Il ajouta qu'il aurait voulu faire le tour par Voronka et Goriéla Poliana, mais que, surpris, par un essaim de fourmis ailées, il avait dû se réfugier dans les fourrés et se déshabiller. Ayant ainsi perdu du temps, il avait décidé de rentrer à la maison par le même chemin. Comprenant que Dieu ne voulait pas que je commisse ce péché, je me soumis à contre-cœur et suivis Kouzminskii. — Mais ne voulant pas rentrer à la maison, j'allai seule me baigner. Je songeais qu'il me restait encore une issue, que je pouvais me noyer. J'étais hantée par un stupide désespoir, par le même désir de quitter la vie qui nous impose des tâches au-dessus de nos forces. — Dans la forêt, il faisait tout à fait sombre. Comme j'approchais du ravin, une bête qui traversait la route, s'élança sur moi. Était-ce un chien, un renard ou un loup ? Je ne le sais, car je suis myope et ne vois pas de loin. Je me suis mise à crier de toutes mes forces. D'un pas rapide, l'animal se précipita sous bois ; j'entendis les feuilles mortes bruire sous ses pieds. Tout courage m'ayant abandonnée, je regagnai la maison et allai auprès de Vanitchka. Je le trouvai déjà au lit. Il me caressa tout en répétant : « Maman, maman ! » Je me souviens que, naguère, dans un tel état d'âme, je retrouvais toujours, auprès des enfants, le sens de la vie. Aujourd'hui, à ma grande terreur, je constate qu'au contraire, dans leur voisinage, ma tristesse et mon désespoir ne font que croître. Plus avant dans la soirée, je me couchai. Tout d'abord dans mon lit. Puis, inquiète au sujet de Léon Nikolaïévitch qui était absent, j'allai m'étendre en plein air dans le hamac et tendis l'oreille pour savoir s'il était rentré. L'un après l'autre, chacun vint sur la terrasse. Puis ce fut au tour de Liovotchka. Tout le monde causait, criait, riait. Liovotchka était très animé comme si de rien n'était. Exigences de sa raison, obéissance à ses principes, mais son cœur n'avait pas été touché le moins du monde. Que de fois déjà m'a-t-il porté semblable coup ! Il ne saura jamais que j'ai été si près de me suicider et, s'il l'apprend, il ne le croira pas.

Dans le hamac, je me suis endormie. J'étais à bout de forces, physiquement et moralement. Macha, une bougie à la main, est venue chercher quelque chose et m'a réveillée. Je suis allée prendre du thé. Quand nous fûmes tous réunis, nous avons lu à haute voix *Un Homme étrange* de Lermontov. Puis, lorsque chacun s'en fut allé de son côté et que Guinsbourg fut parti, Liovotchka vint auprès de moi, m'embrassa et me dit quelques paroles de réconciliation. Je le priai de publier ses déclarations et de n'en plus parler. Il m'a dit qu'il ne les publierait pas avant que je comprisse qu'il le fallait ainsi. J'ai répondu que je ne savais pas mentir, que je ne mentirais pas et que comprendre cela m'était impossible. Des émotions comme celles d'aujourd'hui avancent l'heure de ma mort. Quelque chose en moi s'est brutalement brisé. Qu'ils frappent, pourvu qu'ils m'achèvent au plus tôt ! Voilà ce que je pense.

Encore, toujours, la *Sonate à Kreutzer* me poursuit. La période de satiété est venue [18]. Aujourd'hui j'ai de nouveau expliqué à Liovotchka que je ne voulais plus être sa femme. Il m'a répondu que tel était son désir, mais je ne l'ai pas cru.

En ce moment, il dort et je ne puis aller auprès de lui. C'est demain la fête de Macha Kouzminskaïa ; les enfants préparent une charade sous ma direction. Dieu veuille que rien ne nous dérange et ne vienne troubler notre paix.

23 juillet.

A la suite de la dernière discussion, quelque chose en moi s'est brisé qui ne se rétablira jamais [18]. A deux reprises, j'ai prié Liovotchka de publier la déclaration par laquelle il renonce aux droits sur ses œuvres de ces dernières années. Qu'on rende public le désaccord qui existe dans la famille, je ne crains personne, c'est là une affaire à régler avec ma propre conscience. Tout l'argent qui provient de ses livres, je le dépense pour les enfants. Il ne fait que passer par mes mains et je me borne à régler les dépenses. Si les enfants en pouvaient disposer, ils le dépenseraient sans discernement, à des futilités. Une seule chose me préoccupe actuellement : me justifier d'une accusation portée contre moi, me disculper d'une faute dont on m'accuse. On m'a dis déjà tant de fardeaux sur les épaules : le partage que l'on m'impose contre mon gré ; l'instruction des garçons qui exige que je m'installe avec eux à Moscou ; toutes les affaires d'édition, la gestion du domaine, la responsabilité morale de toute la famille. Ces deux derniers jours, je sens que je me ploie toujours davantage sous le poids de la vie. Sans ces fourmis ailées qui ont obligé Kouzminskii à revenir par le même chemin, sans doute ne serais-je déjà plus de ce monde. Jamais je n'avais marché avec autant de calme et de résolution vers l'accomplissement de cet acte.

Malgré le poids que j'ai sur le cœur, j'ai dirigé hier la charade des enfants à laquelle ont pris part Micha, Sonia, Vasia Kouzminskii, Boris Nagornov, Andrioucha et Micha. Sacha est apparue, pour un instant, sous la forme d'un ange dans la charade et dans le tableau vivant.

Ils ont assez bien joué ; je considère ces distractions comme indispensables au développement des garçons ; leur imagination occupée et satisfaite de ces amusements ne travaille pas dans une mauvaise direction. Dans l'assistance, il y avait, outre les parents et Erdelli, Mesdemoiselles Zinoviev, les serviteurs, les bachkirs, les cochers, tous les gens de maison. Ce fut un grand succès dont chacun est resté satisfait. Lorsque tout fut fini, j'étais si fatiguée que je ne tenais plus sur mes jambes. Toujours le même poids sur le cœur.

Nous avons décidé que le mariage de Macha Kouzminskaïa aurait lieu à Iasnaïa Poliana le 25 août. J'en suis très contente, cela simplifiera les choses et réduira mes frais.

Nul n'aura besoin d'aller à Pétersbourg et tout sera très gai.
Temps très sec, venteux ; nuits froides. Potagers, jardins, feuillage, fleurs, prairies, tout est sec. Liova écrit qu'il en est de même à Samara.
Le buste de Guinsbourg est terminé ; il est assez mal venu. Quant à Guinsbourg lui-même, il a une âme basse de plébéien ; je suis bien aise qu'il soit parti.
Mon opinion sur Guinsbourg a totalement changé. C'est un homme bon et honnête[1].

26 juillet 1891.

Hier est morte au village une paysanne, la femme de Pétia, le fils du cocher Philippe. Macha qui l'a soignée disait que la malade souffrait de la gorge, puis elle a fini par avouer que, d'après elle, cette femme avait la diphtérie. Alors j'ai défendu à Macha d'aller chez elle. Mais si ma fille est déjà contaminée, cette défense vient trop tard. J'ai grand'pitié de cette pauvre femme, mais je suis très contrariée que Macha se soit exposée à contaminer deux familles où il y a de petits enfants. D'après ce qu'elle raconte, il y a de grandes chances pour que ce soit en effet la diphtérie ; avec sa ruse habituelle, Macha nous l'a tout le temps caché. Maintenant, elle est nerveuse, se plaint de la gorge ; on voit qu'elle a peur. Cette fille que Dieu m'a envoyée comme une croix ne me cause que chagrin, inquiétude et tourment.
Passé la journée à corriger les épreuves de l'*Abécédaire*. Les services du ministère de l'Instruction publique ne l'ont pas

approuvé en raison de quelques fautes et de certains mots qui y figurent : poux, puces, diables, punaises par exemple. Ils ont proposé la suppression de divers récits : *le Renard et les Puces, le Sot Paysan*, etc... Léon Nikolaïévitch n'y a pas consenti.

Vania, Mitia, Vasia et Liovotchka ont le rhume. Une forte pluie et de l'orage ; maintenant, il fait frais. Liovotchka est allé hier à Toula à chercher un docteur de bonne volonté. Mais celui auquel il s'est adressé était à Moscou et la paysanne pour laquelle Liovotchka faisait ces démarches est morte dans l'intervalle. — Tania et Macha Kouzminskaïa sont parties le 24 pour Pétersbourg afin de se commander des toilettes pour le mariage.

27 juillet 1891.

Terriblement mécontente de moi... De grand matin, Liovotchka m'a réveillée par des caresses passionnées... Puis j'ai pris un roman français, *Un Cœur de femme*, de Paul Bourget, et j'ai lu dans mon lit jusqu'à 11 heures et demie, ce que je ne fais jamais. Cette ivresse à laquelle je m'abandonne est impardonnable à mon âge. Je suis triste et j'ai des remords. Je me sens coupable, malheureuse ; malgré tous mes efforts, je n'y puis rien. Et cela au lieu de me lever tôt, d'expédier les baschkirs qui manqueront le train, d'écrire au notaire et d'envoyer chercher les pièces ; au lieu de m'occuper des enfants. Sacha et Vania se sont amusés longtemps sur mon lit ; ils ont ri et joué. A la grande joie de Vanitchka, j'ai narré le conte de Lipounouchka[2], Vanitchka est enrhumé et Sacha souffre de l'estomac. Donné à Micha une courte, mais bonne leçon de musique. Andrioucha fait une traduction d'anglais et a définitivement abandonné la musique. Sonia Mamonova et Khokhlov sont chez nous. Temps clair et frais.

Quel homme étrange est mon mari ! Le lendemain du jour où cette histoire est survenue, il m'a déclaré sa passion et son amour ; il m'a assurée que j'avais sur lui un grand pouvoir et qu'il n'eût jamais cru possible un tel attachement. Mais tout cela est purement *physique*. C'est le secret de notre désunion. Moi aussi, je suis dominée par sa passion, mais, dans le fond de mon âme, ce n'est pas cela que je veux, que j'ai jamais voulu. J'ai toujours rêvé de relations platoniques, d'une communion spirituelle parfaite que j'ai toute ma vie, essayé d'atteindre. Et le temps a passé et a anéanti presque tout ce qu'il y avait de bien, — en tout cas, c'en est fait de l'idéal.

Le roman de Bourget m'a empoignée parce que j'y ai trouvé les idées et les sentiments dont j'eusse moi-même été capable. Une femme du monde aime simultanément deux hommes : l'un beau, distingué, amoureux d'elle, qui est presque son mari bien que leur union n'ait pas été légitimée, l'autre beau aussi et qui l'aime. Je sais que ce double amour est possible et jusqu'à quel point il l'est. L'analyse en est véridique. Pourquoi un amour en devrait-il nécessairement exclure un autre ? Et pourquoi serait-il impossible d'aimer et de rester pure ?

29 juillet 1891.

Strakhov est ici ; comme toujours extraordinairement agréable et intelligent ! Basiliévitch est venu ainsi qu'une étudiante de Kazan qui a demandé à Liovotchka son opinion sur diverses questions.
Léon Nikolaïévitch souffre un peu de l'estomac, il a de la fièvre la nuit. Tania est à Pirogov. Il pleut, c'est ennuyeux. Je suis inquiète au sujet de Liova et de Serge. Écrit à Tania, à Guinsbourg et au régisseur à Samara.

12 août.

Liovotchka est allé à cheval à Pirogov. L'atmosphère de la maison est lourde. Tout le monde a les nerfs tendus parce que tout reste dans l'indécision. Aujourd'hui, Léon Nikolaïévitch a expliqué à Macha qu'il passerait ici l'hiver et n'irait pas à Moscou. Aussi l'a-t-il dissuadée d'adresser une demande d'admission à l'école d'infirmières où elle aurait voulu entrer. Évidemment, cette décision opprime Tania comme elle m'opprime, moi ; Tania se tait.
Je suis dans un état d'âme terrible. Que faire ?
Toute mon énergie, toutes les forces que je consacrais à instruire ici les enfants, — tout est épuisé. — Je n'en puis plus ! Je ne sais que faire, où prendre des professeurs ; je ne sais si Andrioucha pourra faire des études ; son esprit a

sommeillé tout l'hiver. J'ignore ce que fera Liova et comment je pourrai le laisser seul encore une fois. Comment vivrai-je à Moscou sans mon mari et sans mes filles ? Et comment vivront-ils ici sans moi, si je pars à Moscou avec les garçons ? Mon Dieu, inspirez-moi ! D'un autre côté, si j'emmène Léon Nikolaïévitch à Moscou, il en sera irrité et tombera dans la mélancolie. D'ailleurs, qu'importe ! Nos vies sont séparées ; moi, je vis avec les enfants, lui avec ses idées et son égoïsme. Quelque chose est brisé qui ne peut être réparé.

J'espère en Dieu, j'espère qu'il m'inspirera quand le moment sera venu de prendre une décision.

Bien que je tâche de me distraire, je suis reprise par le désir de me suicider, de mettre un terme à cette existence double, de me soustraire aux responsabilités. Et voilà qu'aujourd'hui, j'ai couru quatre heures durant avec la petite Sacha, à la cueillette des champignons ; avant-hier, j'ai accompagné Vièra Kouzminskaïa, Andrioucha et Micha au concert de Figner où nous avons vu beaucoup de personnes de connaissance. On a bien chanté, j'étais très gaie.

De Liova, une lettre d'Astrakhan. Il s'est embarqué sur la mer Caspienne et n'ira pas au Caucase, à Piatigorsk comme il le désirait parce qu'il s'est produit, sur la route militaire géorgienne, un éboulement qui la rend impraticable jusqu'au 10 septembre. Je suis souvent inquiète et triste au sujet de Liova.

Des pommes à profusion ; des champignons en quantité : des champignons blancs, des bolets, des mousserons.

Aujourd'hui, on nous a apporté des chanterelles.

14 août.

Allée à Toula ; Andrioucha et Micha ont essayé des vêtements chez le tailleur ; touché 2 000 roubles qui m'ont servi à payer ce que je devais pour Nikolskoïé. Macha Kouzminskaïa a rencontré son fiancé qu'elle a ramené. Ma fille Macha est au lit, pâle et brûlante de fièvre ; elle me fait peine. Reçu un télégramme de Liova qui demande à quand est fixé le mariage de Macha Kouzminskaïa. Pendant une demi-heure, aidée de Sacha et de Vanitchka, j'ai cueilli des agarics. Tout était humide après la pluie. Hier, j'ai tenu compagnie à Macha ; nous avons parlé du mariage, de l'amour, des femmes.
Ma sœur Tania me dit : « Il faut absolument que tu ailles t'installer à Moscou ; crois-moi, ton mari et tes filles ne tarderont à s'ennuyer et à aller te rejoindre. »

15 août.

Temps magnifique ! J'ai cédé au désir d'aller aux champignons avec les enfants. La promenade a duré quatre heures. Comme il faisait bon ! La terre avait une délicieuse odeur ; comme ils étaient beaux ces agarics dans la mousse humide, ces mousserons et ces bolets velus. Combien est reposant le silence de la forêt ! Qu'elle était fraîche l'herbe couverte de rosée, que le ciel était clair ! Les enfants avec

leurs corbeilles pleines de champignons avaient de si joyeux visages. Voilà ce que j'appelle un véritable plaisir ! Reçu de Liova une lettre datée de Vladicaucase et un télégramme de Kislovodsk. Grâce à Dieu, il est sain et sauf. Macha va mieux.
Passé la soirée chez les Kouzminskii avec Tania, Macha et Vanitchka Erdelli. On a parlé des relations conjugales. J'ai raconté comment je m'étais mariée et soudain j'ai revécu en pensée toute ma vie assez dénuée de joies. Cette absence de joies me frappe surtout maintenant. Ceux qui, dans la jeunesse, ont vécu une vie d'amour, doivent, dans l'âge mûr, vivre une vie d'amitié. Comment en est-il pour nous ? Des soubresauts de passion suivis de longs refroidissements. De nouveau la passion, de nouveau la froideur. On éprouve parfois le besoin d'une sereine amitié, d'une tendresse mutuelle. Il semble qu'il n'est pas encore trop tard, que ce serait si bon ! On tente de se rapprocher, on essaie de renouer des relations simples, de recouvrer la sympathie, une communauté d'intérêts, mais on ne trouve rien, rien, si ce n'est des yeux qui vous regardent avec dureté, irritation, étonnement, on ne rencontre qu'indifférence et froideur, une froideur terrible. Pourquoi sommes-nous tout à coup si loin l'un de l'autre ? En voici l'unique raison : « Je vis d'une vie chrétienne que tu n'admets pas ; tu gâtes les enfants, etc... »
Comment parler d'une vie chrétienne là où il n'y a pas une goutte d'amour, ni pour les enfants, ni pour moi, ni pour qui que ce soit, sauf pour soi-même ? Tandis que moi, — païenne, — j'aime tant les enfants, et, pour mon malheur,

j'aime tant encore ce froid chrétien que mon cœur se déchire dans l'alternative où je suis placée : dois-je aller ou ne pas aller à Moscou ? Que faire pour bien faire ? Dieu m'est témoin que je n'ai de satisfaction que lorsque je vois les autres heureux et que je puis créer du bonheur autour de moi.

20 août 1891.

Reçu la visite de deux Français : le psychologue Richet accompagné d'un parent qui nous ont été amenés par le professeur Grot. Macha est allée hier chercher Liovotchka à Pirogov et, aujourd'hui, la voilà de nouveau au lit avec la fièvre, 39,6. Hier matin, nous avons fait un pique-nique dans la forêt avec tous nos voisins ; à plusieurs reprises, la pluie est venue interrompre les jeux des enfants et de la jeunesse. Nous sommes rentrés de bonne heure. Liovotchka est calme, amical et très amoureux. Aujourd'hui, j'ai écouté avec grand intérêt les entretiens de Léon Nikolaïévitch, de Richet et de Grot. Hier, lorsque j'ai fait allusion à notre installation à Moscou et à l'entrée des enfants au lycée, Liovotchka m'a dit : « C'est une affaire réglée, à quoi bon en parler ? » Mais rien n'est décidé et ces questions continuent à me torture.

19 septembre 1891.

Aussitôt que la vie est féconde en événements, je ne trouve

plus le temps d'écrire mon journal ; pourtant c'est alors qu'il deviendrait intéressant. Je note les événements :
Jusqu'au 25 août, joyeux préparatifs pour le mariage de Macha Kouzminskaïa. Nous avons fait des achats, confectionné des lanternes, des drapeaux, des ornements pour les chevaux, etc., etc... Le 25 au matin, mon frère Sacha et moi avons donné notre bénédiction à Vanitchka Erdelli que j'ai accompagné à l'église en coupé. Nous étions tous deux très émus. Cela me faisait peine de voir ce jeune homme, pur et tendre, contracter si tôt des engagements, de la peine de le sentir si seul. On a béni Macha sans moi ; on m'a raconté que son père et elle avaient beaucoup pleuré. Tout le temps de la cérémonie, j'ai eu la gorge serrée, j'ai revécu ma vie passée, vu l'avenir de Macha Kouzminskaïa, le mien, l'éventuelle séparation d'avec Tania et même d'avec ma fille Macha qui continue à me faire pitié et que je me reproche toujours de ne pas aimer assez.
Nous avons dîné sur la place à croquet. La journée était claire, magnifique. Tout le monde était joyeux. Chacun, enfants, parents, voisins, se sentait à l'aise et content. Le soir, on a organisé des jeux, des danses, des chants. Figner a extraordinairement bien chanté. Tout le jour, j'ai observé Tania et ses ex-fiancés, je veux dire les jeunes gens qui l'ont demandée en mariage ainsi que Stakhovitch à qui je l'eusse si volontiers donnée ! Nul doute qu'il ne l'eût appréciée et aimée ! Nos invités sont restés tard et jusqu'à l'aube, j'ai tenu compagnie à ceux d'entre eux qui craignaient de voyager de nuit. Ma belle-fille Sonia est

restée auprès de nous ainsi que Tania et Stakhovitch. Sonia et Stakhovitch ont dit des choses cruelles sur les petits enfants et la charge qu'ils représentent. Liovotchka est tombé malade l'avant-veille du mariage, mais le 25, il allait déjà mieux. J'ai eu de nouveau la joie de voir mes neuf enfants réunis. Soigneusement, j'ai écarté de moi tout souci et toute préoccupation. Les jeunes mariés ont passé la nuit à l'endroit habituel : Macha avec sa sœur, Vanitchka Erdelli avec Liova. Le lendemain matin, la vie a repris son train coutumier et à 6 heures du soir, nous avons accompagné le jeune couple à la gare. Nous avons tous beaucoup pleuré. Il faisait froid, le vent soufflait ; nous avions l'âme sombre. La vie reprit son cours, mais de nouvelles émotions nous attendaient.

Jusqu'au 29, je ne fis aucune allusion à un départ pour Moscou. Mais le temps passait, il devenait impossible de tarder davantage, aussi le 29 au soir, ai-je demandé à Liovotchka la permission de faire un tour avec lui. Je le priai de me permettre de partir pour Moscou et de mettre les enfants au lycée. « Je sais, ajoutai-je, que cela t'est pénible, mais je te demande seulement combien tu penses sacrifier de ton temps et de ta vie pour venir auprès de moi à Moscou ? » Et lui de me déclarer : « Je n'irai pas du tout à Moscou. » A quoi je répliquai : « Alors la question est tranchée, en ce cas, moi non plus, je n'irai pas et je n'y conduirai pas les enfants et recommencerai à leur chercher des professeurs. — Non, je ne veux pas, il faut absolument que tu ailles à Moscou, que tu mettes les enfants au lycée puisque tu estimes que c'est nécessaire et que c'est là le

meilleur parti. — Oui, mais c'est un divorce, tu ne verras ni moi, ni les cinq enfants de tout l'hiver. — Quand les enfants sont ici, je ne les vois pas beaucoup non plus, toi, tu viendras me voir. — Moi, pour rien au monde. » [80].
Alors, je me suis prise moi-même en pitié d'avoir aimé cet homme et de n'avoir appartenu qu'à lui toute ma vie. Aujourd'hui qu'il me rejette comme une chose usée, je lui suis encore attachée et ne puis m'en séparer.
Mes larmes l'ont ému. S'il y a encore en lui une ombre de cette connaissance de l'âme humaine qui se révèle si grande dans ses livres, alors il comprendra ma douleur et la violence de mon désespoir. « J'ai pitié de toi ! m'a-t-il dit, je vois combien tu souffres et ne sais comment t'aider. — Et moi, je sais comment tu le pourrais. Je juge immoral de partager la famille en deux sans aucune raison ; je sacrifierai Liova et Andrioucha, leur instruction, leur avenir et je resterai à la campagne avec toi et mes filles. — Tu vois, tu parles de sacrifier les enfants et ce sacrifice tu me le reprocheras. — Alors que faire ? Dis-moi ce qu'il faut faire ? » Après un silence : « En ce moment, je ne sais pas ; laisse-moi réfléchir jusqu'à demain. »
Nous nous sommes séparés dans le champ de Groumont ; il est allé visiter un malade et moi, j'ai regagné la maison. Quelle entaille profonde, irréparable il a faite à mon sentiment par cette résolution inhumaine, cynique, de me rejeter de sa vie ! Le crépuscule tombait. J'ai sangloté tout le long du chemin. Une nouvelle mise en terre de mon bonheur ! Les paysans et leurs femmes que j'ai croisés me regardaient avec étonnement. J'avais peur de marcher sous

bois. A la maison, il y avait de la lumière, on prenait le thé. Les enfants se sont jetés dans mes bras.

Le lendemain, Liovotchka m'a dit d'une voix calme : « Va à Moscou et emmènes-y les garçons. Moi, naturellement, je ferai ce que tu voudras. » Ce que je veux. Ce mot m'a paru grotesque. Il y a longtemps que je ne veux plus rien pour moi-même et me borne à souhaiter pour eux bonheur, joie et santé.

Pendant la soirée, j'ai emballé mes effets et ceux des enfants, rassemblé les papiers et le dimanche soir, 1er septembre, je suis partie avec les garçons pour Moscou. Doutes, frayeur. Ai-je bien agi ? La question restera toujours ouverte. Mais je pensais bien faire. Immédiatement avant notre départ, Liova a raconté la terrible aventure de M. K… avec la nourrice de Mitia et a ajouté que l'histoire était connue de mes fils jusqu'en ses moindres détails. La vie frappe à coups redoublés. Je suis dégoûtée, ma sœur me fait peine et je souffre pour l'innocence de mes fils, — mon cœur est plein à déborder. C'est dans cet état d'âme que je suis partie et que j'ai vécu à Moscou. Mais les soucis matériels, l'obligation de soutenir moralement mes fils dans leur nouvelle existence, tout cela m'a un peu calmée. Lorsque Liova est arrivé, il m'a raconté le désespoir de sa sœur. Pour moi, je souffre depuis si longtemps que j'ai été peu sensible à ce qui m'eût fait grand'peine naguère et ma sœur Tania a été blessée de ma froideur et de mon manque de sympathie. C'est injuste. Une attitude réservée peut être tout aussi compatissante qu'une attitude plus énergique et plus expansive ; d'ailleurs on ne peut prendre celle-ci qu'immédiatement après que le malheur a frappé et on ne peut pas la conserver deux semaines.

Liova est arrivé à Moscou lui aussi. Il va passer un examen qui lui permettra d'entrer en seconde. Il est par trop bon. Délicat, pur, il a du talent. Il est excellent avec les enfants au travail et à la vie desquels il s'intéresse. Il leur fait répéter leurs leçons et profite de l'histoire survenue à M. K... pour leur inculquer des principes moraux et les encourager.

J'ai passé deux semaines à Moscou avec mes fils ; j'ai refait les peintures, collé de nouveaux papiers, modifié l'arrangement de la maison, tapissé les meubles, organisé la vie des enfants. Puis je suis partie, laissant à Moscou mes trois fils, M. Borel, Alekséï Mitrofanovitch et Fomitch.

Je suis rentrée à la maison le 15 au matin. Léon Nikolaïévitch m'a aussitôt reproché d'avoir entraîné les enfants dans le « tourbillon ». Après s'être envenimée pour un instant, la discussion a heureusement fini [16]. Jusqu'ici, il n'a pas pu y avoir de querelle. J'ai dit à ma sœur Tania que j'étais indignée de la conduite de son fils et qu'il se pourrait bien que nos deux familles dussent vivre séparées l'été prochain. Liova m'a assuré que cette séparation était nécessaire pour les enfants mais l'idée m'en est extrêmement pénible et elle ne l'est pas moins à ma sœur. Le rouge lui est monté au visage et elle s'est écriée : « Assez, Sonia, assez ; tu me fends le cœur. » Cette question restera en suspens jusqu'au printemps et la solution qu'elle recevra dépend de la manière dont M... se comportera d'ici là. Léon Nikolaïévitch et moi avons ensuite parlé de la lettre qu'il a expédiée aux journaux le 16 par laquelle il renonce aux droits sur ses œuvres contenues dans les douzième et treizième tomes des œuvres complètes. Tout découle de la même source : la vanité, le désir de gloire, le besoin qu'on parle de lui le plus possible. Personne ne pourra m'ôter cela de la tête.

La lettre est expédiée. Reçu le soir un message de Leskov qui nous envoie un article extrait du *Novoïé Vrémia* intitulé : *Léon Nikolaïévitch Tolstoï sur la Famine*. Leskov a choisi quelques passages d'une lettre que Liovotchka lui a écrite sur la famine et les a publiés. Mais la lettre de Léon Nikolaïévitch était décousue, outrée par endroits, en tout cas, elle n'était pas destinée à l'impression. Le fait qu'elle a été publiée a vivement excité Léon Nikolaïévitch qui n'a pas fermé l'œil de la nuit. Le lendemain, il a déclaré que la famine ne lui laissait aucun répit, qu'il était urgent d'organiser des cantines populaires, qu'il fallait, et c'était là l'essentiel, payer de sa propre personne. Il a ajouté qu'il espérait que je lui donnerais de l'argent (mais il vient d'envoyer la lettre par laquelle il renonce à ses droits sur les douzième et treizième tomes ; comprenne qui pourra !), qu'il allait partir immédiatement pour Pirogov afin d'organiser ces cantines et d'en informer le public. Mais c'est impossible de rien écrire et de rien publier avant que l'œuvre soit sur pied. Il faut qu'avec l'aide de son frère et des propriétaires fonciers locaux, il organise deux ou trois cantines et c'est seulement après qu'il pourra écrire là-dessus des articles.

Il m'a dit avant son départ : « Je te prie de ne pas penser

que je fais cela pour qu'on parle de moi ; tout simplement, je ne puis plus vivre en paix. »

Ah ! s'il faisait cela parce que son cœur saigne à la pensée des souffrances qu'endurent les affamés, je me serais mise à genoux devant lui, aucun sacrifice ne m'aurait paru trop grand ! Mais je n'ai pas senti, je ne sens pas son cœur ! Puisse-t-il par sa plume, par son savoir-faire, émouvoir les cœurs des autres !

Nous vivons en paix. Temps étonnant, clair et calme. Bonnes nouvelles des garçons. Je jouis de la solitude, je respire ; je vis repliée sur moi-même ; je lis, je réfléchis, j'écris et je prie. Hier encore, je me suis laissé entraîner par la passion que mon mari avait éveillée en moi ; aujourd'hui, tout m'est clair, sacré. Tout est bien. Pureté, clarté, voilà l'idéal.

21 septembre.

Reçu des lettres de Liova et de Micha. J'ai fait, hier et aujourd'hui de longues promenades, — hier avec Sacha, — aujourd'hui Viéra et Lydia se sont aussi jointes à nous. Journées extraordinairement belles ! La température est si douce qu'en marchant on a trop chaud dans des vêtements d'été. Fait quelques bouquets. Écrit aux enfants à Moscou. Le silence dans lequel je vis est rafraîchissant ; je me repose corps et âme. J'ai lu d'un trait le livre de Rod *les Trois Cœurs*. Sans intérêt, triste, mais entraînant. Je ne puis lire aucun ouvrage sérieux, car ces temps-ci, j'ai perdu l'équilibre moral et physique. Hier, j'ai tracé le plan détaillé d'une nouvelle que je voudrais bien écrire, mais je ne le pourrai pas. Je ne sais rien de Liovotchka ni de Tania et je suis en mal d'eux, surtout de Tania. Que c'est bizarre ! En refusant de venir à Moscou et en insistant pour que j'y aille et vive séparée de lui tout l'hiver, Liovotchka a porté un tel coup à mon sentiment que la séparation d'avec lui ne me paraît plus aussi terrible qu'auparavant. Oui, il faut s'y faire ! Lorsqu'il aura vécu jusqu'au bout sa vie *amoureuse* avec moi, il me repoussera tout simplement avec cynisme et sans pitié. Il faut que je prépare mon cœur à recevoir cette blessure en m'attachant à d'autres personnes, c'est-à-dire en aimant mes enfants plus que mon mari. Grâce à Dieu, j'ai de nombreux enfants et, parmi eux, il y en a beaucoup de bons.

Ces jours-ci j'ai souffert à l'idée que mes trois fils sont à Moscou pendant que je jouis ici du beau temps, de la nature, du calme. Nous avons tous grandi dans les villes et voici qu'est venu pour nous le moment de nous reposer.

---

1. Cette dernière phrase a été écrite plus tard, d'une écriture légèrement différente et avec une autre encre.
2. Conte de Léon Nikolaïévitch Tolstoï, qui fait partie du *Premier livre de lecture*.

8 octobre 1891.

Je n'ai pas pu résister au désir d'aller à Moscou chercher mes fils. Voici comment les choses se sont passées. Depuis l'aventure de M. K..., nos relations avec ma sœur Tania ne sont plus aussi amicales. Elle attendait de ma part plus de sympathie, mais j'ai été sévère à l'égard de Micha et je suis fâchée qu'il ait démoralisé mes fils par ses récits. Aussi ai-je décidé d'accompagner Tania jusqu'à Moscou. A Iasnaïa Poliana, tout le monde était en bonne santé. Nous sommes parties le 26 dans un wagon qui avait été réservé pour nous à Toula. Zinoviev nous a accompagnées. On a ouvert pour nous les chambres du tsar. A Moscou, je suis allée avec Vasia chez tante Viéra Aleksandrovna et c'est là que j'ai vu arriver, joyeux et plein d'entrain, mes trois fils qui revenaient d'une exposition. Ils s'attendaient à ne trouver que Tania, aussi Micha m'a-t-il regardée longtemps sans me reconnaître. Enfin, il s'est écrié : « maman ! » Nous avons passé une excellente soirée tous ensemble. Je suis restée auprès d'eux le lendemain et le samedi 28, je les ai emmenés à Iasnaïa Poliana. Lisa et Micha Olsoufiev ont fait le voyage avec nous. J'étais bouleversée à cause de Tania ; tous les enfants, surtout les fillettes, étaient très excités. Liova n'est pas venu avec nous ; il suit assidûment ses cours, travaille la musique avec ferveur et ne veut pas se distraire.

Le lendemain dimanche sont arrivés de nouveaux visiteurs :

Zinoviev, Davidov avec ses filles et Micha Stakhovitch. Ainsi se trouvèrent en présence les deux Michaïl que Tania avait, je crois, songé à épouser. J'ai eu beau les observer tous deux ; aucun n'a manifesté à Tania une attention spéciale ; seulement, dans l'attitude de ces deux hommes l'un envers l'autre, on pouvait sentir une sorte d'inimitié, quelque chose qui ressemblait à un duel muet. Nos hôtes sont repartis dès le lundi ; depuis lors Andrioucha a de la fièvre ; mardi, j'ai accompagné Andrioucha et Micha jusqu'à Toula où Zinoviev les a pris sous sa garde jusqu'à Moscou. En rentrant à Iasnaïa Poliana, j'ai discuté du mariage de Tania avec Macha et Serge.

Encore cette fois, le départ des enfants m'a remplie de tristesse. Ils dormaient près de ma chambre à coucher, je les entendais, j'étais sans inquiétude à leur sujet. Les voilà partis et je suis accablée. De la part de Liovotchka, pas un mot de tendresse, pas un mot qui vienne du cœur, aucune sympathie, rien, jamais rien. Ces derniers temps, mon cœur et mes nerfs ont été mis à si rude épreuve que j'ai eu des crises d'étouffement et des névralgies dans les tempes. Je ne dormais pas la nuit, je ne pouvais ni parler, ni prendre plaisir à rien, ni m'occuper des affaires. Je m'en allais n'importe où et pleurais des heures entières ; tout m'était prétexte à fondre en larmes ; je pleurais sur ma vie passée. Si quelqu'un m'eût demandé la cause profonde de mon chagrin, je lui aurais répondu que c'était l'absence totale d'amour de la part de Léon Nikolaïévitch qui, en ce moment, m'ignore et me torture et qui ne m'a jamais aimée. Cela se voit en tout, à son indifférence envers la famille, la vie et l'éducation des enfants, envers nos intérêts. — Nous avons parlé des lettres que nous venions d'écrire. Liovotchka s'est mis à compter les lettres aux obscurs. Je lui ai demandé où étaient en ce moment Popov, Zolotariev, et Khokhlov. Le premier est un officier en retraite, au type oriental ; les deux autres, plus jeunes, sont fils de marchands. Tous trois sont considérés comme des disciples de Léon Nikolaïévitch. — « Popov est chez sa mère parce qu'elle le veut ainsi. Khokhlov est à l'Institut technologique parce que telle est la volonté de son père. Zolotariev est dans une petite ville du Midi, chez son père, un vieux croyant, ce qui lui est extrêmement pénible. »

A en croire Liovotchka, chacun de ses disciples trouverait pénible de vivre chez ses parents ou au gré de ses parents. Alors, j'ai posé cette question : « Où donc n'est-il pas pénible de vivre ? » Je sais que Popov [5] a trouvé pénible de vivre avec une femme excellente et charmante dont il s'est séparé. Il s'est installé chez Tchertkov qui n'a pas pu le supporter. Là aussi, la vie lui a été pénible. Je sais que Liovotchka trouve pénible de vivre avec moi. Étranges principes d'après lesquels il est toujours pénible de vivre avec qui que ce soit ! Nombreuses étaient les communautés de tolstoïens, mais la vie y était pour tous si pénible qu'elles se sont dispersées. Ainsi s'est clos ce désagréable entretien. Liovotchka est parti pour Kozlovka ; de nouveau j'ai eu des spasmes de la gorge, les larmes m'étouffaient, pourtant, je ne tardai pas à me calmer. Il ne m'est permis ni de souffrir ni de me décourager, j'ai trop de travaux et d'obligations ! Ou bien, vivre et agir courageusement pour les miens, ou bien, — si je ne puis le supporter, — cesser de vivre.

Je viens de feuilleter mon journal. J'étais en train d'écrire lorsque Liovotchka et Tania sont partis pour Pirogov continuer leur enquête sur les localités qui souffrent de la famine. — A Pirogov, mon beau-frère Serge les a reçus fort peu amicalement et leur a reproché de venir lui faire la leçon. Vous êtes plus riches que moi, — a-t-il ajouté, — c'est à vous de venir en aide aux affamés, moi je suis pauvre, etc… Liovotchka et Tania se sont alors rendus chez Bibikov et ont procédé au recensement des affamés. Tania est restée chez Bibikov, Léon Nikolaïévitch a poursuivi son chemin, est allé chez une propriétaire terrienne puis chez Sviétchine. Bibikov et la propriétaire ont fait froid accueil au projet d'organiser de soupes populaires. Personne n'a trop d'argent ; chacun est absorbé par ses propres affaires. Sviétchine a manifesté plus de sympathie.

Liovotchka et Tania sont rentrés cinq jours plus tard. Le 23, jour anniversaire de notre mariage (vingt-neuvième anniversaire), Léon Nikolaïévitch est parti en chemin de fer avec Macha dans le district d'Epifane. Ils sont descendus chez Raphaël Alekséïévitch Pisarev d'où ils sont allés visiter les villages où sévit la famine. Raïevskii s'est rendu là-bas également afin de discuter la question des cantines populaires. Léon Nikolaïévitch a décidé sur-le-champ qu'il passerait tout l'hiver chez Raïevskii avec ses deux filles afin d'organiser le ravitaillement des populations. Il a donné, pour qu'on fît provision de pommes de terre et de betteraves, cent roubles qu'il m'avait demandés avant de partir. Lorsque, à leur retour, ils m'expliquèrent qu'ils ne viendraient pas à Moscou, mais passeraient l'hiver en pleine steppe, je fus saisie d'effroi. Vivre tout l'hiver séparée d'eux et les sentir à trente verstes de toute gare. Liovotchka avec ses crises d'estomac et ses douleurs intestinales, les fillettes dans cette solitude et moi en proie pour eux à une inquiétude éternelle. Je suis tellement frappée. Aussitôt que l'on a résolu une difficulté non sans peine et tant bien que mal (afin de faciliter à Liovotchka la vie à Moscou, j'avais consenti à ce qu'il renonçât publiquement à ses droits sur les douzième et treizième tomes), une autre question se pose et il faut prendre une nouvelle décision. J'en suis tombée malade. Par ailleurs, avant d'avoir décidé qu'il irait chez Raïevskii, Liovotchka m'avait écrit pour me demander de rester à Iasnaïa Poliana alléguant que mon arrivée à Moscou ne ferait que gêner mes trois fils dans leurs études et que ceux-ci n'avaient aucunement besoin de moi. Ce me fut un nouveau prétexte pour me faire du chagrin. Durant vingt-neuf ans, j'ai vécu uniquement pour la famille, j'ai renoncé aux joies, à tout ce qui comble la vie d'un être jeune et, maintenant, nul n'a besoin de moi. Comme j'ai pleuré tous ces temps-ci ! Certes, je suis très mauvaise, mais j'ai beaucoup aimé et on dit que l'amour est un bon sentiment.

Ce soir Sacha et moi avons fait la lecture et ensemble nous avons joué avec Vanitchka ; je leur ai raconté des histoires en leur montrant des images. Nous avons planté derrière Tchépije deux mille sapins et demain nous planterons quatre mille bouleaux. Aidée de Nikita et de Mitia, j'ai encore planté au jardin des arbustes d'espèces diverses : des sapins, des pins, de mélèzes, des bouleaux et des aulnes. Demain, je continuerai ce travail. Je me dispose à partir pour Moscou le 20. Comme j'ai peu envie d'y aller, c'est terrible ! J'ignore ce que feront Liovotchka et les fillettes, je n'en sais absolument rien. Je continue à avoir des doutes sur les cantines populaires. Seuls pourront les fréquenter les gens robustes, bien portants et libres. Les enfants, les vieillards, les femmes en couche ou avec des enfants en bas âge n'y pourront pas aller, — et ce sont ceux-là précisément qu'il faut nourrir.

Avant que Liovotchka ait rendu publique la renonciation à ses droits sur les douzième et treizième tomes, j'avais l'intention de donner 2 000 roubles pour les affamés. Je me proposais de choisir un village et d'y distribuer aux familles pauvres tant et tant de livres de farine, de pain et de pommes de terre par mois et par foyer. Maintenant, je ne sais plus du tout que faire. Comment agir sur une initiative étrangère et encore avec ces bâtons dans les roues ? Si je donne de l'argent, ce sera pour que Serge le distribue, il est secrétaire de la Croix-Rouge dans la région où il habite. C'est son affaire d'aider aux affamés. Il est libre, honnête, jeune ; en outre, il est sur place.

16 octobre 1891.

Allée à Toula où j'ai réglé définitivement l'affaire du partage avec Sokolova, la femme du pope ; je ne sais pas si le notaire principal rectifiera ce document. Démarches auprès du notaire Biéloborodov pour notre partage de famille. Tout cela est terriblement ennuyeux et pénible ! Il a neigé ce matin et je suis partie dans un traîneau attelé de deux chevaux ; quand je suis arrivée, il y avait — 8°. Des tziganes ont dressé leurs tentes au bord de la propriété ; il y a là des enfants, des poules, des cochons, une quarantaine de chevaux et une foule de gens que les fillettes sont allées chercher et ont amenés dans les dépendances, à la cuisine. Hier, dans la nuit, Léon Nikolaïévitch a expédié un article *Sur la Famine,* au journal *Questions de Philosophie et de Psychologie* que dirige Grot. — Sacha et Vania viennent de tirer au sort ; à Sacha est échue la parcelle gauche de Bistrom ; c'est Vanitchka qui a tiré pour Andrioucha et Micha : Micha a obtenu les terres de Toutchkovskii et Andrioucha la parcelle droite de Bistrom.

Le 13, je suis allée voir Serge et Ilia. J'ai passé la journée avec Serge ; Ilia est venu le soir. Ils m'ont fait une pénible impression. Ils s'aiment peu l'un l'autre, leurs intérêts sont terre à terre et ils mènent mal leurs affaires. Ilia a l'air morne et abattu, il fait pitié. Lequel des deux est coupable ? Dieu le sait ! En tout cas, ils ne sont pas très heureux. C'est encore mon petit-fils Nikolaï qui est le plus à plaindre. Il est totalement abandonné par sa mère qui le laisse dans un bien triste état. C'est une mauvaise mère, une mère sans amour pour son enfant, cela saute aux yeux. Annotchka est extraordinairement gentille. Ou bien le petit Nikolaï mourra, ou bien il deviendra un monstre. Cela me pèse sur le cœur.

Serge est gai, serein, excellent sous tous rapports. J'ai tout examiné chez lui, j'aurais tant voulu ajouter encore quelque chose à sa vie afin qu'elle devînt meilleure. Il est absorbé par ses fonctions de chef de district auxquelles sont venues s'ajouter celles de secrétaire de la Croix-Rouge. Son intérieur est propre et avenant, il a les habitudes d'un homme comme il faut, bien qu'il soit pauvre et modeste. Dieu veuille qu'il continue à bien vivre ! Liova a été pris de l'envie subite de se rendre à Samara à cause de la famine. Cela me tourmente. Encore un changement ! Il abandonne l'université et vole, les mains vides, vers une activité inconnue.

La direction des théâtres pétersbourgeois a refusé de me verser ma part sur la recette des *Fruits de la Civilisation*. Je suis fâchée et contre la direction et contre Léon Nikolaïévitch qui m'a privée de la joie de donner cette somme aux affamés. Hier, j'ai écrit au ministre de la Cour, Vorontzov, pour demander le payement de ces droits ; j'ignore l'accueil qui sera fait à cette réclamation. — Nous faisons nos malles et nous nous préparons à partir pour Moscou ; c'est ennuyeux, je ne suis pas bien portante. Dans le monde, dans la famille, partout règne la discorde. La famine est un fardeau qui pèse lourdement sur tous.

19 octobre 1891.

Apathie complète. Je ne pars pas, je ne fais pas mes malles. J'ai passé toute la journée à colorier un petit livre d'images pour Vania.

Pétia Raïevskii et Popov (un obscur) sont chez nous. Il est venu encore un intellectuel qui arrive de chez Sioutaiev, morne, désespéré et malade — Liovotchka étrangement et égoïstement gai, mais c'est une gaieté physique et non psychique.

12 novembre 1891.

Depuis le 22 octobre, je suis à Moscou avec Andrioucha, Micha, Sacha et Vania. Le 26 octobre, mon mari est parti avec ses filles chez Ivan Ivanovitch Raïevskii dans sa propriété de Biégintchevka. Le 25, mon fils Liova est parti dans le village de Patrovka situé dans le départment de Samara. Leur esprit et leur âme éteint hantés par une unique pensée : aider ce peuple affamé. Longtemps, j'ai voulu les retenir, longtemps il m'a semblé douloureux, terrible de me séparer d'eux, mais, dans mon for intérieur, j'ai compris que je ne pouvais faire autrement et j'ai consenti à les laisser partir ; je leur ai même envoyé cinq cents roubles et je leur en avais donné 250 avant leur départ. Jusqu'ici Liova n'a pris que 300 roubles. J'ai donné 100 roubles à la Croix-Rouge. C'est bien peu en comparaison de ce qu'il faudrait faire ! — Aussitôt arrivée à Moscou, j'ai été envahie par une affreuse tristesse. Je ne trouve pas de mots pour caractériser l'état d'âme terrible dans lequel j'étais alors. Ma santé était ébranlée, j'étais prête à me suicider. A cela est venue s'ajouter la mort de Dimitri Alekseiévitch Diakov. Nous perdons en lui l'ami le plus ancien et le meilleur de

Léon Nikolaïévitch. Je l'ai revu lorsqu'il était presque à l'agonie et j'ai assisté à son enterrement. Ensuite, tous mes quatre enfants sont tombés malades de l'influenza. Une nuit que j'étais couchée et ne dormais pas, j'ai décidé qu'il fallait adresser un appel à la bienfaisance publique. Le lendemain, j'ai sauté à bas de mon lit et écrit une lettre que j'ai portée moi-même à la rédaction des *Rousskïa Viédomosti*. Cette lettre parut dès le lendemain qui était un dimanche. Aussitôt, je me sentis l'âme plus joyeuse et plus légère, j'eus l'impression d'être guérie. De tous côtés, les dons commencèrent à affluer. Avec quelle touchante sympathie le public a répondu à ma lettre ! Certains pleurent en apportant de l'argent. Du 3 au 12 novembre, j'ai reçu 9 000 roubles en espèces. J'ai expédié à Liovotchka 1 237 roubles et, hier, j'ai donné à Pisarev 3 000 roubles pour payer ses achats d'orge et de maïs ; j'attends des lettres de Serge et de Liova qui me diront que faire des sommes restantes. Je passe la matinée à recevoir des dons que j'enregistre ; je cause avec les gens, cela me distrait. Parfois je suis prise d'un tel désir de voir Liovotchka, Tania et même Macha que les bras m'en tombent, pourtant je sais que Macha est toujours plus joyeuse et plus gaie quand elle est hors de la maison. C'est étrange, quand Liovotchka est auprès de moi, son manque de tendresse et de sympathie pour les siens me fait toujours l'effet d'une douche d'eau glacée et je me demande : « Qu'ai-je donc voulu ? — Pourquoi est-il ici ? » Et lorsque nous sommes séparés, je ne fais que penser à lui. Et cela parce que j'aime en lui plus et mieux que ce qu'il est capable de donner.

Cette nuit encore, je n'ai pas pu dormir à cause de l'article des *Moskovskïa Viédomosti*. Ce journal interprète à sa façon l'article de Léon Nikolaïévitch : *Une question terrible*, qu'il a publié il y a quelques jours : « le parti libéral a redressé la tête et poursuit des buts politiques. » Pour un peu, la rédaction reprocherait à Léon Nikolaïévitch des visées révolutionnaires. Cette allusion à la possibilité d'un mouvement autre qu'un mouvement en vue d'aider le peuple est déjà, de la part des *Moskovskïa Viédomosti*, un geste révolutionnaire. La rédaction laisse entendre encore aux révolutionnaires faibles d'esprit qu'ils peuvent se solidariser avec Tolstoï et Soloviev. Voilà, selon moi, l'étincelle qui, jetée parmi eux, les aidera à reprendre courage.

Quel journal vil et abominable ! Quel dégoût il provoque chez tous ! J'avais déjà songé à écrire au ministre, à l'empereur pour attirer leur attention sur tout le mal que fait ce journal. J'avais formé le projet d'aller à la rédaction et d'user de menaces. Mais n'ayant personne à qui demander conseil, j'ai décidé de ne faire ni l'une ni l'autre de ces démarches.

Andrioucha et Micha font leurs études au lycée Polivanov. Micha travaille mal, Andrioucha assez bien. Ils me font peine, je voudrais les égayer, les distraire ; j'ai un déplorable penchant à les gâter. Dîné aujourd'hui avec les enfants. Que notre vie de bourgeois repus et de citadins est donc égoïste et somnolente. Nous n'avons aucun contact avec le peuple, nous ne compatissons à aucune misère et ne venons en aide à personne. Je ne peux même plus manger tant j'ai pitié de ceux qui meurent de faim en ce moment, tant j'ai pitié de moi-même et de mes enfants qui agonisent moralement dans cette atmosphère et sont privés de toute activité d'esprit. Que faire ?

Reçu une réponse du ministre de la cour. Pour m'aider dans mes œuvres de bienfaisance, il me promet tant pour cent sur la recette des *Fruits de la Civilisation*. J'ai déjà écrit à ce sujet à Vsiévolojskii.

Dimanche, 16 février 1892.

Trois mois encore ont passé et avec quelle extraordinaire rapidité ! Me revoici à Moscou avec Andrioucha, Micha, Sacha et Vanitchka. Liovotchka, Tania et Macha sont venus ici deux fois ; la première fois ils sont restés du 30 novembre au 9 décembre ; la deuxième fois, du 30 décembre au 23 janvier. Nombre de visiteurs. Nous avons été heureux d'être réunis et la séparation n'en a été que plus difficile. Aussi ai-je décidé d'accompagner Liovotchka et Micha à Biéguitchevka et de laisser Tania à Moscou avec les enfants. Le jour de notre départ, on nous a apporté un article paru dans le numéro 22 des *Moskovskïa Viédomosti* qui paraphrase l'article que Léon Nikolaïévitch a écrit sur la famine pour le journal *Questions de Philosophie et de Psychologie*. On considère cet article comme une proclamation et on déclare que Léon Nikolaïévitch est un révolutionnaire. Liovotchka et moi avons écrit une réplique qu'il m'a forcée de signer, puis nous sommes partis.
A Toula, nous sommes descendus chez Eléna Pavolvna Raïevskaïa qui souffre d'un mal terrible dans la jambe et a de la fièvre. La pauvre ne peut
se remettre de la mort de son mari qui a été emporté de l'influenza alors que les miens étaient en séjour chez lui dans sa propriété de Biéguitchevka. [82].
Nous avons quitté Toula le 24 et sommes arrivés à Biéguitchevka à la nuit tombante. Nous avons été accueillis

par Ilia, Gastiev, Persidskaïa, Natacha Filosofova et Biélitchkine. Ilia avait une frayeur terrible de voir revenir le défunt, Ivan Ivanovitch Raïevskii. Il nous a quittés dès le lendemain, nous laissant seuls avec nos aides.

Léon Nikolaïévitch et moi avons partagé la même chambre. Je me suis chargée de toutes les écritures et, dans la mesure où je l'ai pu, j'ai tiré leurs affaires au clair. Ensuite, je suis allée visiter les cantines. En arrivant, je trouvai dix personnes dans l'isba. Mais les gens continuèrent à venir et leur nombre atteignit bientôt quarante-huit. Tous en guenilles, le visage émacié et triste. Ils entrent, se signent et vont s'asseoir. Deux tables mises bout à bout ; de longs bancs. Ils prennent place en bon ordre. Dans un tamis, du pain d'orge coupé en tranches. La patronne passe le pain dont chacun prend un morceau. Puis elle pose sur la table une grande soupière de soupe aux choux, sans viande, légèrement additionnée d'huile de chanvre [15]. Après la soupe, on distribue de la panade aux pommes de terre ou bien des pois, du cacha ou millet, du kissel d'avoine, des betteraves. En général, deux plats à déjeuner, deux plats à dîner. Nous avons visité encore quelques autres cantines. Au début, je me demandais comment se tenait le peuple, mais dans la seconde cantine, j'ai vu une jeune fille d'une extrême pâleur qui m'a regardée avec des yeux si tristes que j'étais prête à fondre en larmes. Sans doute lui est-il difficile et est-il difficile aussi à nombre de ceux que j'ai vus assis là de venir chercher les dons. Qu'il est juste ce proverbe russe : « Dieu me préserve de demander l'aumône et me permette de la faire ! » Puis je suis devenue plus indifférente à ces cantines sans lesquelles la situation serait pire encore.

Le plus difficile dans l'œuvre entreprise par les nôtres c'est de discerner les plus pauvres. Il est malaisé également de déterminer quels sont ceux qui doivent venir à la cantine et quels sont ceux qui doivent toucher du bois, des vêtements que nous avons reçus en dons ces jours derniers. Quand j'avais dressé la liste des cantines, il y en avait quatre-vingt-six. Actuellement, on en a ouvert cent. [132].

J'ai passé mes matinées à couper, avec l'aide du tailleur, des vêtements dans la pièce de drap que l'on nous a donnée. Nous avons pu en confectionner vingt-trois. Ces pelisses courtes et ces cafetans ont fait grande joie aux jeunes garçons qui, sans doute, n'ont jamais eu de vêtements neufs et chauds depuis leur naissance.

J'ai passé dix jours à Biéguitchevka. [60].

Rentrée à Moscou, j'ai appris peu à peu les bruits qui circulaient sur une lettre que Liovotchka aurait écrite en Angleterre sur la famine qui sévit en Russie. Cette lettre aurait suscité l'indignation générale. Enfin, de Pétersbourg, on m'incite à prendre immédiatement des mesures pour nous sauver, faute de quoi nous sommes menacés d'être déportés, etc… Longtemps je restai sourde à cet avertissement ; toute une semaine, j'allai chez le dentiste me faire soigner les dents. Mais bientôt, prise d'inquiétude, j'écrivis au ministre de l'Intérieur, Dournovo, à Chérémétiéva, au sous-secrétaire d'État von Plévé, à Aleksandra Andréevna et à Kouzminskii. Dans chaque lettre, j'expliquai la vérité et rejetai les mensonges des

Moskovskïa Viédomosti. On interdit aux journaux de publier ma réfutation bien que je l'aie envoyée également au *Journal officiel*. C'est alors que j'allai trouver le grand-duc Serge Aleksandrovitch et le priai de donner ordre que ma réfutation fût publiée. Il me répondit qu'il ne le pouvait pas, mais qu'il suffirait, pour calmer l'effervescence des esprits et donner satisfaction à l'empereur, que Léon Nikolaïévitch écrivît lui-même au *Journal officiel*. J'écrivis à Liovotchka pour le supplier d'écrire cette lettre. Je l'ai reçue tout à l'heure et l'ai déjà expédiée au *Journal officiel*. J'attends avec impatience de savoir si on la publiera ou non ?
Liovotchka, Tania, Macha et Viéra Kouzminskaïa sont repartis à Biéguitchevka. J'attends avec impatience Liova qui arrive de Samara, je ne sais ce qu'il va décider pour l'avenir. J'ai accepté mon sort et vis dans l'intérêt de mes quatre enfants. J'ai commencé d'écrire une nouvelle, je recueille des dons, j'expédie une quantité de lettres, je règle, par l'intermédiaire des banques, les achats en froment, je fais toutes sortes d'opérations financières. A cela viennent s'ajouter mes propres affaires qui sont nombreuses. Par instants, je suis triste, mais j'ai aussi de bons moments.
Demain commence le carême. Je veux faire maigre.

2 août 1893.

Je viens d'apprendre de Tchertkov que la plupart des manuscrits de Léon Nikolaïévitch se trouve soit chez lui, soit chez le colonel Trépov à Pétersbourg. Il faut que nos enfants le sachent. Plus tard, Tchertkov a pris, les uns après les autres, tous les manuscrits de Léon Nikolaïévitch et les a emportés chez lui en Angleterre, à Christchurch[1].

Moscou, 5 novembre 1893.

Je crois aux bons et aux mauvais esprits. Les mauvais esprits se sont emparés de l'homme que j'aime sans que celui-ci s'en aperçoive. Cet homme exerce une influence néfaste. Son fils, ses filles vont à leur perte comme vont à leur perte tous ceux qui entrent en relations avec lui. Jour et nuit, je prie pour les enfants ; cet effort psychique m'est pénible, je maigris, je dépéris physiquement, mais moralement, je suis sauvée parce que rien ne peut briser les liens qui m'unissent à Dieu aussi longtemps que je ne suis pas sous l'influence de celui que dominent les forces mauvaises, de celui qui est aveugle, froid, qui oublie et ne reconnaît pas les obligations que le ciel lui a imposées, qui est fier et présomptueux. Pour le moment, je ne prie pas pour les petits, car il est encore impossible de les gâter. Ici, à Moscou, Liova est devenu plus gai ; son état s'est amélioré. Il ne subit aucune influence autre que celle de mes prières [7]. Pourvu que je conserve la force de prier, sinon tout est perdu ! Seigneur, ayez pitié de nous et préservez-nous de toute autre influence que la vôtre !

---

1. Cette dernière phrase a été écrite ultérieurement.

2 mars 1894.

Tania est partie pour Paris où elle vivra avec Liova qui se porte moins bien. Depuis longtemps, je pense avec terreur que cet enfant n'est pas fait pour vivre ici-bas. C'est un être exceptionnel, d'une bonté excessive et qui manque de pondération. Je vis au jour le jour, — je n'ai pas de vie personnelle. Mon inquiétude au sujet de Liova à laquelle est venue se joindre mon inquiétude pour Tania exclut tout autre intérêt. Ma santé est atteinte. J'ai craché aujourd'hui beaucoup de sang ; la nuit, j'ai eu de la fièvre, des transpirations et des douleurs dans la poitrine. Bien que Léon Nikolaïévitch soit découragé, lui aussi, il n'a rien changé à sa manière de vivre : il se lève de bonne heure, fait sa chambre, mange de la soupe au gruau d'avoine, puis se met au travail. Aujourd'hui, je l'ai trouvé en train de faire des patiences. Il a déjeuné très abondamment pendant que Dounaïev contait des histoires sans s'apercevoir que celles-ci n'intéressaient personne. Après une sieste, Léon Nikolaïévitch a regardé par la fenêtre le soleil rutilant, a mangé quelques dattes, puis est allé avec Dounaïev au marché, jeter un coup d'œil sur les marchands de champignons, de miel, d'airelles, etc... Macha est maigre, nerveuse, et me fait peine... Serge est très agréable, je regrette qu'il parte bientôt pour Nikolskoïé.

4 août 1894.

Zakharine trouve Liova en mauvais état. Il y a longtemps que mon cœur le sait ! Comment supporter le chagrin de voir dépérir ce fils jeune, aimé et si bon ! J'ai le cœur déchiré et souffre sans répit. Parfois, il me semble que les forces vont m'abandonner. Pourtant, il faut vivre, il faut vivre pour le petit Vanitchka, pour Micha, Sacha, même pour Andrioucha chez qui tant de dons déjà sont gâtés, mais qui conserve encore pour moi amour et tendresse. Tout m'est devenu pénible. Depuis longtemps, je suis accablée par l'indifférence de mon mari qui se décharge sur moi de tout, de tout sans exception : des enfants, de la gérance des propriétés, des relations avec les gens, des affaires, de la maison, des éditions. Il me méprise de prendre soin de tout cela, s'enferme dans son égoïsme et ne cesse de me critiquer. Et lui, que fait-il ? Il se promène, monte à cheval, écrit un peu, vit où bon lui semble et comme il veut, ne fait absolument rien pour la famille et profite de tout : de l'aide de ses filles, du confort, des adulations qu'on lui prodigue, de ma soumission et de mes peines. Et la gloire, cette inassouvissable soif de gloire à laquelle il a tout sacrifié et continue à tout sacrifier. Seuls les êtres sans cœur peuvent vivre ainsi. Pauvre Liova ! comme il a souffert tous ces derniers temps de l'attitude si peu bienveillante de son père envers lui. La vue de ce fils malade a troublé la quiétude de Léon Nikolaïévitch et l'a empêché de vivre en sybarite — et cela aussi a contribué à l'irriter. Je ne puis me rappeler sans peine les yeux noirs et maladifs de Liova, l'expression de tristesse et de reproche avec laquelle il regardait son père qui lui faisait grief d'être malade et ne voulait pas croire à son mal. Léon Nikolaïévitch n'a jamais eu ces douleurs, mais à peine est-il malade qu'il devient impatient et capricieux.

Tania est à Moscou avec Liova. Elle aussi me fait peine et je suis triste en son absence. Il ne me reste plus aucun ami à la maison. Léon Nikolaïévitch et ses disciples ont altéré le caractère de Tania qui était d'un naturel si sain, si gai, ils l'ont accablée d'un lourd fardeau et éloignée de moi. Strakhov nous a quittés aujourd'hui. Il fait chaud à la maison, je suis allée me baigner avec Sacha. Assemblée de moujiks, course dans les champs non encore fauchés, par une température étouffante, magnifique nuit de lune. Léon Nikolaïévitch est allé à Potiemkino prendre des informations sur les victimes de l'incendie et leur distribuer les secours qu'il a reçus. Andrioucha est parti à Ovsiannikovo chez M. A. Schmidt. Micha est resté auprès de moi. Macha et Maria Kirillovna sont allées à Kozlovska.

23 novembre 1894.

Toute la famille est réunie à Moscou. C'est sur Liova, mon fils malade, que sont concentrées ma vie et mes préoccupations. Il est impossible de prendre son parti d'un tel malheur. Pas une minute je ne cesse de penser à lui, à son état maladif et pitoyable et, pour lui, je souffre jusqu'à en être malade. Je ne vois presque personne et sors peu de la maison. Nous avons une nouvelle Anglaise, Miss Spiers.

Léon Nikolaïévitch, Tania et Macha sont partis chez Pasternak entendre de la musique. C'est la femme de Pasternak qui joue avec Grjimali et Brandoukov. Après m'avoir causé beaucoup de désagréments tous ces temps derniers, Andrioucha s'est calmé. Sa santé est mauvaise. Il a eu quatorze abcès et des troubles digestifs. Micha est serein et gai, mais il travaille mal.

Il n'y a pas de neige et on ne peut encore circuler en traîneau. Du vent, — 2°. Je m'occupe de l'impression du treizième tome. Je lis *Marcella*. Longue période de vie amicale avec Liovotchka, mais ces jours derniers sont survenus quelques désagréments. Son indifférence envers Andrioucha pour lequel il ne m'est d'aucun secours m'a fâchée. Ma plus grande faute consiste à espérer encore, après trente-deux ans de vie conjugale, que Liovotchka pourra faire quoi que ce soit pour moi ou pour la famille. Il faut se réjouir de ce qu'il y a de bon en lui et s'en contenter.

1ᵉʳ et 2 janvier 1895.

Je devrais tenir mon journal. Quel dommage que j'aie si peu écrit dans ma vie !

Hier Liovotchka et Tania sont partis à Nikolskoïé chez Olsoufiev. Il suffit que mon mari s'éloigne pour que je me sente aussitôt l'âme libre et seule devant Dieu. J'y vois plus clair en moi-même et me débrouille mieux dans cette confusion où je vis.

Évènements : Liova a commencé un traitement électrique, il se sent plus calme et est parti chez Chidlovski.

Macha est au lit [5]. Sacha et Vania ont la grippe. Ils s'ennuient et courent avec Vierka et le fils du commis. Andrioucha est à la campagne chez Ilia… Micha est parti avec son violon chez Martinovi. Tempête de neige, — 7°.

Cette nuit à 4 heures, j'ai été réveillée par un coup de sonnette. J'ai eu peur et j'ai attendu. Second coup de sonnette. Le valet de chambre est allé ouvrir. C'était Khokhlov, un des disciples de Léon Nikolaïévitch qui est devenu fou. Il poursuit Tania de ses assiduités et lui demande de l'épouser. Pauvre Tania ! elle ne peut plus mettre les pieds dehors. Ce pouilleux en haillons la poursuit partout. Voilà les gens que Léon Nikolaïévitch a introduits dans l'intimité de la famille, et c'est moi qui suis obligée de les mettre à la porte.

C'est étrange ! Les gens qui ont fait fausse route dans la vie, les gens faibles et bêtes se jettent sur les doctrines de Léon

Nikolaïévitch. Mais d'une manière ou d'une autre, ils sont déjà définitivement perdus.

Quand j'écris mon journal, je crains de faire le procès de Léon Nikolaïévitch. Comment pourrais-je ne pas me plaindre quand tout ce qu'il prêche comme devant faire le bonheur n'aboutit qu'à compliquer l'existence. La vie me devient de plus en plus pénible.

Le régime végétarien nécessite un double service et multiplie les dépenses. Ils prêchent l'amour et la bonté, mais sont indifférents à la famille et introduisent n'importe qui dans leur intimité. Le renoncement verbal aux biens de ce monde les amène à critiquer et à condamner autrui.

Lorsque la situation devient par trop tendue, je m'emporte, il m'échappe des paroles vives, je me rends malheureuse. J'ai beau m'en repentir, il est trop tard.

Eléna Pavlovna Raïevskaïa est venue passer la soirée avec moi et a demandé à lire ma nouvelle. En la parcourant, j'ai senti combien j'aimais ce que j'avais écrit. C'est mal, mais si agréable !

J'ai de l'affection pour Macha. Elle est tendre, sympathique et de relations faciles. Comme je voudrais lui aider avec Pétia Raïevskii ! Mon affection pour Tania a diminué : l'amour des obscurs pour elle, de Popov et de Khokhlov, l'a souillée. Elle me fait peine. Elle s'est éteinte et a vieilli. Je regrette sa belle et joyeuse jeunesse si pleine de promesses. C'est dommage qu'elle ne soit pas mariée ! Ma belle et nombreuse famille m'a donné bien peu de joie ; je veux dire, mes enfants sont si peu heureux ! Que peut-il y avoir de plus pénible pour une mère !

Écrit trois lettres : une lettre d'affaires à Prague, une lettre à Filosofov et une réponse à Mengden. Je me couche à 3 heures de la nuit. Le matin, je lis à haute voix à Sacha et à Vania 80 000 *lieues sous les mers*, de Jules Verne. « C'est difficile, leur ai-je dit, vous ne comprendrez pas. » Mais Vania m'a répondu : « Ça ne fait rien, maman, lis. Tu verras que ce livre, comme *les Enfants du Capitaine Grant*, nous rendra plus intelligents. »
Liova est rentré de chez Chidlovski. Il est triste et se plaint beaucoup.

3 janvier 1895.

Levée tard [5]. Allée auprès de Macha et de Liova ; grondé Micha qui ne travaille pas son violon et se lève à midi. De la clinique où il suit un traitement électrique, Liova s'est rendu chez Kolokoltzev. J'étais irritée qu'il accaparât si longtemps la voiture. Je suis allée rendre visite à Martinovi, à Soukhotina, à Zaïkovskaïa et à E. F. Junge.
Les Zaïkovskii ont évoqué leurs souvenirs de jeunesse. Combien est triste la vie d'une vieille fille ! Se pourrait-il que mes filles ne se mariassent pas ? Le soir, les enfants sont venus jouer ; j'ai lu à Liova une nouvelle de von Vizine. Jusqu'ici, cette œuvre est dépourvue de finesse et d'intérêt. J'ai envoyé à Raïevskii la nouvelle que j'ai écrite. Je voudrais écrire encore, mais on ne me laisse aucune tranquillité, mes nerfs sont malades et c'est toujours à regret que je refuse mon temps aux enfants qui aiment tant à être

avec moi. Rues, cours, jardins, balcons, tout est couvert de neige, — 4°.

5 janvier 1895.

Je n'ai pas écrit hier ; le soir, continué à lire la nouvelle de von Vizine qui devient plus intéressante sans cesser d'être grossière.
J'ai été plongée dans les comptes jusqu'à 3 heures du matin ; tout est si embrouillé chez moi. Je n'y entends rien. Passé une partie de la journée auprès de Vania à qui j'ai fait la lecture, puis nous sommes allés tous deux nous promener chez Tolstoï. — Ce matin, il est tombé malade. Maintenant, tout me fait peur ; je crains en particulier pour la santé de Vanitchka. Les liens qui m'unissent à lui sont si étroits ! C'est mal et dangereux ! C'est un enfant faible, délicat et si bon ! Hier, je suis allée chez Varia Nagornova et chez Macha Kolokoltzéva. Partout, je me sens si triste. Ma nature a absolument besoin d'activité ou d'impressions, faute de quoi je dépéris. Je suis condamnée à passer tout mon temps auprès des malades et c'est là le pire. Je ne suis en mal ni de Liovotchka ni de Tania. Ilia et Andrioucha sont arrivés. La pluie, + 1°. Malgré tout, Sacha est allée patiner avec Micha et Mlle Spiers.

8 janvier 1895.

Vanitchka est malade depuis quelques jours, il a de la fièvre et des maux d'estomac. Il a tellement maigri et pâli que je ne puis le regarder sans que mon cœur se serre. Hier, Andrioucha, Micha et Sacha sont allés à une soirée d'enfants chez les Glébovii, tandis que Vanitchka, abattu par la fièvre, est resté sur mes genoux. J'ai regretté qu'il soit privé de cette distraction. Il a pris la grippe et voilà trois semaines qu'il ne sort pas. La guerre que je dois faire aux aînés de mes enfants pour qu'ils apprennent à tenir leurs promesses est au-dessus de mes forces et le mal que me cause cette lutte incessante m'éloigne d'eux totalement. Tout cela est douloureux, de même qu'il est douloureux d'assister à la ruine stupide d'Ilia, à la vie amorale que mène Serge, de voir mon fils Liova malade, mes filles non mariées et l'étincelle de vie sur le point de s'éteindre dans ce pauvre et charmant Vanitchka.

Depuis le matin, des affaires : réglé la blanchisseuse et les fournisseurs ; donné des ordres au commis ; les domestiques ont demandé un congé pour assister à un mariage ; on a apporté de la police une pièce relative au vol commis à Iasnaïa-Poliana ; les gages, les passeports périmés, etc., etc. Puis nous sommes restés à trois : Liova, Vanitchka et moi. Nous avons regardé les images dans des livres d'histoire et j'ai raconté sur les Égyptiens tout ce que j'ai pu retrouver de mes connaissances anciennes, après quoi, j'ai lu des contes de Grimm.

Vésélitskaïa est venue voir Liova. J'ai mesuré la température de Vanitchka : 37,8.

Les Nagornov, Ilia et Vésélitskaïa ont dîné chez nous. Après le repas est venue Maria Ratchinskaïa qui est intelligente et sympathique. J'ai donné à Ilia cinq cents roubles. On ne peut l'aider en rien. Mes enfants manquent totalement de mesure, de pondération et ignorent le sentiment du devoir. Ils tiennent ces traits de leur père. Mais Léon Nikolaïévitch a lutté toute sa vie pour se corriger, tandis que les enfants se laissent aller. Telle est la faiblesse de la jeunesse contemporaine.

Ce soir, passé deux heures à corriger la mauvaise analyse que Micha a faite de *la Fille du Capitaine*. J'ai constaté avec effroi qu'il n'en a même pas copié la moitié et que la fin manque totalement. Il recevra encore une mauvaise note qui influera sur son bulletin semestriel.

Storojenko est venu plus tard avec ses enfants ; puis ce fut au tour de Mitia Olsoufiev avec qui j'ai causé longtemps. Il comprend tout, mais chaque fois que je bavarde, j'ai des remords [170].

Macha est aujourd'hui moins agréable que ces jours derniers. Il en est toujours ainsi quand elle joue un rôle devant autrui. Et aujourd'hui, il lui semble qu'elle doit jouer un rôle devant Vésélitskaïa.

Mlle Spiers, l'Anglaise, n'est pas gentille. Revêche, antipathique, elle ne s'occupe pas des enfants, s'enferme à clef dans sa chambre, ne s'intéresse qu'à l'étude du russe et à ce qui peut la distraire. Le roman anglais dont j'ai commencé la lecture est mauvais ; je renonce à le lire. Je voudrais lire un manuel d'histoire que je pourrais raconter aux enfants d'après les images. Je me couche tard.

9 janvier 1895.

Micha Olsoufiev m'a apporté une lettre de Léon Nikolaïévitch qui me reproche de n'être pas joyeuse, mais c'est lui qui a compliqué et gâté notre existence. Sa lettre est bonne pourtant et m'a fait plaisir. Mais combien je l'aime moins que naguère ! Non seulement je ne m'ennuie pas, mais la vie m'est plus légère sans lui. Que de fois me suis-je vainement ennuyée et ai-je déploré son absence ! Que de fois lui ai-je demandé de rester auprès de moi, d'attendre pour partir que je me rétablisse ou tel ou tel événement ! Et que de fois, sans la moindre pitié, a-t-il porté atteinte à mon sentiment pour lui ! Si je ne suis pas joyeuse, c'est simplement parce que je suis lasse d'aimer, lasse d'aplanir les difficultés, de chercher à satisfaire les uns et les autres et de souffrir pour tous. Deux êtres seulement me sont à cœur, mais ils me sont maladivement à cœur : Liova et l'état où il se trouve et Vanitchka. Chaque jour, à maintes reprises, je tâte les petons et les menottes de Vanitchka qui sont si maigres, j'embrasse ses joues pâles et fanées. Je souffre et me tourmente pour lui. Il mange peu aux repas et moi, je ne mange rien. A souffrir pour lui, mes forces se sont épuisées !

Ilia est parti. Conversations intelligentes, subtiles avec Vésélitskaïa qui m'ont été agréables. Elle m'a narré l'histoire de son divorce. Quel dommage que M. O… n'épouse pas Tania, malgré tout le chagrin que j'aurais à me séparer d'elle.

Dounaïev et Macha Zoubova sont venus ce matin. Mania Ratchinskaïa est partie. Passé la journée dans l'oisiveté avec nos visiteurs. Je suis fatiguée, morne et nerveuse. Le temps est beau, — 3°.

10 janvier.

Si quelqu'un me demandait quel est le sentiment que j'éprouve en ce moment, j'aurais répondu que j'ai cessé de vivre. Je n'ai plus de plaisir à rien, tout me fait de la peine et encore de la peine.
Journée morne : tenu compagnie à Lydie Ivanovna (qui est partie aujourd'hui), lu à Vania les contes de Grimm. Allée à la pharmacie et au marché acheter du caviar frais pour Vania et Liova. Andrioucha et Micha sont très sages [21]. Liova est allé chez Chidlovski ; il est calme, mais aussi maigre et défait qu'autrefois [75].

11 janvier 1895.

Depuis ce matin Vanitchka tousse d'une toux rauque, je suis restée auprès de lui et lui ai lu des contes de Grimm ; puis j'ai essayé de dessiner notre jardin. Mais sans métier, on n'arrive à rien [10]. Au jardin, j'ai aperçu par la fenêtre Vanitchka qui courait et sautait à peine habillé. J'ai grondé sévèrement niania qui a crié avec rage. Vania a fondu en larmes. Nous avons tous dîné à la maison. C'est la fête de Micha à qui j'ai donné dix roubles. Le soir les enfants ont

emmené avec eux au cirque le cocher d'Ilia qui est venu ici chercher le cheval que son maître a acheté ; ils se sont beaucoup amusés de la joie naïve que manifestait leur compagnon. Je suis allée passer la soirée auprès de Liova ; me rappelant par hasard son état nerveux, je lui ai répété les paroles du docteur Bielogolovii que tout son mal venait des nerfs. Il a bondi, m'a lancé des injures, m'a traitée de bête, de méchante, de vieille et m'a accusée de mentir. Comment supporter pareilles choses ? J'ai de moins en moins pitié de lui, car il est méchant et sans aucun égard. Sans doute, tout cela provient-il de son état et, pour sa maladie, je le plains.
Par contre, Andrioucha en rentrant du cirque m'a répété que si les autres m'appréciaient peu, lui du moins me trouvait excellente et m'aimait plus que tout au monde.
Jusqu'à 3 heures du matin, j'ai trié les lettres que Léon Nikolaïévitch et moi avons écrites à ma sœur Tania, après quoi j'ai relu les lettres de Léon Nikolaïévitch à Valéria Arséniéva que naguère il aurait voulu épouser. Belles lettres, mais, il ne l'a jamais aimée.
— 5°. Temps clair et beau.

12 janvier 1895.

Levée tôt ; donné à Vania un remède contre la toux qui était devenue plus violente. Ouvert le vasistas. — 10°. Je me suis lavée à l'eau froide, mais cela ne m'a pas ranimée. Je suis triste. Tenu compagnie à Vania à qui j'ai fait la lecture, reçu les visiteurs : Tchirépine et Lopatine. Avec ce dernier, je me suis entretenue de la mort. Il a dit entre autres que la vie serait moins intéressante sans cette éternelle inquiétude devant le problème de la mort. Petrovskaïa et Tzourikova sont venues plus tard. Cette dernière a dîné et passé la nuit chez nous. Elle incarne la vieille fille de la noblesse ; elle fait les cartes, se meut parmi d'innombrables amis et connaissances et est encore romanesque à quarante ans.

Le soir, la température de Vanitchka a remonté jusqu'à 38,3, ce qui m'inquiète terriblement. Quelque chose s'est brisé en moi, je souffre intérieurement et ne me possède pas le moins du monde. J'ai pris sur moi, suis allée au service commémoratif de Lopoukhina, chercher Sacha chez Glébovii et ai passé une heure chez les Tolstoï. Je suis revenue à pied et ai eu légèrement peur. Liova est redevenu doux, Macha est très gentille et tâche de se rendre utile, les garçons me témoignent beaucoup de tendresse. Tchitchérine a dit aujourd'hui qu'il y avait deux hommes en Léon Nikolaïévitch : un écrivain de génie, et un mauvais raisonneur qui frappait les gens en énonçant des paradoxes et les idées les plus extraordinaires. Il a appuyé cette affirmation de quelques exemples. Tchitchérine aime Léon Nikolaïévitch par habitude : il continue à voir en lui ce Léon Nikolaïévitch qu'il a connu jeune et dont il conserve une quantité de lettres.

13 janvier.

Trié les lettres reçues des donateurs au temps de la famine ;

déchiré celles qui ne contenaient que des chiffres et des phrases officielles et conservé celles où sont exprimés des sentiments ou des idées. Vania m'a aidée très gentiment. Pauvre petit, il a chaque jour la fièvre et de nouveau, il a beaucoup maigri et pâli.

14 janvier.

Tenu compagnie à Vania à qui j'ai fait la lecture. Bougaïéva, Zaïkovskaïa et Litvinova sont venues le soir. Sot bavardage ! Ce matin Vania avait 37,8 et ce soir 38,5 [4]. Arrêt de ma vie physique et de ma vie spirituelle. J'attends le réveil.

15 janvier.

Le réveil ne s'est pas produit et l'angoisse est devenue plus forte. Est-ce parce que je suis lasse de veiller jour et nuit sur Vanitchka et sur Liova qui sont malades ? [20]. Tout le jour, je me suis évertuée à distraire Vania. Le soir, le docteur Filatov n'a trouvé aucune complication ni dans les poumons, ni dans la gorge et aucune dilatation de la rate. La grippe et rien d'autre. Je suis allée chercher Sacha chez les Glébovii où elle a pris sa première leçon de danse. Le soir, mon frère est venue avec sa femme ; cette dernière est triste et maigre. Plus tard, j'ai fait les cartes pour Macha et Micha Olsoufiev. Pour ce dernier, la mort est sortie. Cela m'a fait une profonde impression et j'ai eu peur pour Tania et Léon

Nikolaïévitch. Pourvu qu'ils reviennent bientôt ! Comme j'aimerais Liovotchka s'il était un peu meilleur pour moi, plus attentif à l'égard des enfants, des garçons.

Liova est légèrement capricieux, mais aujourd'hui, pour la première fois, il m'a paru un peu plus frais. Macha me fait peine. Le désir qu'elle a de se rendre utile est agréable.

16 et 17 janvier.

Vania est toujours dans le même état. Il a de la fièvre depuis midi jusqu'à le nuit. Bien qu'il soit toujours aussi enrhumé, il tousse moins. Sacha aussi a le rhume. Les visites que m'a faites Stakhovitch hier et aujourd'hui ne m'ont pas distraite. Nous avons eu aussi hier soir la visite de Macha Kolokoltzéva dont la cordiale sympathie et la sincère amitié me sont bien agréables. Je suis très fatiguée par la maladie de Vanitchka [6]. Je me sens faible, chaque mouvement provoque des suffocations. Andrioucha se plaint d'avoir mal au ventre ; Micha partage la chambre de Liova. Macha fait preuve de beaucoup de douceur et de gentillesse, elle m'est d'un grand secours.

Tempête de neige, le vent rugit. — 6°. Léon Nikolaïévitch et Tania ont promis de revenir demain de chez Olsoufiev. Je lis *les Rois*. Jusqu'ici, c'est intéressant. Cousu tout le jour en tenant compagnie à Vania. Je vis dans l'oisiveté et la tristesse.

18 janvier.

Je me rappelle toujours que c'est aujourd'hui l'anniversaire du décès de mon fils Aliocha. Voilà neuf ans qu'il est mort. Je me suis levée à 6 heures du matin pour donner à Vania de la quinine et à 8 heures et demie pour mesurer sa température : 36,7. Puis je me suis recouchée et rendormie. Levée tard. Douleurs dans la tempe. Allée acheter de la toile, des bas, du fil, tout l'indispensable [7]. Après dîner, Micha au violon et moi au piano avons joué une sonate de Mozart, puis du Schubert. C'est dommage que je déchiffre mal ! Micha était très en train et j'ai regretté de devoir l'arracher à la musique pour l'envoyer travailler avec son répétiteur. Andrioucha a mal au ventre. Il me déplaît par sa paresse et sa faiblesse de volonté.
Léon Nikolaïévitch et Tania sont rentrés de chez Olsoufiev. Notre revoir, après cette séparation de dix-huit jours, n'a pas été joyeux comme naguère. Tania a pris un ton méchant et sévère ; quant à Liovotchka, il est d'une complète indifférence. Ils ont vécu là-bas gaiement et sans soucis ; ils ont fait des visites, Léon Nikolaïévitch a même joué au vint et fait de la musique à quatre mains. A l'abri des regards de ses disciples, il a pu mener une vie simple, reprendre haleine et descendre de ces échasses sur lesquelles il grimpe en présence des obscurs. Ce matin, un entretien avec miss Spiers à qui j'ai reproché d'être inutile. Elle est déplaisante et n'aime pas les enfants. Il faudra que je me sépare d'elle. Il n'y a plus de bonnes gouvernantes, maintenant. Tout est triste !

19 janvier 1895.

[16] Levée plus tôt : je me suis occupée de Vania. Il a dessiné d'après nature et à son idée de petites corbeilles et moi, j'ai essayé de faire une aquarelle de notre jardin. Ce que j'ai fait est affreux. Quel regret de n'avoir rien étudié à fond ! J'ai lu *les Rois*, très mauvais. Déjeuner agréable en famille. Je ne sais pas vivre seule, j'ai l'habitude d'avoir auprès de moi Liovotchka et les enfants et quand je reste seule avec les petits, je m'ennuie.

Après dîner, je me suis occupée des comptes et des affaires de notre propriété sise dans le gouvernement de Samara. Goltzev est auprès de Léon Nikolaïévitch à qui il donne lecture de l'adresse de Tver et de la pétition présentée au nouveau tsar. Dounaïev est ici aussi. Vania continue à se mal porter et à avoir de la fièvre, chaque après-midi vers 3 heures. Temps clair, — 6°, nuits de lune. Comme c'est bon ! Et moi, je suis triste et mon âme sommeille !

20 janvier.

Vanitchka va très mal, une forte fièvre. Je suis allée dans la soirée consulter le médecin qui a prescrit d'augmenter les doses de quinine. Liovotchka est mécontent que je sois allée prendre conseil du docteur et lui-même ne sait évidemment que faire. Il est plein de courage et d'entrain, a puisé de l'eau dans le puits, a écrit. Le soir, il a lu. Il vient de partir chez Serge Nikolaïévitch. Journées claires, nuits de lune.

J'ai l'âme terriblement lourde,... quelque chose d'insupportable.

26 janvier.

Tous ces jours-ci, Vanitchka a eu de la fièvre. Le voir est pour moi un vrai supplice moral et physique. Aujourd'hui, il va un peu mieux, mais il a pris, en deux fois, double dose de quinine. Je suis sortie et ai acheté de la musique, des jouets, du fromage, des œufs frais, etc. Passé quelques instants auprès de Vania et, après dîner, j'ai joué à quatre mains avec Léon Nikolaïévitch. Choisi pour Sacha et Nadia Martinovi un morceau qu'ils joueront à la soirée enfantine projetée. Quand tout le monde fut parti, Liova m'a entretenue de son projet de construire une maison dans la cour et m'a réclamé de l'argent sur un ton désagréable. J'ai refusé et il n'a pas tardé à redevenir amical. Macha et moi avons corrigé les épreuves d'un conte de Léon Nikolaïévitch intitulé *Maître et serviteur*. Je regrette qu'il l'ait donné au *Séviernii Viestnik*. Si on l'avait publié gratuitement dans le *Posriednik*, chacun, moyennant 20 kopecks, aurait pu acheter et lire la nouvelle de Tolstoï. Tandis que, pour la lire, le lecteur devra débourser 13 roubles. Je ne partage pas les idées de mon mari parce qu'il n'est ni droit, ni sincère. Tout en lui est feinte, mensonge, affectation. Le fond est mauvais et ce qui est plus grave, toujours la vanité, une inassouvissable soif de gloire et un irrésistible besoin d'étendre indéfiniment sa popularité. Nul ne me croira, j'ai moi-même peine à le constater, mais j'en souffre alors que les autres ne s'en aperçoivent pas. D'ailleurs cela leur est bien égal.

Il est 2 heures du matin. Liovotchka est parti pour assister à une conférence qu'a organisée le prince D. Chakhovskoï, je ne sais sur quel sujet. Toutes les lampes brûlent ; le valet de chambre attend. J'ai préparé pour Léon Nikolaïévitch une semoule d'avoine, collé les bonnes feuilles tandis qu'eux bavardent là-bas. Demain, je me lèverai à 8 heures pour mesurer la température de Vanitchka, lui donner de la quinine et, pendant ce temps-là, Léon Nikolaïévitch dormira. Ensuite, il ira puiser de l'eau sans s'informer si l'enfant va mieux et si la mère n'est pas trop fatiguée. Ah ! combien peu de bonté il nous témoigne à nous, à la famille. Il n'a à notre endroit que sévérité et indifférence. Ceux qui écriront sa biographie narreront qu'il est allé puiser de l'eau à la place du dvornik, mais nul ne saura qu'il n'a jamais donné à sa femme une minute de répit, à son fils une goutte d'eau, qu'au cours de trente-deux ans, il n'a pas passé cinq minutes auprès d'un malade afin de me permettre de me reposer, de dormir mon content, de me promener ou simplement de me remettre de mes fatigues.

— 11°, le givre, le silence, la lune.

1er février.

Voilà trois jours que Vanitchka n'a plus de fièvre. Depuis quatre jours, je lui donne après chaque repas cinq à six

gouttes d'arsenic. J'ai le cœur plus léger. Liova continue à ne pas me donner de joies. Avec Léon Nikolaïévitch, mes relations sont bonnes et passionnées [25].
Ces jours derniers, je l'ai mesuré, il a 1 m. 75.
Après un froid de — 25°, la température a remonté jusqu'à 5°. Aujourd'hui, il n'y a qu'un et demi. Ma santé est mauvaise : des suffocations, des battements de cœur qui ne me laissent aucun répit. Dès que je presse le pas, le nombre de mes pulsations passe, en cinq minutes, de soixante-quatre à cent vingt.
J'ai lu *De l'Espace et du Temps* de Tchitchérine. Livre ennuyeux et dépourvu de tout talent. Je suis allée hier au lycée Polivanov, car on s'était plaint des espiègleries et de la mauvaise conduite de Micha pendant les cours. Écrit à Kandidov et au régisseur.

5 février.

Ai-je mauvais caractère ou du bon sens ? Léon Nikolaïévitch a écrit un conte magnifique, *Maître et Serviteur*. Gourévitch, une demi-juive intrigante, en usant de flatterie, parvient toujours à obtenir de Léon Nikolaïévitch telle ou telle œuvre pour la publier dans son journal. Or Léon Nikolaïévitch a renoncé à tout droit d'auteur. Dans ces conditions, ses œuvres devraient paraître dans des éditions à bon marché comme celle du *Posriednik*. Alors, j'aurais compris, j'aurais approuvé. Mais il me les a refusées pour le treizième tome afin que je n'en puisse tirer aucun argent. En ce cas, pourquoi les donne-t-il à Gourévitch ? Cela m'irrite, je cherche le moyen de bien agir envers le public et non à plaire à Gourévitch, à qui j'en veux, et ce moyen je le trouverai.

Un jour, Léon Nikolaïévitch m'avait apporté pour ma fête *la Mort d'Ivan Iliitch* qui devait faire partie de la nouvelle édition. Plus tard, il m'a repris cette nouvelle pour la faire imprimer en sorte qu'elle est tombée dans le domaine public. Alors, je me suis fâchée et ai pleuré. Pourquoi Léon Nikolaïévitch manque-t-il toujours de délicatesse envers moi ? Comme tout, tout est devenu triste ! Macha est allée voir hier le docteur Kojevnikov qui lui a parlé en termes peu rassurants de la maladie de Liova. J'ai reproché aujourd'hui à Andrioucha d'avoir menti avant-hier à son père et à moi en nous promettant de rentrer à la maison alors qu'il est allé chez les tziganes avec Kleinmikhel et Sévertzov. Dans son excitation, Andrioucha a expliqué que s'il avait menti à son père c'était parce que celui-ci, pendant une année entière, ne lui avait adressé la parole, que pour lui dire : « rentre à la maison » ; il a ajouté que son père ne se souciait aucunement de lui et ne l'avait jamais aidé en rien. Ces reproches sont tristes à entendre, mais ils renferment beaucoup de vérité.

Nous avons eu la visite de Mamonov, de la comtesse Kapnist, maigre, fort gentille, inquiète des troubles universitaires. Liovotchka tousse et corrige les épreuves de *Maître et Serviteur*. Les camarades de Micha se sont réunis hier soir. S. H. Martinova nous a lu le *Faust* de Tourguéniev.

Je me suis rappelée Tourguéniev, son séjour au printemps à Iasnaïa Poliana, la chasse à la bécasse. Liovotchka était au pied d'un arbre. Tourguéniev et moi au pied d'un autre. Comme je demandais à ce dernier pourquoi il n'écrivait plus, il s'est incliné, a jeté un coup d'œil autour de lui et d'un ton mi-plaisant : « Je crois que les arbres de la forêt seront seuls à nous entendre. Voici, mon âme (dans sa vieillesse, il disait à tout le monde « mon âme »), pour écrire, il a toujours fallu que je sois en proie au délire amoureux et, maintenant, c'est impossible. — C'est dommage, répondis-je en riant, si vous tombiez amoureux de moi, peut-être pourriez-vous écrire ! — Non, c'est trop tard. »
Il était fort gai, dansait le soir avec mes filles et nièces une danse dans le genre du cancan parisien, discutait amicalement avec Léon Nikolaïévitch et feu Ourousov. Il demandait toujours que l'on fît pour le dîner du bouillon de poule à la semoule ainsi que des pâtés à la viande et à l'oignon, disant que les cuisiniers russes étaient seuls à savoir les préparer. A tous, il témoignait tendresse et douceur. « Comme vous avez bien fait d'épouser votre femme ! » disait-il à mon mari. Il ne cessait d'insister auprès de Léon Nikolaïévitch pour que celui-ci se remît à son travail artistique et parlait avec chaleur de la noblesse de son talent. Il m'est difficile de tout me rappeler maintenant et je regrette d'avoir si peu écrit dans ma vie. Nul ne m'a dit qu'il importait que je le fisse et longtemps, j'ai vécu dans une puérile ignorance.
Aujourd'hui, lu dans le *Novoïé Vrémia* l'émouvante

nouvelle de la mort de Mary Ourousov qui n'avait que vingt-cinq ans. Il y avait en elle quelque chose de spécial, elle était artiste, musicienne, tendre. Son âme a rejoint celle de son père. Elle n'a pas pu supporter la rudesse de sa mère. Pauvre petite !

21 février 1895.

J'ai vécu et je vis encore une période pénible ; je ne suis pas d'humeur à écrire. C'est triste, c'est terrible, car je vois avec netteté qu'à partir de ce moment, je commence à décliner. Je n'ai pas pitié de moi et l'idée du suicide me hante toujours davantage. Dieu me préserve de commettre un si grave péché ! Aujourd'hui, pour un peu, je me serais enfuie de la maison. Certes, je suis malade, je ne me domine pas, mais mes souffrances sont devenues si aiguës et toutes proviennent d'une unique cause : le peu d'amour de Léon Nikolaïévitch pour moi et pour les enfants. Il y a d'heureux vieillards qui d'une vie amoureuse, semblable à celle que nous avons vécue pendant trente-trois ans, passent à des relations amicales. Tandis que nous ! Chez moi, des soubresauts de tendresse et d'amour sentimental et stupide pour lui. Quand j'étais malade, il m'a apporté deux pommes magnifiques dont j'ai planté les pépins en souvenir de ce geste de tendresse. Verrai-je des pousses sortir de ces graines ?

Oui, j'aurais voulu narrer cette triste *histoire*. C'est moi qui suis coupable, certes, mais *comment* ai-je été mise dans cette situation ? Que mes enfants ne me jugent pas, car nul ne saura jamais se débrouiller et s'y reconnaître dans nos relations conjugales. Si, malgré les apparences de bonheur, je veux en finir avec la vie et si je l'ai tant de fois voulu, est-ce sans raison ? Si l'on savait combien sont douloureux ces soubresauts d'un amour qui n'a jamais reçu d'autre satisfaction qu'une satisfaction charnelle et qui s'est épuisé dans ces secousses. Combien plus douloureux encore d'avoir, dans les derniers jours de son existence, la conviction que votre amour n'a jamais été partagé et que l'homme à qui on l'avait voué ne vous a donné en échange que rudesse et vous condamne impitoyablement.

Voici l'histoire : La nouvelle *Maître et Serviteur* m'a beaucoup tourmentée ainsi qu'on peut le voir dans les pages précédentes de mon journal. Pourtant, j'ai pris sur moi et ai aidé de mon mieux Léon Nikolaïévitch à corriger les épreuves. Lorsque tout fut terminé, je lui demandai l'autorisation de copier ce récit et de le publier dans le treizième tome de ses œuvres complètes.

Je me proposais de le copier la nuit afin de n'en pas retarder l'expédition à Petersbourg. Liovotchka s'est fâché, je ne sais pourquoi, m'a répondu qu'on nous enverrait d'autres épreuves et a protesté énergiquement contre mon intention de copier le récit alléguant que c'était folie. J'étais tourmentée à l'idée que seule le *Séviernii Viestnik* aurait le privilège de cette publication. Les paroles de Storojenko me revinrent à la mémoire : « Gourévitch (l'éditrice) a su ensorceler le comte », c'est-à-dire qu'en un an, elle a obtenu de lui deux articles. C'est pourquoi je résolus d'obtenir à tout prix que *Maître et Serviteur* fût publié simultanément dans le *Posriednik* et dans les œuvres complètes. Nous étions tous deux excités et fâchés. L'emportement de Léon Nikolaïévitch était tel qu'il courut en haut, s'habilla et déclara qu'il quittait la maison pour toujours et ne reviendrait pas.

Sentant que je n'étais coupable que d'avoir voulu copier la nouvelle, l'idée me traversa l'esprit que ce n'était là qu'un prétexte et que Léon Nikolaïévitch avait quelque raison plus sérieuse de me quitter. Je pensai tout d'abord qu'il s'agissait d'une femme. Je perdis sur moi tout contrôle et, afin de ne pas le laisser partir le premier, je me précipitai dans la rue et me mis à courir. Il me courut après. J'étais en robe de chambre, lui en pantalon et en gilet, sans blouse. Il me pria de rentrer, mais je n'avais qu'une seule idée : périr, périr d'une manière ou d'une autre. Je me souviens que je sanglotais et criais que tout m'était indifférent, qu'on pouvait même me conduire au commissariat ou dans un asile d'aliénés. Liovotchka me traînait. Je tombai dans la neige. J'étais pieds nus et en pantoufles ; j'avais passé ma robe de chambre sur ma chemise de nuit [25].

Nous nous sommes un peu calmés. — Le lendemain matin, je lui ai de nouveau aidé à corriger les épreuves pour le *Séviernii Viestnik*. Après dîner, lorsqu'il eut terminé le travail et comme il se disposait à aller dormir, je lui réitérai ma demande : « Puis-je prendre maintenant les épreuves et copier ? » Il était étendu sur le divan. A ces mots, il bondit sur ses pieds et, avec une expression méchante, me refusa cette autorisation sans m'expliquer pourquoi. (Encore

maintenant, j'en ignore les raisons.) Sans me fâcher, je le suppliai de m'accorder ce que je lui demandais. J'avais des larmes dans les yeux et dans la voix. Je lui promis de ne pas publier le livre sans sa permission et le priai seulement de me laisser copier le récit. Son refus n'était pas catégorique, mais sa méchanceté m'avait stupéfiée. Je ne pouvais plus rien comprendre. Pourquoi les intérêts de Gourévitch et de son journal lui sont-ils si à cœur qu'il ne peut pas m'autoriser à publier aussi ce récit en supplément du treizième tome et dans l'édition du *Posriednik* ?
Un sentiment de jalousie, d'irritation, d'amertume que Léon Nikolaïévitch ne fasse *jamais rien pour moi*, qu'il me donne si peu d'amour en échange du sentiment que j'ai pour lui, tout cela s'est mué en un affreux désespoir. J'ai jeté les épreuves sur la table, ai mis ma pelisse, des galoches, mon chapeau et ai quitté la maison. Pour mon malheur ou non, Macha ayant remarqué mon visage défait m'a suivie. Tout d'abord, je ne le remarquai pas, c'est seulement plus tard que je le vis. Je me dirigeais vers le Couvent de la Vierge, car je voulais périr quelque part dans les Monts des Moineaux, dans la forêt. Dans la nouvelle, la mort de Vasilii Andréévitch m'avait plu et je voulais périr de la même façon. Rien ne m'était plus, plus ne m'était rien. Toute ma vie, j'ai misé sur une seule carte, — sur mon amour pour mon mari, — à ce jeu, j'avais perdu et il ne me restait plus aucune raison de vivre. Je n'avais pas la moindre pitié pour les enfants. J'ai toujours senti que ce sont les parents qui aiment leurs enfants et non les enfants qui aiment les parents, aussi pouvaient-ils vivre sans moi. Macha ne me

perdit pas de vue un seul instant et me ramena à la maison. Je passai deux jours dans le désespoir et, de nouveau, je tentai de m'enfuir : je pris dans la rue une voiture de louage qui me conduisit à la gare de Koursk. Comment les miens purent-ils deviner que c'était précisément là que j'allais ? Je l'ignore. Le fait est que Serge et Macha me rejoignirent et, une fois encore, me ramenèrent à la maison. En rentrant, j'éprouvais chaque fois un sentiment de malaise et de honte. La veille au soir (c'était le 7 février), je fus très malade. Tous mes sentiments s'exaspérèrent. Il me semblait que celui que touchait la main de Léon Nikolaïévitch était condamné à périr. Je fus prise d'une maladive pitié pour Khokhlov tombé en démence et, par mes prières, j'aurais voulu soustraire tout le monde à l'influence de Léon Nikolaïévitch. Maintenant encore, je sens que c'est mon amour pour lui qui me conduit à ma perte, à la perte de mon âme. Si je me libère de cet amour, je serai sauvée, sinon je périrai d'une manière ou d'une autre. Il m'a tuée, je ne vis plus.

Lorsque j'eus longtemps pleuré, il entra dans ma chambre, s'agenouilla, se prosterna jusqu'à terre et me pria de lui pardonner. S'il conservait pour quelque temps une goutte de cet amour que j'ai senti en lui à ce moment, — je pourrais encore être heureuse.

Après avoir mis mon âme à la torture, ils ont appelé les médecins. C'est comique, mais chacun m'a prescrit des remèdes selon sa spécialité. Le médecin des maladies nerveuses m'a prescrit du brome, le médecin des maladies internes m'a donné de l'eau de Vichy et des gouttes. Enfin le gynécologue a parlé en termes cyniques de l'âge critique et a ordonné son remède à lui. Je n'ai pris aucun médicament et ne vais pas mieux. En courant dans la rue, à peine vêtue, par une température de — 16°, j'ai eu froid jusqu'à la moelle des os et j'ai mis mes nerfs à rude épreuve |15]. Aussi suis-je tout à fait malade. Mes filles ont craint pour moi, Micha sanglotait, Andrioucha est allé confier sa peine à Ilia ; Sacha et Vania étaient très agités. Liovotchka était tourmenté, mais c'est Serge qui a été le plus gentil de tous, il m'a entourée d'une tendresse calme, sans l'ombre de sévérité. En toi, Liovotchka, qui est chrétien, j'ai vu plus de sévérité que de pitié et d'amour. Et toute l'histoire a pour cause unique l'amour sans bornes que j'ai pour lui. Il me croit poussée par la *méchanceté* et ne sait pas que ce n'est pas à ce sentiment que j'obéis, mais à d'autres raisons. Que faire puisque Dieu m'a donné une nature si inquiète et si passionnée ?

Ma belle-sœur, Maria Nikolaïevna a été aussi très bonne et très tendre ; elle m'a assuré que, dans mon affolement, je n'avais dit que la vérité, mais que j'avais exagéré. Oui, mais cet affolement est inexcusable et irréparable.

Nous vivons en paix de nouveau. Liova est parti à la maison de repos du docteur Ogranovitch et n'écrit pas un mot. Il est maladivement hostile à toute la famille et ne veut pas avoir affaire à nous. Peut-être est-ce mieux pour sa santé nerveuse. J'ai reçu hier la visite d'un docteur de ce sanatorium qui m'a rassurée. Dieu veuille que je ne voie mourir aucun de mes enfants ! Puisse-t-il me rappeler à lui avant eux, là où l'amour ne sera plus un tourment, mais une joie.

Et le *Posriednik* et moi avons obtenu *Maître et Serviteur*, mais à quel prix !

Je corrige les épreuves et suis avec attendrissement ce travail artistique si subtil. Souvent des larmes de joie me montent aux yeux.

22 février 1895. Matin.

Vanitchka est retombé malade hier. Le docteur Filatov est venu et a diagnostiqué la scarlatine. Aujourd'hui, l'éruption est apparue. L'enfant a mal à la gorge et la diarrhée.

23 février 1895.

Mon charmant petit Vanitchka est mort cette nuit à 11 heures. Mon Dieu, et je suis encore en vie !

- Deuxième trimestre
- Troisième trimestre
- Quatrième trimestre

1er juin 1897.

Mon petit Vanitchka est mort le 23 février, il y a deux ans. Depuis lors, j'ai fermé mon journal de même que j'ai clos mon cœur et ma vie, étouffé ma sensibilité et perdu toute joie de vivre. Depuis que j'ai perdu cet enfant, je ne suis pas encore revenue à moi, mais ma complète solitude morale a réveillé dans mon âme le désir d'écrire mon journal. Je veux esquisser ici le tableau de ces derniers temps, surtout de ma vie conjugale. Je me bornerai à noter les faits et attendrai d'être mieux disposée pour narrer les événements des deux années qui se sont écoulées dans l'intervalle et qui ont été si importants pour ma vie intime.
C'est le jour de la Trinité. Temps clair et beau ! Ce matin, j'ai accompagné Tania et Serge à Moscou pour le mariage de Macha qui aura lieu demain. Puis j'ai lu les épreuves du douzième tome de la nouvelle édition publiée par mes soins. Léon Nikolaïévitch écrit un article sur l'art, je ne le vois pas le matin avant le repas. Nous avons déjeuné à 2 heures. A 3 heures, Léon Nikolaïévitch m'a appelée pour une promenade à cheval. J'ai refusé et ensuite j'ai regretté ce refus. Il m'a paru pénible de rester seule à la maison. Nous sommes partis à trois (Dounaïev était le troisième) à Zassiéka où nous avons visité de forts jolis endroits. Nous avons visité aussi des mines d'où une société belge extrait actuellement le minerai, puis un endroit délaissé connu sous le nom de « Royaume de la Mort ». Nous sommes

descendus dans des ravins dont nous avons ensuite remonté les pentes. Léon Nikolaïévitch était très tendre et aux petits soins pour moi, — cela m'a touchée et attendrie. Jadis, une telle attitude de sa part m'eût causé un immense bonheur, — mais aujourd'hui que son journal m'a révélé ses véritables sentiments pour moi, — je suis seulement émue de la bonté de ce vieillard, mais jamais plus, je ne m'abandonnerai à ces accès de joie ou de désespoir auxquels je m'abandonnais parce que je l'aimais, avant d'avoir lu son journal. J'écrirai un jour ce qui est arrivé avec son journal, je narrerai cette histoire qui a bouleversé toute ma vie sentimentale.

Notre promenade, qui a duré trois heures et demie, a été très agréable. En rentrant, nous avons rencontré A. A. Zinoviev. Léon Nikolaïévitch a donné lecture à ses hôtes d'une lettre allemande. De nouveau, j'ai corrigé des épreuves. Andrioucha est arrivé et, hélas ! il est allé avec Micha à la fête du village. Sonia Kolokolzéva est venue voir Sacha et toutes deux sont allées se promener avec Mlle Aubert.

2 juin.

Toujours la même chose ! Le matin, corrigé des épreuves, le soir, promenade avec Léon Nikolaïévitch, Dounaïev et Maklakov. Dounaïev a parlé tout le temps d'une voix très forte, de l'importation et de l'exportation des marchandises. Un beau coucher de soleil [11]. De bonnes pensées me sont venues à l'esprit et je me suis rappelé les temps heureux.

Maintenant, notre existence est troublée. Léon Nikolaïévitch me fait peur et cela au sens le plus direct de ce mot : il maigrit, pâlit et en outre cette maladive jalousie. Suis-je coupable ? Je ne sais. Quand je me suis rapprochée de Tanéïev, j'ai pensé qu'il serait bon pour moi d'avoir, dans ma vieillesse, un ami tel que lui, serein, bon, plein de talent. J'aimais les relations qu'il entretenait avec les Maslovii et j'aurais voulu en avoir de semblables avec lui… Qu'en est-il advenu ?
Zinoviev, Féré et sa femme sont venus le soir. En se rendant à Kozlovka, Sacha a rencontré miss Welsh. La lune, l'humidité, le froid et une telle nostalgie !

3 juin.

Visite de Macha et de Kolia qui sont mariés. Tanéiev et Tourkine, qui fait travailler Micha, sont venus aussi. Le supplice que j'éprouve à l'idée des désagréments qu'entraînera l'arrivée de Tanéïev a étouffé en moi tout autre sentiment. Macha me fait peine, j'ai de la tendresse pour elle. Certes, je l'aimerai et l'aiderai dans la mesure de mes forces. Kolia me fait toujours l'impression d'un brave garçon, mais aussitôt que je vois en lui le mari de ma fille, je cesse d'éprouver à son égard de bons sentiments. Il ne peut être ni un soutien, ni un appui dans la vie. Enfin, nous verrons. La puissance de mon mari m'a brisée et anéanti ma personnalité et ma vie. Et pourtant, n'étais-je pas forte, manquais-je d'énergie ? Maintenant, la paix règne dans mon âme, mais la jalousie maladive qu'a manifestée Léon Nikolaïévitch à la nouvelle de l'arrivée de Tanéïev m'a fait beaucoup de mal et m'a remplie d'effroi. Je ne puis voir souffrir Liovotchka. Mais moi...

4 juin.

Ce matin, entretien pénible avec Léon Nikolaïévitch au sujet de S. I. Tanéïev. Toujours la même insupportable jalousie. Des spasmes dans la gorge, d'amers reproches à un mari qui souffre et tout le jour une mortelle angoisse. Lu les épreuves de *la Puissance des Ténèbres*. C'est une œuvre d'art sincère, magnifique, parfaite. En allant me baigner, j'ai rencontré Tanéïev et me suis rappelé avec regret les joyeuses et quotidiennes rencontres de l'année dernière. Après dîner, il a joué à Tania ses romances. J'aime sa musique et son caractère calme, bon, généreux. Ensuite, j'ai copié l'étude de Léon Nikolaïévitch sur l'art. Avec une grande bonté, mon mari est venu me chercher et nous avons fait ensemble une excellente promenade. Pénible scène d'Andrioucha pour des questions d'argent. Il a pleuré et j'ai eu pitié de lui. Mais sa faiblesse, son peu de virilité me sont désagréables.
Tanéïev a joué deux romances sans paroles de Mendelssohn qui m'ont bouleversée. Copié pour Léon Nikolaïévitch jusqu'à ce que j'aille me coucher.
Macha et Kolia sont venus. Ils sont maigres et font peine à voir. J'aime Tania qui est très gentille. Qui donc a hérité de

toute mon énergie ?

5 juin.

Serge Ivanovitch est parti aujourd'hui, mon mari a recouvré calme et gaieté. Moi aussi, je suis calme parce que j'ai vu Tanéïev. Si mon mari exige que je rompe toute relation avec Serge Ivanovitch c'est uniquement parce qu'il souffre. Mais pour moi, rompre ces relations sera une souffrance. Je me sens si peu coupable et j'éprouve une joie si sereine de ces relations pures et simples avec un être que je ne puis tuer dans mon cœur, de même que je ne puis m'empêcher de regarder, de respirer, de penser. Ce matin, j'ai corrigé des épreuves et attendu sur le balcon Serge Ivanovitch pour prendre le café. Il est arrivé juste au moment où j'allais au jardin, sous la tonnelle, pour causer avec Vanitchka et lui demander si mon sentiment pour Serge Ivanovitch était coupable. Aujourd'hui, Vanitchka, évidemment parce qu'il a pitié de son père, m'a éloignée de Serge Ivanovitch. Pourtant je sais qu'il ne me condamne pas et ne veut pas me priver de Serge Ivanovitch puisqu'il me l'a envoyé.
Plus tard, je suis allée me baigner avec Maria Vasilievna. Ma santé et la légèreté avec laquelle j'ai marché me font peur. Après dîner, Léon Nikolaïévitch, Serge Ivanovitch, Tourkine et moi sommes allés nous promener ; j'ai fait un bouquet magnifique. Léon Nikolaïévitch, avec talent et chaleur, a exposé à Serge Ivanovitch ses idées sur l'art et cela n'a pas laissé de m'étonner après cette scène de

méchante jalousie. Je regrette de n'avoir point corrigé la traduction que j'avais donnée à faire à Sacha. Visite de Viéra et de Macha Tolstoï. Travaillé toute la soirée, relu d'abord les épreuves avec Maria Vasilievna et copié durant trois heures les articles de Léon Nikolaïévitch sur *l'art*.

A la maison, peu d'animation, peu de monde. Je m'ennuie en l'absence de Serge Ivanovitch.

6 juin.

Cette nuit, des douleurs dans le dos, la tête et une intolérable tristesse m'ont tenue éveillée [10]. Je suis allée me baigner avec Tania, Viéra et Macha Tolstoï. Aujourd'hui, pas d'épreuves à corriger, j'ai passé tout mon temps à copier pour Léon Nikolaïévitch. Cet article m'intéresse beaucoup et m'incite à réfléchir.

Tout le monde est parti pour Ovsiannikovo, je reste seule à la maison avec Léon Nikolaïévitch. Je me disposais à monter pour écrire et lui à passer dans son bureau, mais nous sommes restés ensemble et avons parlé de Macha qui a perdu les sentiments religieux qui naguère l'aidaient à vivre. Léon Nikolaïévitch a dit que les sentiments religieux avaient transformé toute son existence. Je lui ai répondu que cela était peut-être vrai de sa vie intérieure, mais ne l'était pas le moins du monde de sa vie extérieure. Il s'est fâché, s'est mis à crier qu'auparavant, il chassait, gérait les domaines, instruisait les enfants, amassait de l'argent et qu'aujourd'hui, il avait renoncé à tout cela. J'ai répliqué que c'était bien dommage, qu'autrefois, il travaillait dans l'intérêt de la famille et du pays, qu'il avait amélioré et emplanté beaucoup de terres, qu'il m'avait aidée en s'occupant des enfants et en gagnant de l'argent, tandis que maintenant, sans que rien soit changé dans sa vie extérieure : mêmes chambres, même nourriture, même entourage, il allait se promener à bicyclette ou à cheval dès qu'il avait fini son travail (ainsi avait-il fait tous ces jours derniers), montait tantôt un cheval, tantôt un autre, selon son bon plaisir, se nourrissait très bien et non seulement ne s'occupait pas des enfants, mais allait même souvent jusqu'à oublier leur existence. Ces mots l'ont fait tressaillir. C'est la cruelle vérité. Je ne devrais pas la lui rappeler, mais le laisser se consoler et se reposer dans sa vieillesse. Mais il me reproche de lui avoir gâté toute sa vie alors que je n'ai vécu que pour lui et les enfants et je ne puis le supporter.

Depuis longtemps, je n'avais pas éprouvé un tel déchirement intime ; je me suis enfuie hors de la maison ; je voulais me tuer, partir, mourir, tout plutôt que de souffrir moralement. Comme j'eusse été heureuse de couler des jours paisibles, de vivre amicalement avec un homme bon et serein, de n'avoir point à supporter des scènes de folle jalousie comme avant-hier, ni de cruels reproches comme aujourd'hui. Le ciel est si clair, le temps d'une si resplendissante beauté ! Tout est calme. La nature est riche, pleine de sève, claire et d'une telle exubérance qu'auprès d'elle l'homme se sent misérable avec toutes ses passions et sa tristesse.

Le soir, nous nous sommes réconciliés, sans explication. Au

crépuscule, je suis allée me baigner et Léon Nikolaïévitch est venu me rejoindre en voiture et m'a dit avec bonté qu'il était temps que nous cessions de nous aimer et de nous quereller aussi passionnément et aussi violemment. Amour et querelles, — ai-je répondu, — découlent de la même et unique source [20]. Jamais nous ne parviendrons à une amitié calme, tendre, profonde. — Je suis revenue seule par la forêt en priant et en pleurant. J'ai pleuré sur Vanitchka et sur ces liens sacrés, — uniques dans ma vie, — sur le profond amour dont nous nous aimions l'un l'autre. Jamais personne ne m'aimera ainsi ; je suis l'objet d'une passion sensuelle et jalouse qui exige que j'exclue de mon cœur tout autre attachement.

7 juin 1897.

Aujourd'hui, pour la première fois, je sens la beauté de la nature et mon sentiment pour elle est pur, c'est-à-dire qu'il n'est mélangé, ni du souvenir, ni du regret de ceux avec qui et par qui j'ai aimé cette magnifique nature de Iasnaïa Poliana. [144].
Ce matin, beaucoup copié pour Léon Nikolaïévitch ; donné une leçon à Sacha, c'est un plaisir de la faire travailler ; avec moi elle est gentille, mais avec les autres, son caractère devient insupportable ; elle bat sa gouvernante, les bonnes, Maria Vasilievna et quiconque lui tombe sous la main [30].
Ce matin, nous sommes allés en bande nous baigner ; j'ai

copié. Ce soir, j'ai de nouveau pris un bain, coupé les branches le long des allées, attaché les tilleuls et les rosiers et passé la journée dans le calme et la solitude.
Léon Nikolaïévitch est calme lui aussi ; il a écrit, fait une promenade à bicyclette, puis est parti à cheval pour Ovsiannikovo, mais, chemin faisant, il a rencontré Macha et Kolia et n'est pas allé jusque-là. Le soir, il a pris plaisir à regarder les reproductions des tableaux du Salon que reçoit Tania. Cette dernière est partie pour Kozlovka avec Maria Vasiliévna. Micha est allé à cheval chez son camarade Kouléchov.
Un orage sans pluie, la chaleur. Le soir, quelques ondées.
J'ai une envie terrible d'entendre de la musique. Je voudrais jouer moi-même, mais n'en ai jamais le temps. Aujourd'hui, pourtant, j'ai joué deux romances sans paroles de Mendelssohn. O ces romances, surtout l'une d'elles, comme elles sont profondément gravées dans mon cœur !

8 juin 1897.

Je fais de grands efforts pour reprendre courage et j'y réussis. Si je ne recouvre pas la joie, du moins me remettrai-je au travail. Ce matin, après avoir corrigé des épreuves, je suis allée me baigner. J'ai mis pour dîner (pour qui et pourquoi ? simplement pour ne pas me laisser aller) une robe blanche et, après le repas, je suis allée regarder les joueurs de tennis. Quel vide ! Ni Tchertkov, ni Tanéïev. J'ai coupé les branches sèches dans la roseraie, fait un bouquet pour Léon Nikolaïévitch, puis me suis remise à la correction des épreuves. Le soir, après être allée en voiture me baigner, j'ai fait des comptes, vérifié les tables des matières de la nouvelle édition, puis corrigé d'autres bonnes feuilles. Il est 2 heures du matin. Temps doux, clair, chaud, magnifique. Tania reprend courage elle aussi. La pauvre voudrait tant un bel amour : l'amour d'un mari qui serait aussi un ami, l'amour d'enfants qui seraient à elle. Certes, l'amour des enfants donne une joie meilleure, plus pure, tandis que l'amour du mari donne des joies mi-pures, illusoires...

Hier je me suis couchée de très bonne humeur, j'étais calme, sereine et me suis mise à causer amicalement avec Léon Nikolaïévitch. Il m'a répondu de bonne grâce et avec douceur. « Comme ta voix est agréable, féminine, aujourd'hui, m'a-t-il dit, je n'aime pas que tu cries ». Soudain, la tristesse m'a envahie. J'ai compris que toute cette tendresse provenait toujours et toujours de la même cause [38]. Hélas ! aujourd'hui déjà, il aura cessé d'être tendre ! Corrigé les épreuves de la *Sonate à Kreutzer* et éprouvé de nouveau le même sentiment pénible ; que de cynisme dans cet étalage des mauvais côtés de l'être humain. Pozdnichev déclare à chaque instant : nous nous sommes abandonnés aux passions bestiales, nous avons éprouvé la satiété. Partout, il dit : nous. Mais la nature de la femme est tout autre ; il est impossible de généraliser les sensations, voire les sensations sexuelles. Il y a une grande différence dans la manière de sentir des hommes et des femmes.

Voici l'aube, je n'ai plus envie de dormir. Il sonne 2 heures. La lune brille juste devant la fenêtre. Quelle belle clarté elle répand aujourd'hui, on dirait qu'elle lutte avec la jeune aurore.

10 juin 1897.

Je n'ai pas écrit hier. Uniformes et monotones les jours succèdent aux jours. M.-A. Schmidt est venue hier. La fanatique adoration qu'elle a pour Léon Nikolaïévitch est son unique raison de vivre. Jadis, elle était une orthodoxe exaltée. Après avoir lu les articles de Léon Nikolaïévitch, elle a enlevé icones et veilleuses qu'elle a remplacées par des portraits de Tolstoï dont elle collectionne les œuvres prohibées qu'elle copie moyennant salaire. Elle est d'une maigreur impossible, vit d'un labeur au-dessus de ses forces, fait tout de ses propres mains, tire plaisir de son potager, de sa vache, de son veau et de tout le monde de Dieu. Nous autres, femmes, ne pouvons vivre sans idoles. L'idole de M.-A. Schmidt est Léon Nikolaïévitch, la mienne était Vanitchka, maintenant ma vie est vide. J'ai découronné Léon Nikolaïévitch qui a cessé d'être une idole pour moi. Je conserve pour lui un profond attachement, il me serait infiniment pénible d'être privée de sa sympathie de tous les instants. Où qu'il soit, quoi qu'il fasse, il ne manque pas de venir me chercher et c'est toujours pour moi une joie de le voir. Mais le bonheur, un véritable bonheur, il ne peut déjà plus me le donner.

Toujours la même chose : des épreuves à corriger, le bain. Matin, jour, soir, toujours, toujours la même chose. Avant le repas, j'ai taillé pour Léon Nikolaïévitch une blouse de toile que je lui ai essayée. Le soir, composé et vérifié les tables des matières des derniers tomes. Après le dîner, j'ai invité pour la promenade Léon Nikolaïévitch, Tourkine et le père d'un peintre qui est en séjour chez nous. Le contact avec la nature a été bienfaisant. Serge est arrivé à bicyclette de Nikolskoïé. Simon Ivanovitch est venu en voiture voir Macha. Temps doux, clair, splendide ! Orages, ondées. Nature fraîche, verte, somptueuse.

Je suis accablée moralement : aux prix de terribles efforts, j'étouffe en moi tous les souvenirs. Aujourd'hui, j'ai fondu en larmes en regardant le portrait de Vanitchka. Il n'existe pas de consolation. Non, il n'y en a pas. Un télégramme de Liova qui est inquiet au sujet de la famille. A-t-il de l'affection pour nous ? S'il nous aime pourquoi nous cause-t-il tant de tourments ? Que de mal il m'a fait dans un court laps de temps ! Tania a repris courage elle aussi. Que Dieu lui vienne en aide ! J'ai beaucoup d'affection pour elle, je voudrais lui aider, mais ce n'est pas en mon pouvoir.

11 juin.

Tout le monde est gai et en train. Levée tard, je n'ai pas dormi cette nuit. Je suis allée me baigner avec Sacha et miss Welsh. Le jardinier et moi, nous nous sommes occupés des pommiers, des greffes, des fleurs, nous avons planté des pins [16]. Dans la soirée, en allant nous baigner, Tania et moi avons parlé de l'amour sensuel. Cette question commence à l'inquiéter et j'ai grand'peur pour elle ! Elle est si pudique de nature ! Dieu la préserve d'épouser un homme qu'elle n'aime pas ou Soukhotine ! [1] Le soir, nous avons fait un tour de jardin, Serge et le vieux Simon Ivanovitch sont chez nous. Tout le monde était de joyeuse humeur, on a chanté, dansé et fait des farces. En rentrant à la maison, j'ai entendu Serge jouer du piano, et soudain s'est réveillée dans mon cœur la nostalgie de cette musique qui m'avait mise dans un si magnifique état d'âme et m'avait rendue si heureuse ! Le soir, des épreuves, un peu de photographie, des lettres et des préparatifs pour mon voyage à Toula. 2 heures du matin.

12 juin 1897.

Allée à Toula avec Serge et niania. Touché pour niania les intérêts des sommes qu'elle a déposées à la Caisse d'épargne. Serge m'a aidée à régler les affaires d'argent de Macha : on a accepté ma demande d'être nommée tutrice de Micha. Nous avons fait des achats pour tous. Chaleur, poussière, tristesse épouvantable ! Je me suis rappelé le séjour que Tania, Sacha, Serge Ivanovitch et moi avions fait à Toula l'an dernier, notre promenade en barque, le dîner à la gare, le retour par le train de nuit, l'apparition inopinée d'Andrioucha, notre gaieté, notre insouciance. En rentrant à la maison, j'ai trouvé tout le monde de bonne humeur, je me

suis mise à la correction des épreuves. Puis, je suis allée seule me baigner. En sortant de Zakaz, j'ai été frappée par le coucher de soleil [18]. Je suis rentrée seule à la maison ; l'obscurité était complète, mais je n'ai pas eu peur. Sur le petit tertre de Vanitchka où naguère il cueillait des champignons blancs et où nous nous reposions, je me suis arrêtée comme de coutumes et ai récité un *Pater noster*. Lorsque je me promène seule, je ne me sens pourtant pas seule ; mon âme est toujours avec ceux que j'ai aimés dans la vie et qui déjà m'ont quittée [19].
Olga Frédériks est venue le soir. Il y a entre Serge et elle tout un passé sentimental. Ils sont malheureux l'un et l'autre. Tania semble avoir choisi un meilleur sort.
Tourkine et moi avons regardé de vieilles photographies et, de nouveau, le souvenir et le regret du passé m'ont bouleversée.
Léon Nikolaïévitch est gai, heureux et follement passionné. Cela a été le cas la nuit dernière. Dieu me donne de l'aider à rester calme et me préserve de charger ma conscience de fautes que je pourrais me reprocher. J'ai écrit à Liova. Des erreurs désagréables dans les tables de matières de la nouvelle édition.

13 juin.

J'ai mal dormi, me suis levée tard et ai couru me baigner. Croisé sur la route des enfants de paysans qui portaient à dîner à leurs parents occupés aux travaux de la fenaison.

Les petits m'ont paru si gentils avec leurs yeux caressants, curieux et graves. Je me suis souvenue de Vanitchka et ai poursuivi mon chemin le cœur gonflé de larmes. Sur le seuil de la cabine de bains, Tania m'accueillit par ces mots : « Je pensais justement à vous ! — A quoi précisément ? demandai-je. — A Vanitchka. Je me rappelle avec tant de peine comment il pleurait en faisant la moue, jamais par caprice ou méchanceté, mais toujours de chagrin. Combien ce souvenir doit vous être plus douloureux encore ! — Ce sont les enfants qui t'ont fait penser à lui ? ai-je demandé. — Oui. » Et toutes deux, nous avons fondu en larmes. Que de fois j'entends et je trouve inopinément dans le cœur de ma fille Tania l'écho de mon propre cœur et de mes propres pensées. Sans échanger un seul mot, nous avons éprouvé au même moment et à la même occasion, le même sentiment.

En mon absence, Sacha a failli se noyer dans la rivière. Tania l'a retirée de l'eau à grand'peine et l'a ramenée dans la cabine. En rentrant à la maison, je suis allée auprès de Léon Nikolaïévitch. Il est en train, joyeux et a très bien travaillé aujourd'hui. Puis, j'ai écrit quatre heures de suite et copié pour Léon Nikolaïévitch l'*Étude sur l'art*.

[2] Maklakov est venu le soir. Après le repas, nous sommes allés visiter une usine belge, nous avons vu des machines et assisté au coulage de la fonte. Très intéressant, mais triste de voir cet enfer où les gens rôtissent jour et nuit [14]. Léon Nikolaïévitch est aux petits soins pour moi et c'est là ma meilleure joie. En sera-t-il longtemps ainsi ? Nuit calme, fraîche. Les feux du couchant se mêlent aux lueurs de l'aube. Je me souviens des promenades en voiture que nous

fîmes l'année dernière.

A la maison m'attendait un grand désagrément : on m'a envoyé de Moscou de la musique mal reliée. Le pire est que l'on a arraché et jeté la couverture du quartetto sur laquelle Serge Ivanovitch m'avait écrit une dédicace. J'ai failli en pleurer.

Léon Nikolaïévitch a pris ombrage de mon chagrin. J'ai fait effort pour n'en rien laisser voir, mais j'ai une nature ardente et indomptable et je n'apprendrai jamais à me dominer [7].

14 juin.

Ce matin, j'ai fait travailler Sacha, corrigé sa composition sur les animaux domestiques, une traduction qu'elle a faite de l'anglais, puis je l'ai interrogée sur sa leçon de géographie, la Chine. Elle travaille bien, attentivement et ne me donne aucun mal. J'aime à enseigner, c'est un travail dont j'ai l'habitude. Je suis allée me baigner avec Tania, Sacha et Maria Vasilievna. Après dîner, des épreuves et encore des épreuves jusqu'à la nuit. Le soir, nous sommes allés de nouveau en bande nous baigner. Tania, Kolia, Macha et Micha sont allés à Pirogov, les uns à cheval, les autres en cabriolet. Maklakov et Tourkine sont partis pour Moscou. Le soir, j'ai pris le thé avec Léon Nikolaïévitch et Serge. Je me sens constamment seule. Je vois peu mon mari qui passe la matinée dans son bureau et écrit jusqu'au déjeuner, c'est-à-dire jusqu'à 2 heures. Après le repas, il va

faire un tour à bicyclette ou à cheval. Puis il fait la sieste. Aujourd'hui, il est allé à Kozlovka accompagner un jeune homme de Kiev qui, semble-t-il, aurait voulu vivre chez nous, mais Léon Nikolaïévitch lui a fait comprendre que cela était impossible. Nous avions déjà terminé notre repas lorsqu'il est rentré et il a dîné seul. Il est allé se coucher de bonne heure et moi je veille tard.
Je vis de la nature et d'un travail assidu. Je m'ennuie dans la solitude, m'efforce d'être courageuse devant autrui et me sens coupable envers moi et envers la destinée qui a été relativement assez généreuse à mon égard.

15 juin.

Je n'ai pas fermé l'œil de la nuit. Vers le matin, je m'étais assoupie, mais les sanglots m'ont réveillée. En songe, je me suis vue rangeant avec niania les jouets de Vanitchka et j'ai pleuré. Quoi que l'on fasse, un profond chagrin de même qu'un violent amour, ne peut être étouffé [38].
Aussitôt levée, je suis allée auprès de Léon Nikolaïévitch. Il faisait des patiences et m'a dit que son travail allait très bien. Puis il m'a regardée et avec un sourire : « Tu m'as dit que je me courbais, je tâche de me tenir droit, » et il s'est redressé.
Il a plu cette nuit, maintenant le temps est clair et il souffle un vent frais. Après le café, j'ai corrigé des épreuves, j'aurai bientôt fini. Visite de P.-A. Boulanger, de ma sœur Lise et de sa fille. Je suis heureuse de les voir. Malgré le

vent du nord, nous sommes allés nous baigner deux fois. Le soir, Boulanger et moi avons parlé de Léon Nikolaïévitch en tant que grand réformateur [61].

16 juin.

Levée tard ; je n'ai pas vu Léon Nikolaïévitch avant le déjeuner ; corrigé des épreuves. Tout le monde est rentré fatigué de Pirogov pour dîner. Ma sœur Lise est venue, nous avons parlé religion. Je regrette d'avoir exprimé mon opinion. Il faut conserver jalousement le sentiment intime qui nous unit à Dieu ; de l'église, il faut prendre ce qui a été apporté par les Saints-Pères et par Dieu lui-même — surtout, il n'y a pas besoin de formes, ni de règles morales ou religieuses, tout cela est secondaire. Le principal *c'est d'entretenir ce sentiment intérieur qui guidera nos actions afin que nous sachions clairement et sûrement ce qui est bien et ce qui est mal.* J'ai couru me baigner avec Maria Vasilievna, mon unique interlocutrice de cet été. Cela revient presque à être seule, elle est vulgaire, bruyante et, sans cette bonté profonde, elle serait insupportable. Le soir, corrigé des épreuves, je terminerai aujourd'hui.
Le froid, le vent. Il fait sombre.

17 juin 1897.

[20] J'ai fait un rêve ; je suis étendue sur un lit dans une chambre que je ne connais pas. Entre Serge Ivanovitch qui,

sans me voir, se dirige vers la table où se trouve un paquet de papiers que l'on dirait arrachés à un carnet de notes ou à un livre de comptes. Les feuillets sont petits. Serge Ivanovitch met ses lunettes et écrit d'une main hâtive. Je ne fais aucun mouvement de peur qu'il ne me voie. Après avoir couvert ces feuillets de son écriture, il les met en tas, ôte ses lunettes et s'en va. Je saute de mon lit, prends ces papiers où je trouve une description détaillée de son état d'âme : la lutte, les désirs. Je parcours cela d'un œil rapide. Soudain, on frappe à la porte et je me réveille. Je n'ai pas pu achever ma lecture. C'est grand dommage que je me sois réveillée, j'aurais voulu me rendormir, continuer à lire, mais naturellement, je n'y suis point parvenue.

Lecture des épreuves, bains dans l'eau froide, promenade à l'air froid, retour à la maison par le chemin que j'ai pris si souvent depuis trente-cinq ans que nous sommes mariés. Après le thé, nous sommes partis en bande pour Kozlovka et nous avons fait une promenade agréable. Tourkine m'a expliqué les tendances de la nouvelle philosophie anglaise. J'ai évoqué en pensée les promenades que j'avais faites à Kozlovka l'année dernière. Quelle différence ! Comme tout était alors joyeux et serein !

La différence réside en ceci : au lieu de la musique délicate, magnifique que me faisait l'an dernier Serge Ivanovitch, Liovotchka frappe en ce moment de faux et bruyants accords pour accompagner Micha qui, à la balalaïka, joue assez habilement des chansons russes que je n'aime pas. Involontairement, je fais la comparaison et celle-ci n'est pas à l'avantage de Léon Nikolaïévitch. Une chose me fait plaisir : la présence ici de Micha qui, au moyen de cette musique, entre en contact avec son père, ce qui lui arrive bien rarement. Je vais corriger de nouvelles épreuves. Encore un jour de ma vie passé !

Avec Sacha, les choses ne s'arrangent pas. Elle est grossière, bizarre, entêtée et me met au supplice en blessant à chaque instant mes meilleurs sentiments. Aujourd'hui, Léon Nikolaïévitch est allé voir deux fois un paysan à l'agonie. Il a beaucoup écrit pendant que nous nous promenions, puis il est allé faire un tout à bicyclette. Il est joyeux et en train comme à l'ordinaire [4]. Et moi, au contraire, je suis troublée, triste ; j'éprouve le besoin, le désir violent d'un être avec qui j'aurais des relations poétiques, purement psychiques, sentimentales même, mais surtout pas sensuelles.

18 juin 1897.

Anniversaire de naissance de Sacha qui a treize ans. Combien est douloureux le souvenir de ces couches ! Nous étions tous réunis le soir pour prendre le thé. Il y avait aussi les Kouzminskii alors en séjour chez nous, Mme Seuron, la gouvernante et son fils Alcide (qui est mort du choléra, le pauvre !). Nous parlions de chevaux. Je fis observer à Léon Nikolaïévitch que ses opérations se soldaient toujours par des pertes : il avait acheté à Samara de superbe chevaux pour la reproduction et tous avaient crevé. Et l'affaire avait coûté des milliers de roubles ! C'était la vérité, mais ce n'est pas de cela qu'il s'agit. Il s'irrite toujours contre moi lorsque je suis enceinte, sans doute parce que mon aspect lui est désagréable. Cette fois-là, il se fâcha terriblement, rassembla quelques effets dans un sac de toile et vint m'annoncer qu'il quittait la maison pour toujours, qu'il partait pour l'Amérique peut-être et, malgré mes supplications, il partit.

Les douleurs commencèrent. J'étais au supplice, — mais lui n'était pas là. J'étais seule au jardin, assise sur un banc, les douleurs devenaient de plus en plus violentes, mais lui n'était toujours pas là. Mon fils Liova et Alcide vinrent me trouver et me prièrent d'aller me coucher. J'étais comme abrutie par le chagrin. Je vis arriver la sage-femme, ma sœur, mes filles qui, en pleurant, me prirent sous les bras et me conduisirent dans ma chambre. Les douleurs se faisaient de plus en plus fortes et fréquentes. Enfin, vers 5 heures du matin, Liovotchka revint.

Je descendis pour le voir et le trouvai d'humeur sombre et méchante : « Liovotchka, lui dis-je, les douleurs ont commencé, je suis sur le point d'accoucher. Pourquoi t'es-tu fâché ? Si je suis coupable, pardonne-moi. Peut-être ne survivrai-je pas à ces couches. » Il ne me répondit pas. Soudain, une idée me traversa l'esprit : serait-ce de la jalousie, des soupçons ? J'ajoutai : « Peu importe que je meure ou que je vive, je veux seulement te dire que je meurs pure d'âme et de corps ; que je n'ai aimé nul autre que toi… »

Il a brusquement tourné la tête de mon côté, ses regards se sont posés sur moi, mais il ne m'a pas dit une seule bonne

parole. Je me suis retirée et une heure plus tard, je mettais Sacha au monde.
Je la donnai à la nourrice. Comment aurais-je pu nourrir une enfant puisque Léon Nikolaïévitch s'était déchargé sur moi de toutes les affaires et qu'il me fallait accomplir à la fois une tâche de mère et une tâche d'homme ?
Quelle triste période ! Ce fut le moment de la conversion de Léon Nikolaïévitch au christianisme. Si être chrétien consiste à se sacrifier, alors c'est moi et non pas Léon Nikolaïévitch qui suis chrétienne.
Levée tard. Allée me baigner avec Tania et Maria Vasilievna. Un froid terrible. En ce moment, il n'y a que 5°. Paressé tout le jour ; relu quelques épreuves, médité et pris quelques notes pour une nouvelle. Le soir, je suis allée à Ovsiannikovo, chez Macha où je me suis sentie très à l'aise [44].
Ce matin, Léon Nikolaïévitch est allé se baigner dans l'Étang-moyen, puis s'est mis à écrire. Après le repas, il a fait avec les fillettes et Micha une partie de tennis. Après quoi, il est allé se promener, d'abord à bicyclette, ensuite à cheval. Il est venu à notre rencontre. Pendant que je développais des photographies, il a eu avec Bers et Tourkine un entretien sur l'art. Cette question le préoccupe beaucoup en ce moment ; sur de nombreux points, je ne suis pas d'accord avec lui.
Bers a fait de la musique avec Tania, celle-ci jouait de la mandoline. Accompagnées par eux, les trois jeunes filles ont dansé. J'ai fait un tour de valse avec Micha et je me suis sentie si légère que j'en étais moi-même étonnée. Il sonne

une heure.

19 juin.

Ce matin, avant de m'habiller, j'ai tiré les photographies de Sacha et de Viétotchka : accompagné celle-ci et son père et continué la correction des épreuves. Allée me baigner avec Maria Vasilievna, l'eau était très froide. Hier soir, à 9 heures, il n'y avait que 5°. Après dîner, je me suis remise à la correction des épreuves. Nous sommes allés à Kozlovka chercher le courrier. Tout le long du chemin, je me suis entretenue avec Tourkine, le professeur de Micha, de l'éducation et de la diversité des types et des caractères. En rentrant, nous avons rencontré Léon Nikolaïévitch. Il accompagnait un homme qui avait fait de la prison pour les vers qu'il avait écrits à l'occasion de la catastrophe de Khodinskoïé. Léon Nikolaïévitch a pris congé de lui et est rentré avec nous, ce qui m'a fait grand plaisir. Ma santé laisse à désirer. J'ai constamment de la fièvre et des douleurs dans les jambes [7]. Le plus pénible est cette tristesse devant laquelle je me sens souvent impuissante. Une fois encore, quelque chose s'est brisé en moi.
Des désagréments : on a coupé des arbres dans la forêt. L'auteur du délit, un misérable paysan en haillons, est venu demander pardon en se prosternant jusqu'à terre. J'avais envie de pleurer et j'étais irritée que l'on m'ait mise, malgré moi, dans cette situation et que l'on m'ait obligée à administrer le domaine, à entretenir la forêt et, pour la

sauvegarder, à punir de malheureux paysans. Jamais je n'ai aimé, désiré, ni su administrer le domaine, ce qui revient à lutter avec le peuple pour l'existence. Je suis tout à fait incapable de mener cette lutte.

Nous avons décidé de contraindre les auteurs du vol à nous fournir du travail, de ne pas déposer plainte contre eux et de leur abandonner le bois qu'ils ont déjà utilisé pour construire.

Encore une lettre désagréable de Kholievniskaïa. On l'a déportée à Astrakhan pour avoir, sur les indications de Tania, donné à lire à un scribe des livres prohibés. Épuisée et mécontente, elle me prie de lui venir en aide. Je ne sais que faire, mais j'aurais bien voulu entreprendre des démarches pour obtenir sa grâce.

Léon Nikolaïévitch écrit fiévreusement sur *l'Art*. Il aura fini bientôt. Il ne s'occupe de rien d'autre. Ce soir, il nous a lu à haute voix une comédie française que publie *la Revue Blanche*.

20 juin.

Tout le jour corrigé activement des épreuves et, ô joie, j'ai fini ! Ce travail durait depuis six mois. Enfin, le voilà terminé ! Est-il bien fait ? Allée me baigner avec Tania et Maria Vasilievna. L'eau avait 12° ; les nuits sont froides. Léon Nikolaïévitch est allé à cheval jusqu'à Toula pour expédier un télégramme à Tchertkov qui est actuellement en Angleterre et qui s'inquiète au sujet des sentiments de Léon

Nikolaïévitch à son égard. Mais combien Léon Nikolaïévitch lui est attaché ! Le soir, j'ai joué les *Romances sans paroles* de Mendelssohn et me suis souvenue de l'interprétation qu'en donnait Serge Ivanovitch.

Plus tard, j'ai lu les lettres que j'ai reçues de Liova qui est en Suède et de V. V. Stasov. Après avoir collé des photographies, j'ai écrit à Liova.

Le temps que Liovotchka et moi avons passé seuls ensemble a été agréable. Je me suis souvenue de mes jeunes années alors que j'avais l'âme si pure, si sereine. C'était presque de l'apathie, mais une apathie innocente, sans émotion, sans passion [58].

21 juin 1897.

Je n'ai pas dormi, me suis levée tard et ai travaillé avec Sacha. Soudain, je m'aperçois qu'elle est toute pâle, qu'elle a mal au cœur et à la tête. La leçon en a pâti, c'est si dommage ! Elle a eu des vomissements et s'est couchée ; comme son père, elle souffre de migraines. J'ai appelé Tania et Maria Vasilievna pour qu'elles vinssent se baigner. J'ai essayé des robes, puis nous avons dîné. Les Obolienski sont venus. Pendant que tout le monde jouait au tennis, j'ai fait un tour seule, me suis assise sous la tonnelle, ai causé en pensée avec Vanitchka et ai cueilli des fleurs pour son portrait. Sur le chemin du retour, j'ai trouvé tout le monde qui venait à ma rencontre. Pourtant, je suis rentrée seule, me

suis assise au piano pour me dégourdir les doigts ; je voudrais me remettre à jouer. Ilia est arrivé. Je regrette que ses affaires aillent mal, mais il m'est impossible de donner ainsi aveuglément de l'argent à mes enfants. Je ne sais jamais pourquoi j'en donne, ni quand je dois cesser d'en donner. Je voudrais ne pas refuser à mes enfants, mais leurs exigences n'ont pas de bornes et moi je dois payer les éditions, vivre et je n'ai jamais assez d'argent. Les affaires d'argent sont ce qu'il y a de plus pénible dans la vie.
Le soir, nous avons fait une bonne promenade à Groumont. C'était très beau et nous avions l'âme en paix !
S'il n'y a pas dans la vie de bonheur parfait, sans bornes, si ce n'est pas toujours fête, la complète quiétude est du moins quelque chose de bien. Il faut en remercier le Seigneur.
Je ne me porte pas bien. Aussitôt après mon arrivée ici, quelque chose s'est brisé en moi et je m'en ressens jusqu'à aujourd'hui. J'ai surpris dans mon âme un sentiment étrange : on dirait que je cherche un prétexte à m'ôter la vie. Voilà longtemps que cette idée est en moi et elle mûrit toujours davantage. J'en ai peur comme j'ai peur de la folie. Je l'aime pourtant, mais la superstition et le simple sentiment religieux m'empêchent de mettre ce projet à exécution. Je crois que le suicide est un péché et que, si je me suicidais, mon âme serait privée de la communion avec Dieu, par conséquent de la communion avec les saints, c'est-à-dire avec Vanitchka. Aujourd'hui, tout en cheminant, j'ai pensé que j'allais écrire des centaines de lettres dans lesquelles j'expliquerais pourquoi je me suis donné la mort et que je les enverrais aux personnes qui s'y

attendaient le moins. J'ai composé cette confession et elle est si émouvante que j'ai eu envie de pleurer sur moi. Et maintenant, j'ai peur de devenir folle. Chaque fois que j'ai du chagrin, des contrariétés, que l'on m'adresse des reproches, je songe avec joie : j'irai à Kozlovka et je me suiciderai ; quant à vous, arrangez-vous comme vous voudrez. Je ne veux plus souffrir, je n'en puis plus, je n'en puis plus. Ou bien vivre sans souffrir ou bien mourir. Oui, c'est ce qui vaut le mieux, mourir. Seigneur, pardonnez-moi !

Il faut que j'écrive le menu : soupe printanière. Ah ! comme cela m'ennuie ! Depuis trente-cinq ans, chaque jour : soupe printanière. Je ne veux plus écrire « soupe printanière » ni rien de semblable, je veux entendre la fugue ou la symphonie la plus difficile ; je veux entendre chaque jour la musique symphonique la plus savante, que toute mon âme soit tendue dans un effort d'attention afin de comprendre ce que le compositeur a voulu exprimer dans cette langue mystérieuse et complexe, ce qu'il a éprouvé dans le fond de son cœur lorsqu'il composait cette œuvre.

Micha et Ilia ont joué de la guitare, frappé des accords sur le piano et crié à tue-tête des chansons russes… De même que le verbe est propre à exprimer les besoins les plus élémentaires et les spéculations philosophiques les plus ardues [24], de même la musique peut tout exprimer : une simple mélodie, une chanson, ce sont des paroles simples accessibles à Ilia, à Micha, à un paysan, à un enfant. La musique compliquée, une symphonie, une sonate sont des discours philosophiques que seul l'homme cultivé peut comprendre. Que n'aurais-je pas donné pour entendre, au lieu de ce bruit, les sons élégants qui m'ont fait vivre l'été dernier. Oui, alors, la vie était une fête ! Pour ce souvenir, je remercie la destinée.

22 juin 1897.

Journée d'été, claire, magnifique ! Ce matin, j'ai étudié mon piano, fait des gammes et des exercices ; nous sommes allés nous baigner. Ilia et Kolia Lopoukhine ont dîné chez nous. Après le repas, j'ai joué encore pendant une heure. A la fin de l'après-midi, les femmes sont allées se promener seules. Sacha a grogné parce que je l'arrachais à la partie de tennis, à laquelle elle ne faisait qu'assister, pour l'emmener en promenade.
Tania nous a rattrapées et est venue avec nous, ce qui m'a fait grand plaisir. Elle m'a dit : « Je me sens de plus en plus attirée vers vous ; je crois que je vais redevenir petite enfant et recommencer à vous têter. » Moi aussi, je suis de plus en plus attirée vers elle. J'ai refusé de l'argent à Ilia qui m'a dit des choses désagréables : que Léon Nikolaïévitch avait eu tort de me donner le domaine en pleine propriété et non en viager ; que j'aimerais l'argent dans mes vieux jours, etc... Mon Dieu, mes relations avec mes fils aînés se réduiraient-elles donc à des questions d'argent ? Andrioucha, lui aussi, ne fait que me réclamer de l'argent. C'est terrible !
Dans la soirée écrit six lettres [9].

23 juin.

Enfin, la nature vient de me frapper par sa beauté ! Elle a chassé de mon âme beaucoup de choses pénibles qui me faisaient souffrir et illuminé mon existence. Longtemps, je suis restée fermée et indifférente au printemps ; toute mon attention était concentrée sur moi-même. Maintenant, c'est passé et c'est si bon ! On fait les foins partout, l'odeur en est excellente. Journées claires, la lumineuse faucille de la lune [28].
Ce matin, après avoir fait des exercices de piano, je suis allée me baigner. Après déjeuner, de 3 à 7 heures, copié l'étude de Léon Nikolaïévitch sur l'art. Beaucoup écrit. Après le thé, nous sommes allés nous promener à Goriëla Poliana, nous avons traversé le pont et suivi la route. Sous le pont, au bord de la rivière, se trouve une nouvelle cabine. Sacha et moi avons pris un bain froid, mais bon. Nous sommes rentrées en voiture. Léon Nikolaïévitch est venu à notre rencontre à bicyclette et s'est plaint ensuite d'être fatigué. Pendant le dîner, Micha a parlé au domestique en termes brutaux. Son père lui en a fait l'observation ; Micha ayant continué sur le même ton, Léon Nikolaïévitch s'est fâché, a pris son assiette et s'est retiré chez lui. Scène fort désagréable ! Reçu une lettre d'Andrioucha qui me réclame encore de l'argent. Que peut-on attendre d'autre de sa part ? Les enfants me causent tant de chagrin ! Tania est la seule à ne pas me faire de peine et à me donner des joies, pour le moment du moins.

En rentrant, nous avons trouvé Maria Aleksandrovna. Elle ne vit que par Léon Nikolaïévitch pour qui elle a une fanatique adoration dans laquelle elle puise la force de travailler et de tout supporter. Et où donc ailleurs, ce corps amaigri et épuisé par la maladie pourrait-il prendre des forces ? Que de vertu dans chaque amour ! C'est vraiment la maîtresse poutre sur laquelle repose toute la vie.

Le soir, après dîner, Liovotchka nous a lu le récit des derniers jours de Hertzen ; j'ai copié un chapitre pour Léon Nikolaïévitch ; nous avons parlé longuement, évoqué le souvenir de N. N. Gay et discuté son *Crucifiement*. Je ne supporte pas ce tableau qu'admirent Léon Nikolaïévitch et Maria Aleksandrovna. Nous avons exprimé des jugements outrés, aussi la discussion n'a-t-elle pas tardé à prendre fin. J'ai reçu une lettre de Liova qui est en Suède.

24 juin 1897.

Il pleut depuis ce matin, je me suis levée tard ; toute la nuit, j'ai eu mal à la main droite. Donné une bonne leçon à Sacha qui a été très attentive. Elle a moins besoin d'acquérir de nouvelles connaissances que de se développer et c'est à cela que tend mon effort. Nous avons travaillé deux heures. Tout en tenant compagnie à Maria Aleksandrovna, j'ai transformé les manches de ma robe ; nous avons parlé des affaires de famille, elle est bonne et pleine de sympathie [24]. Léon Nikolaïévitch est tellement concentré sur son travail que le monde entier a cessé d'exister pour lui. Et

maintenant je suis seule avec lui comme je l'ai été toute ma vie. Il a besoin de moi la nuit, mais pas le jour. C'est triste et, involontairement, je regrette mon charmant camarade et interlocuteur de l'année dernière. En rentrant d'Ovsiannikovo où il s'est rendu à cheval, Léon Nikolaïévitch est allé dans son bureau. Je suis descendue près de lui et l'ai trouvé en train de faire des patiences. Profitant d'un moment où il n'y avait personne à la maison, j'ai joué deux sonates de Beethoven et une *Romance sans paroles* de Mendelssohn que j'aime beaucoup et que je garde toujours pour la fin. Je termine par elle comme par une prière. Depuis le dîner jusqu'à maintenant, copié pour Léon Nikolaïévitch, le travail a beaucoup avancé. Voici 2 heures du matin, je vais me coucher.
Une lettre de Soukhotine dont la femme vient de mourir. Les relations et la correspondance que Tania entretient avec Soukhotine nous déplaisent beaucoup, à Léon Nikolaïévitch et à moi [39].

25 juin 1897.

Je n'ai pas fermé l'œil de la nuit, j'ai eu de la fièvre et il me semblait être baignée de vapeurs. La période que je traverse est pénible physiquement. J'ai joué deux heures durant des sonates de Mozart et fait des exercices. Beaucoup copié pour Léon Nikolaïévitch. Son article ne me plaît pas et je le regrette. Que d'emportement, que de méchanceté même dans ces articles ! Je sens si bien qu'il attaque un ennemi

imaginaire (serait-ce Serge Ivanovitch dont il est si jaloux ?) et qu'il n'a pas d'autre but que de l'anéantir. Allée à pied me baigner ; joui doucement de la nature sans parler à Maria Vasilievna. La journée a passé, — comme d'ailleurs tout l'été, — dans la mollesse et l'ennui. Macha et Kolia sont arrivés. Nadia Ivanova est venue. Gens et choses, tout est gris, morne. Je lis un livre français dégoûtant, — j'ai pris ce qui me tombait sous la main. — Je suis terrifiée par toute cette luxure. Le titre seul, *Aphrodite*, en dit long ! Jusqu'où va la débauche chez les Français !
Le plus grand bonheur, pour une femme belle, c'est d'ignorer jusqu'à la vieillesse qu'elle est belle, surtout que son corps est beau. C'est à cette condition qu'elle peut conserver la pureté et la fraîcheur morales. Mais des livres comme celui-là sont une perdition.

26 juin 1897.

La chaleur, les foins, très mal à la tête. Ce matin, en allant me baigner avec Nadia Ivanova, je lui ai dit que chaque être avait au fond du cœur un stimulant qui le faisait vivre. Chez les hommes, c'est l'amour de la gloire, du gain — chez quelques-uns, fort rares, c'est l'amour de l'art et de la science sous la forme la plus pure ; chez les femmes, c'est principalement l'amour, le fanatisme. A Chamordino, une religieuse a planté deux pépins d'orange qu'avait crachés le P. Ambroise. Elle adore les deux orangers et ne vit que par eux. C'est une femme de la noblesse qui a fait des études.

M. A. Schmidt considère Léon Nikolaïévitch à l'égal d'un Dieu. Mon mari aime la gloire par-dessus tout, etc...
Après déjeuner, j'ai fait de la musique avec miss Welsh. C'est agréable de travailler avec elle. Je vais étudier la *Sonate en mi bémol majeur* de Beethoven. Tania et Sacha sont allées à Toula. Serge est arrivé. Demain Sacha m'accompagnera chez Serge et chez Ilia. Passé toute la soirée à copier pour Léon Nikolaïévitch, que je ne vois pour ainsi dire pas, comme de coutume. Il est allé à Toula donner sa bicyclette à réparer. Il a fait le trajet du retour en partie à pied, en partie dans des chars de paysans rencontrés en route. Ma santé est de plus en plus mauvaise.

30 juin 1897.

Rentrée hier soir de chez Serge et Ilia où j'étais allée avec Sacha ; je désirais passer auprès de Serge le jour anniversaire de sa naissance, le 28 juin, afin que, précisément ce jour-là, sa solitude lui pesât moins. Il m'émeut et me fait peine. Le malheur l'a adouci, il est devenu humble, mélancolique, et plus indulgent envers son prochain. Sa femme doit accoucher bientôt. Ilia et la vie qu'il mène ont produit sur moi une mauvaise impression : quatre enfants superbes (c'est surtout Micha qui est beau). Quels principes moraux leur inculquera le père ? Les chevaux, les chiens [6]. A chaque occasion, des beuveries avec des gens de tout acabit. Si le père ne change pas, les enfants tourneront mal. Sonia, la femme d'Ilia, sent tout cela confusément, j'ai pitié d'elle. Elle se donne grand'peine pour rompre avec toutes ces habitudes, mais son mari ne lui est d'aucun secours et, seule, comment pourrait-elle mener à bien l'éducation des enfants ?

A Nikolskoïé, chez Serge, — de magnifiques promenades dans des endroits pittoresques, des visiteurs, des entretiens avec Serge sur la théorie de la musique ; il m'a fait part de ce qu'il sait et m'a donné à lire quelques brochures et quelques manuels de musique. J'ai été contente de passer la journée avec Varia Nagornova. Lu en chemin de fer un livre affreux de Marcel Prévost : *les Demi-Vierges* ; éprouvé de la honte et un malaise presque physique, ce qui m'arrive en général lorsque je lis des livres malpropres. Combien est terrible l'absence de pureté dans l'amour ! Comme c'est affreux que l'amour, même le plus élevé, se mue en un désir d'intimité et de possession. Mais, dans ce livre français, il ne s'agit pas de la chute de la femme, mais d'une demi-débauche. On se permet tout, sauf le dernier pas. N'est-ce pas là le pire ?

A Kozlovka, sur le chemin du retour, j'ai rencontré Tania qui allait chez Olsoufiev. Je suis heureuse qu'au moins de temps à autre elle sorte de ce pénible état où l'a plongée l'influence de Soukhotine et qu'elle trouve quelque distraction à fréquenter des gens comme il faut.

En rentrant, j'ai trouvé Micha malade. Il avait une violente dysenterie et nul ne lui venait en aide. Macha est toute à son jeune mari, Tania préparait son départ et le père, — voilà longtemps déjà que nos enfants n'ont plus de père !

Quant à Léon Nikolaïévitch, il est d'humeur désagréable et

fort peu accueillante. Je vois avec peine croître son indifférence envers moi lorsque je vis en famille et ne vois personne. Pour qu'il fasse attention à moi et m'apprécie, il faut qu'il sente le danger de perdre mon amour ou de devoir le partager avec un autre, cet amour fût-il pur et innocent. Comme si le fait de ne voir personne pouvait anéantir dans mon âme mon attachement pour un autre ou renforcer mon attachement pour lui.

La seule chose agréable de la journée c'est l'entretien que j'ai eu avec Tourkine sur l'éducation des enfants, leur caractère et sur *l'Émile* de Rousseau. Ensuite, il m'a conté ses voyages en Crimée. J'ai beaucoup cousu. Journée assez vide. Il pleut depuis ce matin, ce n'est pas réjouissant.

2 juillet 1897.

Je n'ai pas écrit hier. Léon Nikolaïévitch a souffert de l'estomac et du foie. J'étais en train de copier son article lorsque Micha est accouru vers moi et m'a dit tout effrayé : papa crie et gémit de douleur. Je descends : Léon Nikolaïévitch est plié en deux et pousse des gémissements. Il était dans un tel état de transpiration que j'ai dû lui changer aussitôt de chemise. Macha, Micha et moi lui avons prodigué nos soins : cataplasme de farine de lin, lavements de camomille, eau de Seltz, rhubarbe. Rien n'aida. Tous les médicaments internes provoquaient des vomissements accompagnés de douleurs insupportables. Je n'ai pas fermé l'œil de la nuit. Les maux ont continué et j'ai craint pour sa vie. Je sentis tout à coup combien il serait terrible de rester seule sans lui ; bien que je souffre souvent de sentir qu'il m'aime plus physiquement que moralement, je ne tiens plus à vivre si je dois être privée de sa constante sympathie. Aujourd'hui, comme je renouvelais sa compresse, il m'a caressé les cheveux et quand j'eus terminé, il m'a baisé les mains. Il me suit constamment des yeux lorsque je mets de l'ordre dans sa chambre ou prépare quelque chose pour lui.
Le docteur Roudniev qui est venu aujourd'hui a trouvé l'organisme de Léon Nikolaïévitch très vigoureux et la maladie — un catarrhe de la vésicule biliaire — sans aucun danger. Il sera difficile d'obtenir de Léon Nikolaïévitch qu'il observe la diète. Ce sont les concombres et les radis

qui l'ont rendu malade. Je l'avais pourtant prié de n'en point manger en ce temps d'épidémie et alors qu'il souffrait de douleurs au creux de l'estomac. La santé de Micha ne se rétablit pas, il a encore la dysenterie. Il accepte tout cela avec grand calme, gentillesse et puérilité. Je suis allée me baigner : temps doux, humide. Clair de lune magnifique ! Mais au lieu de promenades dans la belle nature, de musique, au lieu de tout ce qui embellit l'existence, il faut s'occuper de lavements, de compresses, lutter contre le sommeil, le désir de jouir de la nature, etc... Ainsi le veut le destin ! Lu à Léon Nikolaïévitch un conte sans intérêt que publie le *Novoïé Vrémia* et terminé *les Demi-Vierges*.

3 juillet 1897.

Léon Nikolaïévitch va mieux aujourd'hui, les douleurs ont cessé. L'estomac et les intestins ont fonctionné. Je suis délivrée du chagrin que me causait sa maladie. Pourtant, il a passé encore toute la journée au lit. Il a reçu la visite d'un jeune homme, membre d'une secte avec qui il a conversé longtemps. Comme tous les gens qui ont adhéré à une secte, le jeune homme en question est étroit, partial, mais il a beaucoup lu, s'intéresse aux questions morales et aux problèmes abstraits. Il a lu : Épictète, Platon, Marc-Aurèle, etc..., dans l'édition du *Posriednik*.
Aujourd'hui, j'ai quitté la chambre où j'ai dormi pendant trente-cinq ans pour m'installer dans celle de Macha. J'avais besoin de plus de solitude. En outre, il faisait si

chaud dans ma chambre que j'avais des suffocations et étais en transpiration toute la journée. Le soir, je suis allée me baigner. Tourkine, pensant que j'aurais peur de rentrer seule, est venu à ma rencontre. Nous avons passé la soirée tous ensemble sur le balcon. Il faisait chaud ; la lune brillait d'un éclat extraordinaire. Macha et Kolia sont partis pour Ovsiannikovo.

Ce matin, je me suis occupée de Sacha ; elle travaille mieux. Je lui ai fait peur en la menaçant de l'envoyer en pension. Micha travaille bien ; il est très gentil, mais ses bizarreries me déplaisent et m'inquiètent : il éteint les bougies d'un coup de fusil, se prépare à fabriquer des liqueurs, frappe des accords sur le piano et crie à tue-tête des chansons stupides. C'est la jeunesse sans doute. Son âme s'affinera et s'ennoblira. Une lettre courte et froide de Serge Ivanovitch qui arrivera dimanche. Craignant d'inquiéter Léon Nikolaïévitch je ne lui en ai encore rien dit. Se pourrait-il qu'il soit de nouveau jaloux ? Cette éventualité m'effraie et surtout, Léon Nikolaïévitch est malade et j'ai si peur de lui faire du mal ! Si Serge Ivanovitch savait, comme il serait étonné ! Quant à moi, je ne puis cacher la joie que j'éprouve à la pensée de faire de la musique et d'avoir un interlocuteur agréable et joyeux. Serge Ivanovitch a dédié des romances à Tania pour qui il a, je crois, beaucoup d'affection.

4 juillet 1897.

Tout le monde est en meilleure santé, mais encore de nouveaux désagréments. Après le déjeuner, Micha a fait allusion à l'arrivée de Serge Ivanovitch. Léon Nikolaïévitch a pris feu et a dit : « Je n'en savais rien [185]. »
Aujourd'hui, quatre heures durant, je me suis délectée à jouer du Mozart. Je suis allée me baigner avec miss Welsh tard dans la soirée. Pomérantzev est arrivé, on l'a mal reçu. C'est un élève de Serge Ivanovitch. Un orage et de la pluie.

5 juillet 1897.

Ni mes caresses, ni mes soins tendres et attentifs, ni la patience avec laquelle je supporte les grossiers et injustes reproches de mon mari, — rien ne peut adoucir l'irritation que lui cause l'arrivée de Serge Ivanovitch. J'ai décidé de me taire. C'est là une chose qui ne regarde que moi, une chose entre Dieu et ma conscience. Pomérantzev et Mouromtzéva sont venus nous voir. Passé toute la journée dans l'oisiveté. Bavardages. Mouromtzéva est une femme de talent, elle comprend beaucoup de choses sinon par intelligence, du moins par intuition.
Léon Nikolaïévitch a parlé musique en présence de Pomérantzev, de Mouromtzéva et de Micha. Il a nié Wagner, la musique nouvelle, les dernières œuvres de Beethoven, etc… Il discute et prouve avec une telle irritation que je ne puis l'écouter et je m'en vais.

6 juillet 1897.

Ce matin, après un entretien avec Mouromtzéva, nous sommes allés nous baigner. Il fait plus chaud que jamais, j'aime ce temps-là. Sur le chemin du retour, près de la forêt, nous avons croisé Serge Ivanovitch et Ioucha qui, comme l'an dernier, allaient se baigner. A la maison, j'ai trouvé Léon Nikolaïévitch méchant, jaloux et d'humeur désagréable. Les mots les plus doux et les plus caressants n'ont pas réussi à l'attendrir [63].
Mouromtzéva se cramponne à Serge Ivanovitch ; j'ai découvert en elle un autre aspect sous lequel elle n'est pas à son avantage.
Mitia Diakov est arrivé ; les garçons sont allés voir des rondes populaires. Ma gentille et charmante Tania est revenue. Serge Ivanovitch n'a rien mangé ce soir au souper et s'est plaint d'avoir mal à la tête. Pourvu qu'il n'ait rien remarqué !

10 juillet 1897.

J'ai passé par de dures et pénibles épreuves. Mes craintes au sujet de Tania étaient justifiées : elle est amoureuse de Soukhotine avec qui elle a parlé mariage. C'est par hasard que nous avons abordé cette question. Évidemment, elle éprouvait le désir et le besoin de s'épancher. [57] Léon Nikolaïévitch s'est entretenu avec elle de ce projet. Lorsque je lui ai fait part de cette nouvelle, il en a été abasourdi, il semblait courbé sous le poids du chagrin. Le mot chagrin est trop faible, c'est désespoir qu'il faut dire. Tania a beaucoup pleuré ces jours-ci, mais elle semble comprendre que ce mariage serait un malheur, aussi a-t-elle répondu à Soukhotine par un refus.

Mes relations avec Léon Nikolaïévitch se sont rétablies encore une fois, mais à quel prix ! [152]

13 juillet 1897.

Serge Ivanovitch est parti aujourd'hui. Ces dernières journées ont été bonnes et paisibles. Serge Ivanovitch a joué du piano à plusieurs reprises. Le 10, dans la soirée, Léon Nikolaïévitch est allé, pour la première fois, trouver Tania et lui parler de Soukhotine et moi, j'ai prié Serge Ivanovitch de me jouer une sonate de Mozart. Nous étions seuls au salon, le silence régnait, il faisait bon ! Il a excellemment joué deux sonates, puis le superbe andante d'une de ses symphonies que j'avais entendue autrefois à Moscou et que j'aime beaucoup.

Dans la soirée, quand tout le monde était réuni pour le thé, il a joué une sonate de Chopin. Nul au monde ne joue aussi bien que lui ! Il y a dans son jeu tant de noblesse, de délicatesse et un tel sentiment de la mesure ; par instant, une aspiration vers je ne sais quoi comme si, oubliant tout, il s'abandonnait à une force inconnue. Alors il empoigne l'auditeur. Le lendemain, le 11, il s'est de nouveau assis au piano et a joué : un rondo de Beethoven, des variations de

Mozart, *Ah ! vous dirai-je maman !* Schubert, la chanson de Marguerite dans *Faust*, une ballade et une polonaise de Chopin.

Visiblement, il tâche de choisir la musique qui plaît à Léon Nikolaïévitch. Son jeu me déchire. En écoutant la polonaise, j'ai eu grand'peine à retenir mes larmes, j'étais secouée par des sanglots intérieurs. Hier, le 12, Serge Ivanovitch a rejoué une sonate de Chopin.

[4] J'ai passé une excellente semaine [3]. Nous avons visité à deux reprises l'usine belge, les mines, nous nous sommes baignés, nous avons fait de belles promenades à Goriëla Poliana, à Zasiéka, etc. Hier et aujourd'hui, Tourkine et moi avons pris tout le monde en photographie. Presque toutes mes photographies sont bien réussies. J'ai photographié plusieurs fois Serge Ivanovitch et, pour cette fois, Léon Nikolaïévitch n'en a pas pris ombrage. Il est redevenu soudain calme, bon ; il a fait hier et aujourd'hui des promenades à cheval et à bicyclette et ne s'est pas fâché contre moi. D'ailleurs, il n'y a pas de quoi se fâcher ! Qu'y a-t-il de mauvais dans mon attachement amical pour un homme pur, bon et plein de talent ? Quel regret que la jalousie de Léon Nikolaïévitch ait gâté nos relations !

Tania a reçu une lettre de Soukhotine qui, à n'en pas douter, lui écrit une série de ces mots banals et tendres par lesquels il a déjà séduit tant de femmes. Aujourd'hui, Macha et moi avons pleuré sur l'amour aveugle et fou de Tania. [17]

Andrioucha est venu de Moscou pour une heure. Toujours la même chanson : de l'argent, de l'argent ! Il est faible, tendre et pitoyable. Nous sommes allés nous baigner le soir.

Par instants, mon cœur se serre, je ne veux pas penser que c'en est fait à jamais de nos promenades, de la musique et de ces calmes et charmantes relations avec Serge Ivanovitch. Mais ici aussi qu'il en soit fait selon la volonté de Dieu. J'ai foi en la volonté de Dieu, mais j'ai foi aussi en sa bonté.

Un peu copié pour Léon Nikolaïévitch, développé des photographies. Je regrette d'avoir vu si peu Maria Aleksandrovna. Il est 2 heures du matin. Je vois mal de l'œil droit. Quelque terrible que soit la mort, je la salue — mais l'impuissante vieillesse !

Pomérantzev m'a dédié des romances. Tanéiev m'a apporté ses duos. Je vais me remettre à la musique.

Le temps change. Cette semaine, la chaleur a été terrible. Aujourd'hui, il fait doux ; sur le soir, il est tombé une petite pluie et il y a du vent.

Comme cette semaine eût été bonne, lumineuse, sans le chagrin de Tania.

14 juillet 1897.

Passé tout le jour à développer et à tirer des photographies. J'ai travaillé pour tous ceux qui m'en ont demandé. Voici également mon portrait. On dit que je suis plus jeune en réalité que sur cette photographie parce que j'ai sur les joues de vives couleurs. Nous sommes allés nous baigner ; vent du nord, ciel clair. Le soir, j'étais fatiguée. Léon Nikolaïévitch m'a priée de l'accompagner en promenade et cela m'a fait plaisir. Sans que je m'y attendisse, Micha s'est mis à me parler sincèrement et avec chaleur des difficultés qu'entraîne pour lui l'éveil sexuel ; il se sent pour ainsi dire malade, voudrait rester pur et craint de ne le pas pouvoir. Mes pauvres garçons, ils n'ont pas de père pour leur donner conseil et moi j'ignore totalement cet aspect de la vie masculine. Tania est allée à Toula ; Léon Nikolaïévitch y est allé aussi à bicyclette et a gaiement raconté qu'il s'était rendu au vélodrome, il a parlé des courses et de tout ce qui a trait à la circulation en vélocipède. Cela aussi l'intéresse encore ! Je suis lasse. J'ai écrit à Liova, répondu à différentes lettres d'affaires, payé les gages, fait des comptes, copié une partie de l'étude de Léon Nikolaïévitch sur l'art. Je suis courageuse et fiévreusement active. Copié pour Léon Nikolaïévitch jusqu'à 3 heures du matin.

15 juillet.

Levée tard, tiré des photographies, allée me baigner avec Sacha et les gouvernantes. Après quoi, j'ai recommencé à tirer des photographies et travaillé avec Sacha. La leçon a très bien marché. Je lui avais donné à faire une composition sur la forêt et nous avions lu ensemble des descriptions de la forêt chez Tourguéniev et chez d'autres écrivains. J'ai attiré l'attention de Sacha sur la beauté de ces tableaux dans lesquels les écrivains ont rendu des impressions immédiates et non des impressions imaginaires. Sacha semble avoir compris. J'ai corrigé une traduction qu'elle avait faite de

l'anglais sur les philosophes antiques et l'ai interrogée sur sa leçon de géographie : l'Amérique.
Après avoir pris le thé, nous sommes allés à pied à Ovsiannikovo. Nous avons chez nous en séjour un étudiant suédois, un bon gars. Chemin faisant, Tourkine a pris plusieurs photographies [7]. J'aimerais beaucoup qu'elles fussent réussies ! Nous avons passé quelques instants auprès de Macha et nous sommes rentrés en voiture. Sur un ciel bleu clair, très pur, le globe rouge feu du soleil. Il faisait frais et beau. Léon Nikolaïévitch et le jeune Suédois sont rentrés à cheval. Liovotchka m'a étonnée ce soir en buvant huit tasses de thé après avoir pris tout un vol de semoule d'avoine, une assiette de vinaigrette et une assiette de compote.
Voici 2 heures du matin et je copie encore ! Travail ennuyeux et pénible, car il est probable que demain, Léon Nikolaïévitch biffera et récrira de nouveau tout ce que j'ai transcrit aujourd'hui. Quelle patience il a et quel amour du travail ! C'est remarquable.
J'ai beaucoup pensé à Serge Ivanovitch aujourd'hui après en avoir parlé avec Nicolas Vasiliévitch et après avoir entendu les jugements admiratifs qu'a exprimés sur lui l'étudiant suédois qui l'a connu à Moscou. Il y a en Serge Ivanovitch quelque chose que tout le monde aime. Je pense à lui avec calme. Il en est toujours ainsi après que je l'ai vu. Il me manque constamment, surtout l'été [30].
J'ai passionnément envie de musique ; je me contenterais de jouer moi-même, mais le temps me manque ; tantôt Léon Nikolaïévitch travaille, tantôt il dort, tout le dérange. Sans

la joie que je puise actuellement dans la musique, la vie me paraît ennuyeuse. J'essaye de me convaincre que la joie consiste dans l'accomplissement du devoir, mais par instants ma volonté faiblit, j'aspire à des joies et à une vie personnelles à un travail qui serait mon propre travail et non le travail d'autrui [7].

16 juillet.

Levée tard. Cette nuit, j'avais de nouveau copié jusqu'à 3 heures. Passé encore toute la matinée à copier jusqu'au déjeuner. Après le repas, je suis allée voir greffer les pommiers, puis le jardinier m'a accompagnée dans les pépinières où je lui ai donné différents ordres. Après avoir cueilli des champignons, j'ai repris le chemin de la maison ; rencontré le fermier à qui j'ai violemment reproché de n'avoir pas mis de supports sous les branches des pommiers qui ploient et se brisent sous le poids des fruits. J'avais décidé de déposer plainte auprès du chef de district, mais je ne l'ai pas fait. Plus tard, nous sommes allés nous baigner. J'ai été active et courageuse toute la journée, mais le soir, j'ai été prise d'un désespoir si maladif que cela m'a fait peur. Il faut vivre avec courage, aller de l'avant, toujours de l'avant sans regarder en arrière, sans rien regretter, avec la foi inébranlable que Dieu fait tout pour le mieux. Je suis rentrée à la maison par la forêt en priant de toute mon âme, avec ferveur, et je m'en suis remise à la volonté et à la miséricorde divines.

Passé la soirée à coller des photographies dont je ferai demain la distribution. A l'avenir, je ne consacrerai plus autant de temps à la photographie. J'en ai collé quatre-vingts aujourd'hui.

Tourkine, le professeur de Micha, est parti. Je le regrette beaucoup. C'était un homme et un pédagogue excellent. Été doux, clair, magnifique ! Léon Nikolaïévitch passe ses journées dans son bureau à lire et à écrire son étude, des lettres. Il va à bicyclette se baigner. Il est indifférent à tous et à tout.

17 juillet 1897.

Je passe mon temps à copier et à tirer des photographies que j'ai toutes distribuées aujourd'hui. Trêve à cette occupation durant quelque temps ! Nous sommes allés nous baigner. Après déjeuner, nos voisins les Chenchine sont arrivés de Soudakovo et nous avons fait avec eux le tour des pépinières. Soirée magnifique ! Coucher de soleil clair, rose sombre, la tristesse de Tania, Liovotchka quelque peu distant, un poids sur le cœur. Micha a assisté au baptême de la fille d'Ivan, notre valet de chambre. Sacha fait des confitures pour Macha ; elle a écrit une composition et ri aux éclats tout le jour. Elle est épaisse, rouge et grossière avec tout le monde. Macha et Kolia sont venus ; on a joué au tennis.

Ma petite-fille Annotchka est venue nous voir avec son institutrice russe. Sonia arrivera demain avec ses trois garçons et Ilia samedi. Ils quittent toujours leur propriété quand affluent les visiteurs et que commencent les beuveries. J'aime Sonia et je l'approuve lorsqu'elle s'efforce d'écarter d'Ilia et de sa famille toute cette laideur et cette immoralité. Je me réjouis de voir mes petits-enfants, Micha en particulier. J'avais rêvé de passer la journée de demain seule, à écrire, à jouer, à lire, mais voilà que sont venus des visiteurs, demain arrivera la famille d'Ilia et je passerai tout mon temps avec mes petits-enfants. Copié un long chapitre se composant de plus de cinquante pages. Je suis venue à bout de ce travail difficile et ennuyeux. Eh bien ! qu'importe ! Je vivrai jusqu'à la fin ma vie de devoir ; j'ai toujours eu peu de joies et, maintenant, j'en ai de moins en moins.

18 juillet 1897.

Déjà le 18 juillet ! Je ne sais pas si je désire que le temps passe ou s'arrête. Je ne veux rien. Tania est assise au salon dans un fauteuil et pleure amèrement. Maria Aleksandrovna et moi sommes allées auprès d'elle et nous sommes mises à pleurer aussi. Pauvre Tania. Elle n'aime pas avec joie, avec audace, comme aime la jeunesse qui a foi dans l'avenir, croit que tout est possible, joyeux et qui a l'avenir devant soi. Elle est maladivement amoureuse d'un homme de quarante-huit ans et elle va en avoir trente-trois. Je reconnais qu'un sentiment est maladif à ce qu'au lieu d'illuminer l'existence, il l'obscurcit ; alors il est mauvais, impossible, mais on n'a pas la force d'y rien changer. Que Dieu nous aide !

Ma belle-fille Sonia est arrivée avec tous mes petits-enfants. Je suis très contente de les voir, mais, hélas, ils ne rempliront pas ma vie. A aimer mes enfants, j'ai épuisé toutes mes capacités d'amour et déjà ce sentiment ne peut plus me faire vivre. Tout le monde est parti pour Ovsiannikovo, — les trois petits garçons sont allés se coucher. Comme j'étudiais mon piano, Obolienskii est arrivé avec le jeune comte Chérémétiev et m'a dérangée. On me dérange toujours, c'est fatigant et désagréable !

Aujourd'hui, Léon Nikolaïévitch et moi souffrons de l'estomac, aussi sommes-nous d'humeur sombre. Expédié mille affaires : écrit au régisseur de Samara, composé pour les journaux une note annonçant la parution de la nouvelle édition ; adressé une requête au chef de district au sujet des pommiers ; envoyé des livres à Liova, des papiers d'affaire, des passeports à Moscou, répondu à Lœwenfeld qui est à Berlin ; dressé la liste des courses que je devrai faire demain à Toula, etc., etc… Tout cela est nécessaire, mais si ennuyeux, si ennuyeux ! Léon Nikolaïévitch passe ses matinées à écrire, après quoi, il s'étend sur le divan dans son bureau. Ses petits-enfants ne lui donnent pas plus de joies que ses propres enfants. Il n'a besoin de rien, ni de personne, tandis qu'autour de lui, c'est à qui réclamera ses droits à la vie, au mouvement, à la satisfaction de ses intérêts personnels…

20 juillet.

Je n'ai pas écrit hier. Après avoir passé la journée avec mes petits-enfants, je me suis occupée de photographies jusqu'à la nuit. Dormi peu et mal. Aujourd'hui, journée malchanceuse. Sacha, je ne sais comment, a pincé Annotchka et Tania lui en a fait de si vifs reproches que Sacha a sangloté et n'est pas venue dîner. J'étais irritée qu'elle troublât le repas d'anniversaire d'Ilia et en criant je lui ai intimé l'ordre de venir à table ; elle est venue, n'a rien mangé et n'a pas cessé de sangloter. J'ai pensé au chagrin qu'aurait eu le tendre Vanitchka à voir pleurer Sacha. Dès qu'il voyait que quelqu'un avait du chagrin, il devenait lui-même si triste, si triste [24].
Toujours la même chose ; nous sommes allés nous baigner, j'ai beaucoup copié. Envers Léon Nikolaïévitch j'éprouve une tendresse calme. Quand j'ai de la peine ou des difficultés, c'est pourtant auprès de lui que je vais chercher appui et consolation bien que je sache que rarement il est en son pouvoir de guérir une blessure et plus rarement encore d'aider. Seigneur, que de difficultés morales, que de questions il me faut résoudre seule !
Aujourd'hui par exemple un télégramme d'Andrioucha : « Pour l'amour de Dieu, envoyez trois cents roubles. » Que faire ? Après en avoir discuté tous ensemble, nous avons décidé de ne pas envoyer cet argent. Ilia a offert d'aller demain à Moscou voir Andrioucha qui est au camp. Je lui en suis bien reconnaissante.

Encore une malchance : le sympathique précepteur de Micha, N. V. Tourkine, ne peut pas continuer à lui donner des leçons. Les Sabaniéïev, mari et femme, sont malades et Tourkine reste seul pour veiller sur la famille et s'occuper du journal *Nature et Chasse*. Quelle malchance pour Micha ! Cela peut nuire à son examen de passage en seconde. Seul, il ne fera rien et sur quel répétiteur va-t-il tomber ?

Dans la soirée, essayé de jouer les duos et les romances de Tanéïev. Cela n'a pas marché. C'est difficile, compliqué. Il faut commencer par les apprendre.

Chaleur terrible, 43° au soleil, 30° à l'ombre. La famille d'Ilia me plaît beaucoup et je suis reconnaissante à la charmante Sonia d'être venue et d'avoir amené tous les siens. Comme elle est bonne ! C'est une femme, une épouse et une mère véritable. Elle a un gentil caractère.

Tania a pleuré hier et avant-hier, mais semble plus calme aujourd'hui.

J'ai joué du piano hier et aujourd'hui environ une heure ; c'est bien peu, en tout cas insuffisant pour faire des progrès, mais cela me calme et me distrait.

21 juillet 1897.

Hier, j'ai vu en songe Vanitchka étendu. Il était maigre et me tendait une main pâle ; aujourd'hui c'est Serge Ivanovitch que j'ai vu en rêve. Il était étendu lui aussi et me tendait les bras en souriant.

Macha m'a rapporté qu'Ilia était très affligé, qu'à Kiev, chez ma sœur Tania, chez les Filosofov, partout, on parlât de mon attachement pour Serge Ivanovitch. Comme l'opinion publique est étrange ! C'est mal d'aimer quelqu'un. Pourtant ces bavardages ne m'affligent ni ne me troublent. Au contraire, je suis heureuse et fière qu'on associe mon nom à celui d'un homme bon, honnête, excellent, plein de talent. J'ai la conscience tranquille. Devant Dieu, devant mon mari et mes enfants, je suis aussi pure d'âme, de pensée de corps que l'enfant qui vient de naître. Je sais que je n'ai aimé et que je ne puis aimer personne plus ou mieux que Léon Nikolaïévitch. Lorsque je l'aperçois à un moment où je ne m'y attendais pas, j'éprouve toujours une grande joie ; j'aime tout son être, ses yeux, son sourire, sa conversation où n'apparaît jamais un mot vulgaire (sauf dans ses accès de colère, mais ne parlons pas de cela) et son constant désir de se perfectionner.
Micha et Mitia Diakov sont partis à Poltava chez Danilevski. Ilia est parti pour Moscou voir Andrioucha. Macha et Kolia Obolienski nous ont quittés pour aller voir des parents.
Nous nous sommes baignés. Pris de nouvelles photographies et tiré celles que j'avais prises hier ; copié trois heures de suite pour Léon Nikolaïévitch. La tempête, le vent, des nuages de poussière, le roulement du tonnerre et le tocsin annonçant qu'un incendie a éclaté dans le voisinage. Chaleur accablante, 28° à l'ombre, 43° au soleil. A l'intérieur de la maison, 20 et demi.
Tania est pâle et ne se porte pas très bien. J'ai grand'pitié

d'elle, je l'aime tant ! Comme j'aurais voulu la prendre, la serrer dans mes bras, l'étreindre, l'emmener je ne sais où. Ah ! vous, les aînés de mes enfants, Serge et Tania, mes préférés, que de tendresse, de soucis j'ai eus et que de rêves j'ai faits pour vous ! Le Seigneur n'a pas daigné jeter les yeux sur vous. Vous avez eu bien peu de bonheur en partage !

22 juillet 1897.

Léon Nikolaïévitch a été de nouveau malade toute la nuit : des vomissements et la diarrhée. La crise a duré quatre heures. Les douleurs n'ont pas été très violentes et se sont calmées vers le matin. Hier, il avait mangé une quantité invraisemblable de pommes de terre cuites au four, bu du kvass malgré ses douleurs au creux de l'estomac, et avant-hier il avait bu de l'eau d'Ems et mangé des pêches. Cette absence de toute notion d'hygiène et cette intempérance surprennent chez un homme d'une telle intelligence !
Serge est venu et a joué agréablement du piano. Je vis en automate : je sors, je mange, je dors, je vais me baigner, je copie… Aucune vie personnelle, je ne lis pas, je ne fais pas de musique, je ne pense pas. Ainsi en a-t-il toujours été. Est-ce là la vie ? Hélas ! la plus grande partie de notre vie n'est pas vie, mais durée. Oui, je ne vis pas, — je dure.
Serge a dit aujourd'hui : « Maman retombe en enfance, je vais lui faire cadeau d'une poupée et d'un petit service en faïence. » — La remarque est drôle, mais ce qui est loin

d'être drôle et bien plutôt tragique, c'est que je retombe en enfance. Je n'ai jamais eu le loisir de m'occuper pour moi-même de quoi que ce soit, jamais je n'ai eu de temps pour moi. J'ai dû constamment consacrer mes forces et mon temps à satisfaire aux exigences de la famille, de mon mari ou de mes enfants. Et voilà que la vieillesse est venue, j'ai dépensé pour les miens toutes mes forces intellectuelles, psychiques et physiques et, comme dit Serge, je suis restée une enfant. J'ai déploré de ne pouvoir me cultiver davantage, de ne posséder aucun art, de connaître si peu de gens et d'apprendre d'eux si peu de choses, — maintenant c'est trop tard !

Le temps a changé, du vent, un ciel gris. J'ai écrit une lettre à Tourkine, copié pour Léon Nikolaïévitch tout un chapitre sur l'art. Encore un jour de la vie passé ! Vers le soir, l'état de Léon Nikolaïévitch s'est amélioré ; il est au salon avec son fils Serge et joue aux échecs.

23 juillet.

Impressions de la matinée : arrivée de mes fils Ilia et Andrioucha et de Soboliev, le nouveau précepteur de Micha qui remplace Tourkine. Combien je regrette Tourkine ! Soboliev est un homme aux allures vives et dégagées, un chimiste passionné, qui s'est longuement entretenu avec Serge de l'université et de la chimie. Andrioucha est allé de nouveau chez les tziganes, il a emprunté trois cents roubles. Il me fait grand'peine et je déplore sa mauvaise vie.

Qu'adviendra-t-il de lui ? Il est déjà bien mauvais et le pire c'est qu'il boit [6]. Ilia est venu aujourd'hui me trouver dans ma chambre et m'a reproché d'avoir changé, d'aimer moins mes enfants et de m'être éloignée d'eux. Tania, Sonia et Andrioucha étaient présents aussi. Je me suis disculpée et ai rappelé à mes enfants que j'avais passé ma vie à travailler pour eux, à seconder Léon Nikolaïévitch et à copier pour lui. J'ai évoqué la pénible période qui avait suivi la naissance de Vanitchka : Liova passait ses examens de fin d'études, les garçons étaient sans gouvernante, je nourrissais avec d'atroces douleurs aux seins un enfant délicat, je cherchais des précepteurs. Mes couches m'avaient affaiblie. Léon Nikolaïévitch était parti à pied pour Iasnaïa Poliana, il m'avait abandonnée malgré mes larmes et bien que je lui aie demandé son aide. Tant de soucis, de nuits sans sommeil, de doutes ! Que de printemps j'ai passés en ville afin d'aider mes fils à préparer et à passer leurs examens et maintenant des reproches et encore des reproches... J'ai écouté, je me suis justifiée, mais c'était plus fort que moi et j'ai éclaté en sanglots.

Quelques reproches que m'adressent les enfants, jamais plus je ne serai ce que j'ai été. Tout s'use, — mon amour maternel, mon attachement passionné à la famille se sont affaiblis. Je ne peux et ne veux plus souffrir au spectacle de leurs faiblesses, de leurs défauts, de leurs insuccès. Je préfère les autres gens ; j'ai besoin de relations nouvelles, plus calmes et qui me donnent davantage. J'ai tant souffert dans la famille !

Ils m'ont aussi reproché Serge Ivanovitch. Tant pis ! Cet

homme m'a tant donné et a mis tant de joie dans ma vie ! C'est lui qui m'a ouvert la porte du monde musical où, grâce à son jeu, j'ai trouvé joie et consolation. Par sa musique, il m'a ramené à la vie qui m'avait complètement abandonnée après la mort de Vanitchka. Sa douce présence m'a rendu le calme de l'âme.

Chaque fois que je le vois, je recouvre la sérénité et me sens l'âme légère. Ils croient tous que je suis amoureuse. Quel talent de tout banaliser ! Je suis déjà vieille. Ces idées et ces propos ne sont plus de mise ici.

Après le thé, nous sommes allés nous promener avec Léon Nikolaïévitch, Serge, Tania, Sacha et les gouvernantes. Sur un ton déplaisant et irrité, Léon Nikolaïévitch a parlé à Serge de l'importance de la science. Je me suis éloignée, car je ne supporte pas ces sortes de conversation qui menacent à chaque instant de dégénérer en discussion et en querelle. Serge a été réservé et tout a bien fini. Quand nous sommes revenus, il faisait déjà sombre ; les hommes ont joué aux échecs, j'ai lu un peu. J'avais passé toute la journée à copier.

Le temps s'est refroidi, un vent du nord sec. Vers le soir cela s'est éclairci. Nous sommes allés pourtant nous baigner. Je n'ai pas la possibilité de jouer du piano et je m'ennuie. J'ai taillé les cheveux à mes petits-enfants et passé la soirée avec eux ; ils sont très gentils, mais le sentiment de grand'mère ne me prend pas très profondément. Il faudrait de nouveau se donner à la famille, prendre à cœur les intérêts matériels des enfants et moi je suis déjà sortie de la famille, la vie des enfants ne m'intéresse plus. J'en ai assez.

24 juillet 97.

Ce matin, j'ai fait travailler Sacha et corrigé sa composition sur la forêt. Puis nous sommes allés nous baigner. Après déjeuner, j'ai copié pour Léon Nikolaïévitch et tout à l'heure, j'ai terminé la transcription d'un long chapitre. Le soir, tout le monde a joué au tennis. [45] La pluie nous a tous chassés à la maison ! Causé d'abord avec Ilia, puis avec Andrioucha et Vaka. J'ai essayé surtout de leur montrer les funestes conséquences de l'ivresse, des beuveries, et leur ai conseillé de renoncer totalement à l'usage du vin. Toutes les erreurs et les mauvaises actions de mes fils ont pour cause principale l'usage du vin. Tania a rapporté de Toula quelque animation, mais cette animation d'où la joie est absente me fait peine. Partie, elle est partie de chez nous notre charmante Tania, elle s'est dit adieu à elle-même ainsi qu'à la vie calme et heureuse et elle va à sa propre perte. Ira-t-elle jusque-là ? Nous reviendra-t-elle un jour ? Ah ! que toute est triste, triste !…
Je vais lire les *Lettres sur la Musique* d'A. Roubinstein. Léon Nikolaïévitch a chez lui Iartzev, un obscur, avec lequel il s'ennuie d'une manière insupportable. Il est patraque, faible, et a constamment mal au ventre. Il passe tout son temps étendu en bas à lire ; il est d'humeur morne et grave. Tania lui fait beaucoup de chagrin.

25 juillet.

Léon Nikolaïévitch continue à souffrir de l'estomac, aussi est-il sombre et ne peut-il pas travailler. Il est de mauvaise humeur et m'en a même demandé pardon. Passé la journée dans l'oisiveté. Copié une romance que Serge Ivanovitch, à la demande de Tania, a écrite sur les vers de Feth : « Quel bonheur ! La nuit et nous sommes seuls ! » Lu les *Lettres sur la Musique* de Roubinstein, rêvé de jouer, mais n'y ai pas réussi. L'après-midi, après le thé, j'aurais eu grande envie d'aller me promener très loin. Tania et Sonia ont fait un tour en barque, les gouvernantes sont allées avec Sacha à Kozlovka. Léon Nikolaïévitch a reçu la visite d'un élève du grand séminaire qui lui a été adressé par Annenkova. J'ai appelé mon mari pour qu'il vînt se promener, mais le soleil étant couché, il a eu froid, n'est venu que jusqu'au village et est rentré seul à la maison tandis que Sonia et moi avons poursuivi notre promenade. Mais que valent ces promenades ? Courtes, sans intérêt. Merci pourtant à la charmante Sonia de m'avoir accompagnée ; sa présence m'est toujours agréable. Tania et moi avons acheté à une vieille femme des dentelles russes. Après le dîner, Léon Nikolaïévitch nous a lu un drame français assez sot que publie *la Revue Blanche*. Sonia et les enfants partiront demain, cela me fait grand'peine ! Ils ne nous ont pas gênés le moins du monde, mais nous ont apporté joie et animation.

Aujourd'hui quand j'étais assise sur le balcon, j'ai pensé : je

suis bien installée, Iasnaïa Poliana est belle ; je mène une existence paisible, mon mari m'est dévoué, je suis matériellement indépendante, — pourquoi ne suis-je pas tout à fait heureuse ? Est-ce ma faute ? Je sais toutes les raisons de mes souffrances morales. Tout d'abord, je souffre parce que mes enfants ne sont pas aussi heureux que je l'eusse voulu et parce que, au fond, je suis terriblement seule. Mon mari n'est pas un ami pour moi ; par moments et surtout dans sa vieillesse, il a été un amant passionné. Pourtant, avec lui, j'ai été seule toute ma vie ! Il ne se promène pas avec moi parce qu'il aime à méditer dans la solitude. Il ne s'intéresse pas à mes enfants, — cela lui est difficile et l'a toujours ennuyé. Il ne m'a jamais accompagnée nulle part et nous n'avons partagé aucune impression, — il les a toutes éprouvées auparavant et a parcouru le monde seul. Humble et silencieuse, j'ai vécu avec lui toute une vie, — uniforme, égale, sans intérêt, impersonnelle. Et voilà que maintenant se réveillent souvent le maladif besoin d'impressions artistiques, d'impressions de la nature, le désir de me développer intellectuellement, d'acquérir de nouvelles notions et de nouvelles connaissances, de voir des gens, — mais il faut étouffer ces besoins et ces désirs et, silencieuse et soumise, vivre jusqu'au bout une vie dépourvue d'intérêt. A chacun sa destinée ! Le sort a voulu que je sois au service d'un mari écrivain. C'est bien ainsi. Au moins, je me suis sacrifiée à un homme qui en était digne !
Je suis allée voir un enfant malade à qui j'ai appliqué des compresses sur le ventre et donné un médicament. Il a

docilement accepté tous mes soins.

26 juillet 1897.

Après avoir passé la matinée à copier de la musique, je suis allée me baigner ; il fait très froid et il y a du vent. L'Anglais Mod, Boulanger, Zinoviev, Nadia Féré sont arrivés. Mod est lourd et ennuyeux. Zinoviev est bien doué, vif, mais assez peu sympathique. Boulanger est intelligent, bon, très dévoué à Léon Nikolaïévitch et à notre famille. Il est très occupé en ce moment par les éditions du *Posriednik*. Nous avons parlé de la mort et des manières diverses de l'envisager. Quant à moi, je sens depuis longtemps que mon âme existe en dehors de mon corps, détachée des biens terrestres. Cela a donné à ma personne morale une absolue liberté et par conséquent l'éternité. En outre, les liens qui m'unissent au principe divin sont si forts que je sens la voie par laquelle je retournerai au principe dont je suis issue. J'ai des minutes de joie profonde quand je songe à ce mystérieux passage dans un lieu où il n'y aura vraisemblablement plus de souffrances. Je ne sais pas m'exprimer, mais il me semble que quand je mourrai, je serai libérée de toute ma personne, de tout ce poids et que légère, légère, je m'envolerai là-bas.
Ce soir, je suis restée longtemps au piano. J'ai rejoué avec intérêt et curiosité différents passages des sonates de Beethoven et étudié une invention de Bach. Terminé les *Lettres sur la Musique* de Roubinstein. Léon Nikolaïévitch

ne se porte pas très bien. Il ne se nourrit pas suffisamment, ce régime végétarien lui dilate le ventre et les intestins et lui donne des aigreurs et des vents. Il est allé à cheval à Kozlovka et s'est longuement entretenu avec nos hôtes.

Sonia et les enfants nous ont quittés le matin de bonne heure. Andrioucha est allé chez Bibikov. Ils m'ont tous promis de ne pas boire, mais ils ne peuvent se passer deux jours de ces beuveries, ni de cette pernicieuse société de gens comme Bibikov. Tania semble plus calme, mais comme elle a maigri ! Sacha est allée aux noisettes avec les gouvernantes. Le temps s'est refroidi. Des pommes à profusion. Comme elles sont jolies à voir ! C'est aujourd'hui qu'on en fera la cueillette.

27 juillet 1897.

Nous sommes allés nous baigner ce matin, l'eau avait 14° ; la température extérieure est de 11°. Très froid ! Bien que Léon Nikolaïévitch soit encore patraque, il est allé à cheval à Iasienki. Tania et moi sommes allées à cheval à Ovsiannikovo. Le soleil s'est couché dans un ciel clair et pur, — la lune, — le soir, tout s'est apaisé. C'était très bien ! C'est ainsi que je vis maintenant, je jouis de la minute présente. J'ai trouvé Maria Aleksandrovna fatiguée, abattue même. Elle travaille trop. De nouveau Zinoviev, Mod et Boulanger. Boulanger s'est longuement entretenu avec moi et m'a dit que si, conformément à la doctrine de Léon Nikolaïévitch, j'avais renoncé à tout ce que je possédais et m'étais mise à gagner ma vie, on ne nous aurait pas laissés dans le besoin, on ne nous aurait pas laissés travailler, mais de toutes parts auraient afflué vers nous argent, secours et affection.

Quelle naïveté ! Nous vivons seuls et seuls aussi nous devons subvenir à nos besoins, souffrir. Jamais nul autre que mes filles et moi n'est venu au-devant de nos besoins, ne nous a soignés quand nous étions malades, ni ne nous a aidés en rien.

J'ai fait un peu de musique, étudié les *Inventions* de Bach, déchiffré l'ouverture d'*Obéron* et joué des choses que j'aime : une mélodie de Roubinstein, une romance sans paroles de Mendelssohn et une romance de Davidov.

28 juillet 1897.

Je passe mes journées dans la mollesse et l'oisiveté, bien que ma vie intérieure soit très pleine. Nous sommes allés nous baigner. Guinsbourg et Raïevskii sont venus et le soir Tzinger. Guinsbourg désire modeler de moi une petite statue. Il a loué ma taille, ma silhouette et m'a dit qu'au cours de ces six dernières années, je n'avais pas changé du tout.

A quoi bon tout cela ? Ces compliments, alors même qu'ils ne seraient que compliments, flattent agréablement la vanité. Léon Nikolaïévitch a joué au tennis et moi, j'ai passé deux heures au piano ce qui m'a rendu courage. Après le thé, nous sommes allés nous baigner à Goriéla

Poliana, puis à Zassiéka par la route. Après avoir passé quelques instants dans la pépinière domaniale, nous avons regagné la maison. A ce moment la lune presque pleine se levait dans un ciel magnifiquement clair. A l'occident, le soleil à son déclin répandait sur le ciel une lueur d'un rose si beau et si tendre que les yeux couraient du levant au couchant. Mod semble se croire obligé de m'accompagner et de causer avec moi, mais je voudrais tant me promener seule, me taire et penser…

Le soir, j'ai joué à quatre mains avec Soboliev la huitième symphonie de Mozart et le commencement d'un septuor de Beethoven.

Reçu de Serge Ivanovitch une lettre que j'attendais, car je lui avais envoyé des photographies et lui, en homme bien élevé, était tenu de m'en remercier.

Parlé encore une fois à Tania de Soukhotine. De nouveau cet entretien m'a mise au supplice, car j'ai vu combien elle était allée loin avec lui. Bien que Léon Nikolaïévitch soit en bonne santé, il est de peu joyeuse humeur. Il a fait une partie de tennis et maintenant, il joue aux échecs avec Mod. C'est dommage que Micha ne vienne pas ! Andrioucha rejoint son régiment cette nuit.

Une lettre tendre de Liova. Il est en mal de la Russie, mais il a peur, s'il y vient, que sa femme ne s'attriste sans ses parents. On ne peut pas tout concilier dans la vie !

29 juillet 1897.

Encore une journée ennuyeuse ! Qu'ai-je fait ? Ce matin, travaillé sans plaisir avec Sacha, puis je suis allée me baigner, ce qui me prend beaucoup de temps, mais est agréable et entretient la fraîcheur du corps. Après déjeuner, écrit à Liova et à Serge Ivanovitch. Bien que j'aie recopié deux fois cette dernière lettre, elle resta assez maladroite. Tania s'est fâchée contre moi parce que, dans la lettre que j'ai écrite à Liova, je narre son histoire avec Soukhotine. J'en avais alors si gros sur le cœur que je n'ai pas pu me retenir d'en parler à mon fils. Mais Tania est la première à en parler à niania et à toutes les gouvernantes. Pendant la journée, j'ai confectionné à Léon Nikolaïévitch un bonnet de tricot noir. Nous sommes allés à Kozlovka. J'ai porté mes lettres et envoyé un télégramme à Micha pour le convoquer. Dans la soirée, copié pour Léon Nikolaïévitch. Je n'ai pas joué de piano et je m'ennuie.
Mod a passé toute la journée ici. Flettcher, le directeur du *Sévernii Viestnik*, est venu (il a besoin de la collaboration de Léon Nikolaïévitch, c'est pourquoi il m'est désagréable). Nous sommes allés nous promener tous ensemble, mais Léon Nikolaïévitch et Flettcher marchaient loin devant nous, aussi n'ai-je pas pu suivre leur conversation. D'ailleurs, même si je ne l'avais pu, je n'aurais rien entendu de nouveau ni d'intéressant. Ces raisonnements, cette négation et destruction de tout, cette recherche, non de la vérité, — ce qui eût été bien, — mais de l'inédit, de l'extraordinaire et de l'étonnant, — est fastidieuse. Celui qui, l'âme pantelante, cherche la vérité pour lui-même fait

bien et mérite respect, mais celui qui cherche à étonner autrui ne fait rien d'utile. Que chacun cherche pour soi-même !

De nouveau, des journées claires, un temps terriblement sec, magnifiques nuits de lune. Si l'on pouvait d'une manière ou d'une autre tirer profit de cette beauté de la nature. mais la vie est d'une telle banalité !

30 juillet 1897.

Comme elle est belle, cette lune qui brille en ce moment derrière ma fenêtre ! Comme j'aimais à la contempler dans ma jeunesse tout en conversant intérieurement avec le bien-aimé absent. Je savais que lui aussi regardait cet astre dont la beauté captivait nos regards et par l'intermédiaire duquel nous menions un secret entretien.

Joué du piano pendant quatre heures. La musique m'a immédiatement soulevée de terre. Tout ce qui me paraissait désagréable et important est devenu moins désagréable et plus facile à supporter. Aujourd'hui deux ennuis : un télégramme de Danilevskaïa m'annonçant que Micha se porte bien, qu'il est de joyeuse humeur, mais n'arrivera que samedi. Ce retard, ce manque de délicatesse et de conscience de la part de Micha m'ont mise au désespoir. J'ai pris un précepteur chez nous, j'ai fait pour Micha des démarches auprès du proviseur du lycée au sujet des examens d'automne. Quant à Micha, il se promène à Poltava et c'est moi qui devrai répondre pour lui devant son

précepteur et devant son proviseur. Non, je ne puis plus supporter le fardeau de l'éducation de mes fils qui sont faibles et mauvais. Ils me mettent à la torture. J'ai pleuré tout simplement en recevant ce télégramme. Même Léon Nikolaïévitch, qui est indifférent à tout ce qui concerne les enfants, en a été indigné. J'ai expédié à Micha un troisième télégramme, mais voilà déjà deux semaines perdues !
L'autre ennui vient de Sacha qui a commencé de très mal travailler avec moi. Je lui ai redonné à étudier une leçon qu'elle n'avait pas sue, mais elle ne s'est pas donné la peine de l'apprendre, aussi lui ai-je défendu d'aller se promener à cheval avec Tania. Je n'aime pas à punir, mais Sacha a déjà lassé la patience de toutes les gouvernantes.
Journée sans intérêt. Je suis allée me baigner, j'ai copié, joué du piano. Léon Nikolaïévitch est allé à cheval à Miasoïédovo prendre des informations sur les victimes de l'incendie. Le sculpteur Guinsbourg est venu. Chaleur tropicale, sécheresse terrible. Le hibou hulule. La nuit est magnifique ; il règne un si grand calme.

31 juillet 1897.

Toujours la même chose : beaucoup copié pour Léon Nikolaïévitch. Par instants, ce travail m'intéresse, par instants, mon désaccord avec l'auteur est si profond que cela m'irrite ; pourtant je ne me décide pas à entrer en discussion avec lui. Il se fâche si fort lorsque quelqu'un le contredit qu'il faut immédiatement couper court au débat.

— Dans son *Étude sur l'art,* j'ai trouvé une idée heureuse : l'art a été sincère aussi longtemps qu'il est resté au service de la religion et de l'Église ; mais quand l'humanité eut perdu la foi, l'art, ne sachant plus qui servir, s'est égaré.
Il me semble que cette idée n'est pas nouvelle. Je me rappelle que moi-même, lorsque j'ai vu le temple du Saint-Sauveur, j'ai dit que cet édifice ne me plaisait pas parce que le sentiment religieux en était totalement absent (ceci est vrai également de la décoration et de la peinture), c'est pourquoi c'est un temple païen. Dans la cathédrale de l'Assomption, au contraire, tout respire la foi, la foi naïve et véritable de naguère, aussi cette cathédrale est-elle beaucoup plus belle, c'est le temple de Dieu.
Nous sommes allés nous baigner ; j'ai fait des exercices de piano durant une heure. Le soir, Léon Nikolaïévitch est allé à cheval à Toula chercher le courrier. Tania, à cheval aussi, s'est rendu à Iasienki. Goldenweiser est venu, il m'a joué des romances, des préludes, toutes les œuvres de Serge Ivanovitch que j'ai copiées. Il déchiffre admirablement. Au cours de la journée, Guinsbourg a modelé de moi une statuette ; ce qu'il a fait jusqu'ici est sans goût, très mauvais et pas ressemblant du tout. Qu'adviendra-t-il ensuite ? Micha n'est pas arrivé. Quel ennui ! le soir, j'ai cousu pour moi une chemise et transformé le bonnet de Léon Nikolaïvitch. Puis j'ai copié et encore copié. C'est ennuyeux et je suis mal portante. Léon Nikolaïévitch fait une partie d'échecs avec Goldenweiser. Il est gai et en bonne santé, grâce à Dieu ! Une lettre de Liova qui revient

le 12.

1er août 1897.

Copié aujourd'hui l'étude de Léon Nikolaïévitch sur l'art. Il s'élève avec indignation contre le rôle trop grand que joue l'amour (la manie érotique) dans toutes les œuvres artistiques. Mais pas plus tard que ce matin, Sacha m'a dit : « Papa est si gai aujourd'hui que nous nous sommes tous mis à l'unisson. » Si elle savait que la gaieté de son père découle toujours de la même source : de cet amour qu'il nie [64].
Journées claires et très sèches. Partout poussière, détresse. Nous sommes allés nous baigner ; j'ai posé pour Guinsbourg. Fait une promenade au clair de lune. Goldenweiser a magnifiquement joué une sonate de Chopin et *la Marche funèbre*. Quelle merveilleuse épopée musicale ! si profondément sentie ! C'est tout un conte sur la mort. La monotonie du glas funèbre, les râles de l'agonie, les tendres et poétiques souvenirs que l'on évoque sur la mort, les cris sauvages du désespoir. On peut suivre tout le récit. J'espère que c'est là, même au point de vue de Léon Nikolaïévitch, une véritable œuvre d'art. Goldenweiser a joué encore des préludes de Chopin, une sonate de Beethoven et des variations de Tchaïkovski. Quel plaisir cela a été pour moi !
Visite des Obolienski. Tania a minaudé devant le nouveau précepteur. Combien est forte cette habitude de coqueter !

Léon Nikolaïévitch a joué avec emballement au tennis trois heures durant, puis il s'est rendu à cheval à Kozlovka ; il aurait voulu y aller à bicyclette, mais celle-ci est abîmée. Aujourd'hui encore, il a beaucoup écrit ; en somme il est jeune, gai et bien portant. Quelle nature vigoureuse ! Hier, non sans tristesse, il m'a fait observer que j'avais vieilli ces jours-ci. Je serai usée avant lui malgré ma santé et mon apparence de jeunesse et bien que je sois de seize ans plus jeune que lui. Je n'ai ni joué, ni lu ; cet immense travail de transcription me prend tout mon temps. Dans la soirée, j'ai été saisie d'angoisse et ai couru me promener. Comme on est impuissant parfois devant la passion et combien cette impuissance vous fait souffrir. C'est le sentiment que doit éprouver un être qu'on aurait emmuré. Telle je me suis sentie après la mort de Vanitchka et telle je me sens parfois maintenant. Comme on souffre alors et avec quelle joie on acclamerait la mort.

2 août 1897.

Ce matin, Micha est arrivé d'Ukraine où il était allé chez les Danilevski. J'aurais voulu le gronder pour ce retard, mais le courage m'a manqué ; il est heureux des impressions qu'il rapporte de son voyage. Comme c'est bon la jeunesse, la nouveauté des impressions que donnent la nature, les gens, la nature surtout. En outre, cela lui a fait du bien de changer de vie. Tous ces derniers temps, sa sensualité était très excitée.

Aujourd'hui, je me suis baignée avec Nadia Ivanova, nous avons nagé longtemps. Ensuite, j'ai beaucoup copié pour Léon Nikolaïévitch qui m'a dit : « Comme tu copies bien et comme tu sais bien ranger mes papiers ! » Merci pour ces paroles ! Quelque peine que l'on prenne pour lui, ce n'est pas si facile d'obtenir sa reconnaissance. J'ai de nouveau posé pour Guinsbourg ; sa statue continue à n'être pas ressemblante, j'ai l'air d'un monstre et je regrette le temps que j'ai perdu. La statue de Léon Nikolaïévitch n'est pas ressemblante non plus, il est affreux lui aussi. Ce Guinsbourg n'a aucun talent pour la sculpture ! Le soir, Sacha et moi sommes allées à la rencontre de la voiture qui avait emmené Macha et Kolia. Pauvre, pauvre Macha avec ce fainéant à longues oreilles ! Elle est maigre, maladive et fait pitié ! C'est elle qui porte tous les soucis ; quant à lui, il se balade, joue, mange aux frais d'autrui et ne pense à rien.

En ce moment, Léon Nikolaïévitch reçoit un visiteur, un ouvrier. Il a beau prétendre que cet homme est intelligent, il s'ennuie visiblement en sa compagnie et ne sait qu'en faire. J'ai terminé les *Entretiens sur la Musique* de Roubinstein et, chemin faisant, j'en ai raconté la teneur à Sacha.

Le soir, Soboliev a raconté des choses intéressantes sur les mines d'or et de platine de l'Oural. Temps doux, calme ; nuits de lune, bien que le ciel soit légèrement couvert. Léon Nikolaïévitch a eu aujourd'hui une contrariété : sa bicyclette s'est cassée, en sorte qu'il a dû aller à cheval se baigner. Il m'a surprise, car il a passé toute la matinée à jouer au tennis ; lui qui attache tant de prix à ses matinées est si emballé de ce jeu qu'il y va dès le grand matin. Que de jeunesse en lui ! Quant à moi, les seules distractions qui me restent sont la musique et le jardinage : scier les branches mortes, semer, arracher les mauvaises herbes.

3 août 1897.

Ce matin, trié mes lettres à Léon Nikolaïévitch et les lettres de lui à moi. Il faut que je les copie et les porte au Musée Roumiantzev. J'en ai déjà donné une partie. Je suis allée me baigner seule, puis j'ai posé. Après déjeuner, joué du piano, déchiffré quelques morceaux de Schumann, de Beethoven, de Tchaïkovski. J'étais seule en bas, il faisait bon. Le soir, copié l'étude de Léon Nikolaïévitch sur l'art. Je suis entièrement dévouée à mon mari et lui est calme et heureux. De nouveau, il remplit mon existence. Est-ce que cela me rend heureuse ? Hélas non ! Je fais ce que je dois et en cela je trouve quelque satisfaction, mais souvent je suis profondément triste et j'éprouve d'autres désirs.

4 août 1897.

Des visites tout le jour. A peine étais-je levée qu'un Français est venu voir Léon Nikolaïévitch. C'est un homme bien élevé, de culture médiocre qui vit à l'ordinaire dans sa propriété sise dans les Pyrénées et parcourt l'Europe pour faire des recherches géologiques. Puis ce fut au tour du peintre Kasatkine qui nous a montré une collection de photographies et de dessins qu'il rapporte de l'étranger.

Cela m'a fait un grand plaisir. Après être allée seule me baigner, nouvelle séance de pose. Léon Nikolaïévitch a posé aussi pour Guinsbourg. Dans la soirée, nous sommes allés nous promener ; temps sec, serein, le ciel rosâtre au couchant et maintenant la lune. Nous avons reçu encore la visite de deux docteurs d'Odessa qui se rendent à Moscou pour un congrès de médecins. Ils sont restés une heure et demie. L'un, M. Schmidt, est un médecin civil, l'autre est un médecin militaire du nom de Lioubomoudrov. Tous deux sont désagréables. Avant d'aller se coucher, Goldenweiser a joué une sonate de Beethoven et le *Carnaval* de Schumann. Léon Nikolaïévitch se plaint d'être faible et d'avoir des frissons. Il est allé se baigner et a bu beaucoup de thé. Il a tort de se baigner !

5 août 1897.

Jour par jour, sans arrêter jamais, la vie s'enfuit. Je suis allée me baigner et ai emmené Sacha et Vierotchka dans la petite voiture. Nous avons passé beaucoup de temps à prendre des photographies. Après déjeuner, séance de pose de deux heures. La statue continue à très peu me ressembler. Kasatkine et moi avons photographié Léon Nikolaïévitch à cheval, mais aucune des photographies n'est réussie ; le cheval a bougé et je n'ai pas laissé l'objectif assez longtemps ouvert. Léon Nikolaïévitch est allé à cheval à Miasoïédovo pour distribuer des secours aux victimes de l'incendie. L'après-midi, nous sommes allés en bande nous promener, nous avons passé par le village. Tania a absolument voulu entrer chez le fils de la nourrice de Léon Nikolaïévitch, un paysan qui lit des livres et des journaux, méprise les « Messieurs » et les savants et se croit plus intelligent que tout le monde. Un moujik déplaisant ! Lorsque nous sommes rentrés, il faisait déjà sombre, j'ai développé les photographies et nous avons dîné. Reçu des nouvelles d'Andrioucha et de Gourévitch. Cette dernière me demande pour son journal un article de Léon Nikolaïévitch. Pourquoi est-ce à moi qu'elle s'adresse ? Léon Nikolaïévitch n'en fait jamais qu'à sa tête et la plupart du temps, il prend plaisir à me contrarier. Et moi, je n'aime pas Gourévitch et ne ferai rien pour elle. En ce moment Léon Nikolaïévitch lit son étude à Kasatkine, à Guinsbourg, à Soboliev et à Goldenweiser. Sa langue est lourde à la lecture. Temps sec, clair et doux. Macha est souffrante. Tania continue à caresser son rêve de sacrifier sa vie à la famille Soukhotine [5], mais grâce à Dieu, elle n'a perdu ni son calme ni sa gaieté.

Donné aujourd'hui à Sacha une excellente leçon, corrigé sa composition « Description de notre jardin », l'ai interrogée de nouveau sur sa leçon de géographie et lui ai longuement parlé des différentes formes de gouvernement.

6 août.

Extrêmement fatiguée d'avoir transcrit un long chapitre sur l'art. Guinsbourg m'a fait poser longtemps et cela aussi m'a

fatiguée. Occupations qui assombrissent l'âme. Je suis lasse de travailler pour autrui bien que ce travail ne manque pas d'intérêt. Mais combien un travail personnel serait plus facile et plus agréable ! [20] Le soir Guinsbourg a imité un tailleur, puis un Anglais prononçant un discours et un Allemand faisant la lecture. Tout le monde a ri, mais le rire de certains était forcé. Quant à moi, je ne sais pas rire et n'ai pas le sens du comique. C'est mon défaut. Goldenweiser a admirablement joué un concerto de Grieg, une œuvre forte, originale qui me plaît beaucoup, deux nocturnes de Chopin, quelque chose de Schubert et une valse de Roubinstein. Kasatkine fait une petite esquisse d'après Tania. Soboliev nous a de nouveau pris en photographie et j'ai tiré quelques positifs de ses excellents négatifs. J'aurais voulu prendre aussi quelques photographies, mais les travaux de copie et les séances de pose ne me laissent aucun loisir.
Macha et Kolia sont ici. Macha est maigre, pâle et me fait peine. La pauvre ! Je voudrais tant lui aider ! De Tania, je n'écrirai rien. Ce qui se passe avec elle est terrible [26].
Léon Nikolaïévitch, accompagné de Kolia, est allé à cheval à Iasienki. On a modelé aussi d'après lui une statue, mais celle-ci est fort peu ressemblante. Pendant la soirée, il a lu à nos hôtes les trois premiers chapitres de son étude sur l'art. Plus tard, il a fait une partie d'échecs avec Goldenweiser et son fils Serge. Léon Nikolaïévitch est en train et bien portant.

8 août 1897.

Macha est tombée malade. Roudniev pense qu'elle a le typhus. Avec quel serrement de cœur, j'ai appris cette nouvelle ; j'ai des spasmes, des larmes dans la gorge, ces larmes familières et terribles, ces larmes d'inquiétude et de douleur, toujours en réserve et prêtes à couler. Macha voit constamment en songe Vanitchka, peut-être veut-il la rappeler à lui et l'arracher à cette vie misérable, pénible, compliquée avec ce flegmatique Kolia. Avant son mariage, Macha a mené une vie bonne et utile, une vie de sacrifice. Quel est l'avenir qui l'attend ? Dieu le sait. Elle me fait grand'pitié. Depuis qu'elle a quitté la famille, elle est si misérable ! Je me suis rappelé que Sacha Filosofova était morte du typhus et ma terreur n'a fait que croître.
A la maison, les visiteurs sont si nombreux qu'on ne s'y reconnaît plus : Macha et Nicolas Maklakov, les deux sœurs Stakhovitch, les deux Natacha, Natacha Obolienskaïa et Natacha Kolokoltzéva, Guinsbourg, Goldenweiser et Kasatkine. Nous étions vingt à table. Chacune de ces personnes, prise séparément, est très agréable, mais c'est dommage qu'elles soient venues toutes à la fois. Ni promenades, ni intimité, ni travail, ni copie, seulement un grand remue-ménage. Nouvelle séance de pose. Tiré de nouvelles photographies, je me suis baignée, je ne fais absolument rien. Le temps s'enfuit irrévocablement [97].
Hier, Léon Nikolaiévitch a lu mon journal que j'avais laissé sur la table et y a trouvé matière à s'affliger. Qu'est-ce qui

peut lui faire de la peine ? Je n'ai jamais aimé personne autant et aussi longtemps que lui !

Un télégramme de Lombroso, anthropologue, qui est actuellement à Moscou pour le congrès médical et désire venir voir Léon Nikolaïévitch.

Pendant les séances de pose, Léon Nikolaïévitch lit à haute voix son étude sur l'art. Ce qu'il y a de très bien dans cette étude, c'est que l'auteur prend à partie les tendances de la jeune école décadente. Il faut endiguer cette tendance vile et insensée. Et à qui, sinon à Léon Nikolaïévitch, incombe cette tâche ?

11 août 1897.

Trois jours que je n'ai rien noté dans mon journal. Avant-hier on nous a amené Macha d'Ovsiannikovo. Elle a le typhus intestinal et, depuis quelques jours, une température de 40°. Au début, nous avons eu grand'peur, puis nous nous sommes faits à l'idée qu'elle est malade. Le docteur Roudniev nous a assurés que le typhus était léger. Pourtant Macha fait peine ; elle est très accablée, s'agite et ne dort pas la nuit. Je suis restée auprès d'elle jusqu'à trois heures du matin et ai copié l'étude de Léon Nikolaïévitch. J'ai beaucoup écrit. Macha a eu des douleurs dans le ventre. Léon Nikolaïévitch s'est levé et à voulu préparer lui-même le samovar afin que l'on pût faire des cataplasmes, mais le poêle étant encore chaud, il a mis chauffer les serviettes dans le four. Il me donne toujours envie de rire lorsqu'il entreprend quelque travail manuel. Il s'y prend de façon si primitive, avec tant de naïveté et de gaucherie. Hier, il a taché de suie toutes les serviettes, sa barbe s'est allumée à la flamme de la bougie et quand j'ai voulu l'éteindre en la serrant dans mes mains, il s'est fâché contre moi.

Tania m'a remplacée auprès de Macha à 3 heures du matin. Lombroso vient d'arriver. C'est un petit vieillard qui flageole sur ses jambes. Il est trop décrépit pour ses soixante-deux ans. Il parle le français mal, avec un fort accent et il fait beaucoup de fautes. Quant à l'allemand, il le parle plus mal encore. C'est un Italien, un anthropologue qui a consacré ses études au problème de la criminalité. J'aurais voulu le faire parler, mais je n'ai obtenu de lui que peu de choses intéressantes. Il a dit que le nombre des crimes va croissant partout sauf en Angleterre, qu'il n'ajoute pas foi aux renseignements fournis par les statistiques russes puisque la liberté de la presse n'existe pas chez nous. Il a ajouté que, — bien qu'il ait étudié la femme durant sa vie entière, — il ne pouvait pas la comprendre. Au sujet de la femme, — de la femme latine, — pour employer ses propres expressions, il a déclaré la Française et l'Italienne inaptes à tout travail. Leur seul but dans la vie est d'être élégante et de plaire. Quant à la femme slave, et la femme russe est de ce nombre, elle est apte à n'importe quel travail et infiniment plus morale. Il a dit que l'éducation était pour ainsi dire impuissante devant l'hérédité. Je suis d'accord avec lui.

Guinsbourg est parti aujourd'hui après avoir terminé la statuette de Léon Nikolaïévitch et la mienne. Hier, pendant que Léon Nikolaïévitch posait, trois jeunes filles ont insisté pour qu'on les introduisît auprès de Tolstoï. Quand celui-ci s'informa auprès des visiteuses si elles avaient quelque chose à lui demander, elles répondirent qu'elles désiraient seulement le voir. Et, après l'avoir regardé, elles s'en allèrent. Il est venu encore un jeune homme dans ce même but, mais on lui a répondu que Léon Nikolaïévitch n'était pas à la maison. Plus tard, comme nous prenions le thé, nous vîmes arriver quelqu'un, tout couvert de sang, qui menait sa bicyclette à la main. Il demanda Léon Nikolaïévitch. C'était un professeur du lycée de Toula, qui s'était fait mal en tombant de bicyclette. On l'a emmené dans le pavillon, lavé et on a pansé ses blessures. Nous l'avons retenu à dîner.

Les Natacha nous ont quittés hier et demain déjà, il ne restera presque plus personne à la maison. J'ai un grand désir de solitude. Hier Micha est parti pour Moscou avec son précepteur qui fait partie du jury. Il a fait chaud tous ces jours-ci. Une sécheresse et une poussière terribles ! Je ne suis pas bien portante, j'ai le corps brisé, des douleurs dans le foie et les reins. Léon Nikolaïévitch va bien, il a joué longtemps au tennis aujourd'hui. Et moi, ne serai-je plus jamais gaie, ni heureuse ? Rien ne me réussit et pourtant, il faudrait si peu de choses pour me satisfaire : pouvoir jouer du piano pendant deux heures et avoir cinq jours de liberté pour aller à Kiev chez ma sœur Tania. La maladie de Macha s'est mise en travers de tous mes projets. Qu'elle soit ici, dans la maison paternelle, ce n'est que trop naturel ! Moi-même, la sachant malade, j'aurais été la première à l'aller chercher. Mais ce qui me fâche, c'est la présence de Kolia, j'ai toujours envie de le chasser comme une mouche importune. Je n'aime pas ces pique-assiettes, flegmatiques, sans-gêne, paresseux.

13 août 1897.

Macha continue à avoir de la fièvre. Plus de 40° depuis le matin jusqu'au soir. La pauvre ! elle me fait peine. On se sent si impuissant devant le cours inflexible et l'obstination de cette affreuse maladie ! Jamais encore, je n'ai vu pareil typhus ! Le docteur que Léon Nikolaïévitch était allé chercher hier ne voit pas de danger, mais moi, j'ai constamment un poids sur le cœur.
Ces jours-ci, j'ai copié une grande partie de l'étude sur l'art. J'en ai parlé à Léon Nikolaïévitch et lui ai demandé comment il voulait que l'art existât sans écoles spéciales. Mais il est impossible de discuter avec lui, il s'excite, crie et devient si désagréable que tout l'intérêt que l'on prenait à la question recule à l'arrière-plan et que l'on n'a plus qu'un seul désir, qu'il se taise au plus tôt. Ainsi en a-t-il été hier !
Lorsqu'il a lu son étude à nos hôtes, ceux-ci n'ont pas soufflé mot et ils ont eu raison de faire semblant d'être d'accord avec lui. Il a parfois des idées magnifiques : celle-ci, par exemple, l'art doit servir à inspirer les hommes et non à les distraire. C'est une incontestable vérité. Encore une autre idée très belle : dans toutes les écoles, on devrait enseigner le dessin, la musique et tous les autres arts afin

que chaque homme de talent ait la possibilité de trouver sa voie.
Chaleur et sécheresse terribles ! On a semé l'orge dans la poussière. L'herbe, les feuilles, tout est sec. Nous prenons des bains et cela nous soulage. Micha, qui est à Moscou, nous laisse sans nouvelles.

14 août.

Liova et Dora arrivent de Suède, gais et heureux. Dieu soit loué ! Ils vont nous égayer. Le docteur est venu et a assuré que l'état de Macha n'inspirait aucun danger. Je lui ai demandé conseil pour ma propre santé. Il a trouvé mon système nerveux très atteint et mon organisme sain. Il m'a prescrit du brome.
Léon Nikolaïévitch s'est rendu à cheval à Babourino où l'avait appelé un professeur de Pétersbourg. Passé tout le jour dans l'oisiveté. Je suis très fatiguée parce que je reste auprès de Macha jusqu'à 4 heures du matin. Elle est brûlante de fièvre, très agitée, la température est montée jusqu'à 40°,7. Je suis allée me baigner, ai collé des photographies. Lu un peu *la Philosophie de l'Art* de Taine et ai tenu compagnie à Macha. Sécheresse terrible.

16 août 1897.

La vie devient de plus en plus pénible. Macha continue à se mal porter. Aujourd'hui, je me suis levée dans un état de complète démence, car j'avais passé toute la nuit à son chevet dans une grande inquiétude. Elle a eu du délire qui a duré jusqu'au matin. A 5 heures, je me suis retirée dans ma chambre, mais je n'ai pas pu m'endormir. En outre, des désagréments de toutes parts. Tania est allée à Toula où elle avait rendez-vous avec Soukhotine, elle a passé quelque temps avec lui dans un hôtel, puis est partie avec lui en chemin de fer. Pour moi, elle n'a pas abandonné une minute l'idée de l'épouser [6]. Micha n'est pas allé à Moscou où l'attendait son professeur, il ne travaille pas et ne sera certainement pas reçu à ses examens [19]. Andrioucha est arrivé ce matin et restera ici six semaines. Il a le projet d'aller chez Ilia et à Samara. C'est bien. Le plus difficile c'est avec Léon Nikolaïévitch ! Impossible de lui adresser la parole, impossible de le satisfaire. Boulanger est venu hier. Nous avons parlé ensemble de l'utilité qu'il y aurait à parcourir l'étude de Léon Nikolaïévitch sur l'art et de supprimer les passages, d'ailleurs peu nombreux, qui pourraient servir de pierre d'achoppement à la censure et de publier cette œuvre simultanément dans le *Posriednik* et dans les œuvres complètes dont elle constituerait le quinzième tome. Je n'ai pu me décider à en parler la première à Léon Nikolaïévitch tant je redoute le ton d'irritation sur lequel il parle maintenant, non seulement à moi, mais encore presque à tous ceux qui osent le contredire. C'est Boulanger qui s'en est chargé et m'a dit que Léon Nikolaïévitch était d'accord avec lui. Mais quand j'ai moi-même abordé cette question avec Léon Nikolaïévitch, celui-ci s'est fâché et m'a répondu que Tchertkov avait demandé qu'aucune de ses œuvres ne parût en russe avant de paraître en anglais. Encore Tchertkov ! Même quand il est en Angleterre, cet homme tient Léon Nikolaïévitch en son pouvoir !

Nous avons parlé de Tania. Léon Nikolaïévitch a déclaré que nous ne devions songer qu'à nous afin de ne pas nous tromper touchant ce qu'il fallait conseiller et souhaiter à Tania. Et moi, j'ai répliqué qu'on ne pouvait pas mentir, qu'il fallait dire ouvertement ce que l'on pensait même au risque de se tromper et qu'il était impossible de ne pas être honnête par prudence. Je ne sais qui de nous deux a raison. Lui, peut-être ? Mais il ne s'agit pas de savoir qui a raison, mais bien de pouvoir discuter sans aigreur.

Pas plus tard qu'aujourd'hui, en sortant de son bureau, Léon Nikolaïévitch est tombé sur Micha et sur Mitia Davidov et leur a fait des reproches cruels mais justes. Et à quoi cela a-t-il servi ? S'il avait dit à Micha, d'un ton calme et ferme, qu'il fallait absolument qu'il allât à Moscou préparer ses examens, combien cela eût mieux valu ! Ces réprimandes ne font qu'exciter ses fils contre lui. Ceux-ci ont commencé à le juger et à dire que leur père ne savait que les gronder, ne leur avait jamais donné aucun conseil, ne s'était pas soucié d'eux, ne leur avait témoigné aucune sympathie, mais seulement de la méchanceté. C'est à leur mère seule qu'ils reconnaissent le droit de leur faire des observations parce qu'elle est la seule à prendre soin d'eux. C'est vrai, je prends soin d'eux, mais à quoi cela a-t-il abouti ? A rien.

Andrioucha est un raté, Micha manque de fermeté. Qu'adviendra-t-il de lui ? Oh, comme tout est triste, triste... Liova et Dora défont leurs valises et s'installent. Pour Dora, c'est difficile en pays étranger et dans une famille qui n'est pas très gaie. Souvent l'idée me vient de m'enfuir, je ne sais où. Je suis lasse, terriblement lasse de la vie ! Pourtant, il faut supporter jusqu'au bout cet éternel labeur. Je devrais me remettre à copier pour Léon Nikolaïévitch, mais je ne le puis. Je lui en veux de m'avoir réduite en esclavage, de ne s'être jamais soucié de moi, ni des enfants ; je lui en veux surtout parce qu'il continue de me réduire en servitude et que je n'ai plus la force de travailler et de le servir.
Cette nuit, en gardant Macha, j'ai copié tout le cinquième chapitre. J'accomplis toujours deux tâches à la fois.
Malgré la pluie, l'air est chaud et lourd. Je lis Taine. Je l'avais commencé il y a quelques temps, mais Léon Nikolaïévitch, ayant eu besoin de ce livre, l'avait mis je ne sais où. Maintenant que j'ai remis la main dessus, j'achève de le lire. J'ai trouvé chez Taine une bonne définition de l'art : « L'art a pour but de manifester le caractère capital, quelque qualité saillante et notable, un point de vue important, une manière d'être principale de l'objet[1]. »
Léon Nikolaïévitch n'apprécie pas Taine, mais Serge Ivanovitch m'avait conseillé de le lire.

17 août 1897.

Léon Nikolaïévitch et moi sommes entièrement réconciliés

(à vrai dire, nous ne nous étions pas querellés), mais j'étais peinée de son attitude envers moi [9]. Nous avons une infirmière pour soigner Macha qui va mieux. Aujourd'hui, à plusieurs reprises, la température est descendue jusqu'à 38°,6. Liova et Dora sont apathiques et ne se portent pas très bien. Dora me fait peine. La pauvre ! Il lui est pénible de vivre en Russie, loin de ses parents. Le temps est redevenu sec, du vent. Depuis ce matin, l'air est frais. Tania est venue se baigner avec moi et nous avons parlé de Soukhotine. Elle m'a dit n'avoir pris encore aucune décision définitive. Hier soir, Micha est parti pour Moscou et Andrioucha pour une destination inconnue. J'ai recommencé à copier pour Léon Nikolaïévitch tout en gardant Macha, mais dans l'accomplissement de ces devoirs élémentaires, je ne trouve déjà plus la moindre satisfaction, je m'ennuie. — Un nouvel incendie a éclaté chez Ilia. La récolte de cette année, les granges, les instruments, etc... tout a brûlé. Oh ! quel fardeau que la vie ! — Dounaïev et Mitia Diakov sont ici. Je me suis demandé aujourd'hui pourquoi je suis si lasse de copier pour Léon Nikolaïévitch. Il est pourtant absolument nécessaire de faire ce travail. Voici la réponse que j'ai trouvée : Tout travail exige que l'on s'y intéresse ; il faut au moins vouloir qu'il soit bien fait et savoir comment et quand on le terminera. Si je couds, j'en vois les résultats. La marche du travail m'intéresse. Est-ce que je le fais vite ? Est-ce que je le fais bien ou mal ? Si je donne une leçon, — je peux constater les progrès de mon élève ; si j'étudie mon piano, c'est moi-même qui fais des progrès, qui comprends soudain des choses nouvelles et découvre des beautés inconnues. Je ne parle ni des œuvres littéraires, ni des œuvres artistiques, mais des plus simples travaux de la vie quotidienne. Transcrire pour la dixième fois le même article, quel travail ingrat ! On n'a même pas la possibilité de bien faire. On ne peut jamais savoir quand ce sera fini. On fait et refait sans cesse. J'ai perdu l'intérêt que j'avais à suivre le progrès d'une œuvre artistique. Au temps de *Guerre et Paix*, je me rappelle l'impatience avec laquelle j'attendais, pour la recopier, la tâche quotidienne de Léon Nikolaïévitch. Avec quelle fièvre j'écrivais pour découvrir de nouvelles beautés. Tandis que maintenant, ce travail m'ennuie. Il faut absolument que j'entreprenne un travail personnel, autrement mon âme s'étiolera.

18 août 1897.

Nous avons fait hier une belle promenade avec Léon Nikolaïévitch et Dounaïev. Après avoir traversé Zassiéka, nous sommes allés à Kozlovka en longeant la voie ferrée. Que de calme, que de poésie dans la forêt ! Après avoir fait douze verstes, j'étais fatiguée et la marche m'a paru difficile et ennuyeuse [93].
Macha va mieux. M. A. Schmidt est venue. Il est tombé une pluie fine. Nous sommes allés nous baigner. Depuis hier ou plutôt depuis avant-hier, nous avons une infirmière qui veille sur Macha. Le docteur Roudniev est venu. Je suis allée voir Liova dans l'autre maison que j'ai mise en ordre. Les travaux domestiques sont ennuyeux [5]. Ensuite, j'ai

beaucoup copié pour Léon Nikolaïévitch. Une incisive de la mâchoire inférieure est déchaussée ce qui me met de méchante humeur. Comme j'ai peu envie de vieillir, mais de cela aussi il faut s'accommoder. Journée dépourvue d'intérêt. Je vais lire Taine.

21 août 1897.

Tous ces jours-ci, Macha m'a inspiré de grandes craintes. Par moments, une température supérieure à 40° et ce matin, tout à coup 35°,6. Nous lui avons donné du champagne. Pendant la journée, elle n'a rien pu avaler et a vomi tout ce qu'elle absorbait. C'est terrible ! j'ai grand'pitié d'elle. La pauvre est tout à fait épuisée. Lisa Obolienskaïa est arrivée et m'aide à soigner Macha. Nous avons pris une infirmière pour veiller sur l'état général et nous aider la nuit. Reçu la visite du fastidieux prince Nakachidze, un Caucasien, le frère de cette princesse Nakachidze qui s'est rendue en Angleterre chez Tchertkov après avoir distribué à Tiflis des secours aux Doukhobores. Nous attendons aujourd'hui Mitia Olsoufiev.
Depuis deux jours, je m'occupe de photographies [7]. Je suis allée me promener avec Roudniev. Coucher de soleil pur et beau, des nuages rosâtres entourés d'une bande de feu. Sécheresse terrible ! Léon Nikolaïévitch a parcouru à cheval les jolis endroits de Zassiéka. Il a recommencé du commencement son étude sur l'art. Il est très tendre et aux petits soins pour moi, et moi je ne me sens plus rien, ma

sensibilité est émoussée ; l'inquiétude que me cause Macha, les nuits d'insomnie m'ont rendue terriblement nerveuse.

J'ai donné ce matin à Sacha une leçon trop brève. Elle brode pour moi une petite serviette dont elle me fera cadeau pour mon anniversaire de naissance. J'aurai demain cinquante-trois ans.

23 août.

Macha va mieux, ce qui est une joie pour nous tous. Mais j'ai un nouveau poids sur le cœur : Soukhotine arrive demain et Tania est très excitée [34]. Léon Nikolaïévitch a eu la touchante attention d'aller à cheval chercher les plus jolis coins de Zassiéka pour m'y conduire le jour de mon anniversaire. Cette promenade d'hier a été charmante. Malheureusement j'étais si fatiguée que je n'ai pas pu le cacher ; aussi ai-je fait de la peine à Léon Nikolaïévitch et je le regrette beaucoup. D'ailleurs nous nous sommes reposés longtemps auprès des isbas des forestiers près d'un feu qui flambait. Les chênes séculaires au sombre feuillage étaient d'une si majestueuse beauté, qu'oubliant ma fatigue, je suis rentrée d'un pas allègre. Je m'occupe de photographie. Je n'ai pas copié du tout ces jours-ci et me sens très coupable. Boulanger est arrivé. Lisa Obolienskaïa est partie.

Demain, je me rendrai à Moscou où j'ai beaucoup à faire. Il faut y conduire Micha et rester auprès de lui pendant les deux jours que durera son examen. J'ai très peu envie d'aller là-bas, cela m'est difficile. Mais je sens qu'il le faut.

26 août 1897.

Je suis à Moscou depuis deux jours. Hier je suis allée dans les banques, j'ai versé 1 300 roubles pour payer les intérêts de l'hypothèque sur la propriété d'Ilia. Je devrai en verser encore autant. Un incendie a éclaté chez lui. En outre, il a perdu 2 000 roubles d'arrhes qu'il avait versés pour une propriété qu'il se proposait d'acheter avec Serge dans le gouvernement de Volinskoï. Tout cela m'irrite et m'afflige. Ilia est un propre à rien ; il est également incapable de faire des études, de diriger une entreprise et de s'occuper de quoi que ce soit.
Mania, la femme de Serge, a mis au monde un fils le 23 août. Pauvre Serge ! Pauvre petit !
Moscou est calme, mais ennuyeux. Personne n'y est encore rentré. Le charmant Tourkine est venu et nous nous sommes agréablement entretenus de l'éducation des enfants. Serge Ivanovitch n'est pas encore à Moscou, cela me fait grand'peine de ne pas le voir.
J'ai passé aujourd'hui mon temps à faire des comptes avec le commis. Des chiffres, des chiffres à n'en plus finir ! Une terrible tension d'esprit afin de ne rien omettre et de ne rien oublier.
Il a plu, le temps s'est refroidi et assombri. C'est demain l'examen de Micha. J'ai affaire à la censure et à la maison

avec le commis.

28 août 1897.

C'est aujourd'hui l'anniversaire de naissance de Léon Nikolaïévitch qui a soixante-neuf ans. C'est, je crois, la première fois depuis que nous sommes mariés que je passe ce jour sans lui et je le déplore. Dans quelles dispositions d'esprit est-il aujourd'hui ? Hier, je n'ai fait que penser à son étude sur l'art qui me tourmente beaucoup. Elle pourrait être excellente, mais elle contient tant de paradoxes, d'injustices et le ton en est si agressif !

Micha subit aujourd'hui ses derniers examens, je l'attends avec impatience. Passera-t-il en seconde ?

Je travaille de toutes mes forces avec le commis ; j'ai passé des journées entières à faire des comptes. Allée hier à la censure avec le livre de Spire pour l'édition du *Posriednik*, des courses. Je n'ai rien fait dans la maison, qui est très sale.

Vivre seule ici est pour moi très sain et très calmant. Je reviendrai le 10 septembre [74]. Le temps est devenu froid ou plutôt frais et sombre. Je suis allée aux bains à vapeur.

31 août 1897.

Tout est triste. Insuccès sur insuccès ! Micha reste en troisième. Andrioucha m'a fait encore une scène pénible à Moscou et lui, le pauvre, est parti tout en larmes avec

Micha chez Grouzinskii. Il m'a semblé légèrement ivre, car il passait étrangement de la plus extrême grossièreté à la tendresse la plus exaltée. L'indifférence avec laquelle Micha supporte son échec me fait peine. Il est allé au jardin avec ses camarades et a crié à tue-tête des chansons russes. Mes enfants ne sont pas du tout comme nous eussions désiré qu'ils fussent. J'aurais aimé voir en eux le sentiment du devoir, la finesse de goût, je les aurais voulu cultivés ; Léon Nikolaïévitch aurait désiré qu'ils accomplissent simplement un travail austère et menassent un existence simple et tous deux aurions voulu les voir obéir à de nobles principes moraux. Or, il n'en est rien. Je suis rentrée à Iasnaïa Poliana avant-hier lasse et affligée. Léon Nikolaïévitch est venu à ma rencontre, non loin de la maison et a pris place à côté de moi dans la voiture, mais à aucun moment, il ne m'a demandé des nouvelles des enfants. Combien cette indifférence me blesse ! Ici, une quantité de gens : Dounaïev, Doubienskii et sa femme, Rostovtzev et Serguiéenko. Toutes les chambres sont occupées. On s'agite, on bavarde. Cela m'a beaucoup fatiguée. Tous ces gens veulent quelque chose de Léon Nikolaïévitch et celui-ci a imaginé d'écrire une lettre et de la faire imprimer à l'étranger. Voici ce dont il s'agit : Nobel a institué un prix de plusieurs millions en faveur de la paix, c'est-à-dire contre la guerre. Un comité réuni en Suède a décidé que c'était l'œuvre de Viéréchtchaguine qui constituait la plus violente protestation contre la guerre. Mais l'enquête a prouvé que l'artiste avait exprimé cette protestation par hasard et non par conviction. Alors, on a affirmé que Léon Nikolaïévitch méritait ce prix. Il va sans dire qu'il n'a jamais songé à accepter cet argent pour lui, mais il a écrit une lettre pour prouver que c'était les Doukhobores qui avaient le mieux servi la cause de la paix en se refusant au service militaire, refus qui avait entraîné pour eux de cruelles souffrances.

Je n'aurais rien eu à objecter à une lettre de ce genre, mais le fait est que, dans la lettre qu'il a écrite, Léon Nikolaïévitch attaque grossièrement et sans aucune nécessité le gouvernement russe. Cette lettre m'a vivement inquiétée, elle a agi sur mes nerfs déjà très faibles et m'a mise au désespoir. En pleurant, j'ai reproché à Léon Nikolaïévitch de n'avoir pas pitié de lui-même et de provoquer le gouvernement sans aucune raison. J'aurais voulu partir, car je ne puis continuer à vivre dans une atmosphère si malfaisante pour mes nerfs, parmi de telles difficultés et sous l'éternelle menace de voir Léon Nikolaïévitch faire, contre le gouvernement, un geste brutal qui entraînera notre déportation.

Touché par mon désespoir, Léon Nikolaïévitch m'avait promis de ne point envoyer cette lettre. Mais aujourd'hui, il est revenu sur cette promesse et a décidé d'envoyer une lettre plus modérée. Alors, par instinct de propre conservation, je n'ai plus opposé qu'indifférence à cette affaire. Il est impossible de passer les nuits sans fermer l'œil, comme cela m'est arrivé hier, impossible de pleurer et de se tourmenter éternellement. Partout, il n'y a que chagrins. Ilia est venu, un incendie a éclaté chez lui. Il comptait évidemment sur mon aide, mais moi j'ai en perspective de nombreuses échéances, je viens de verser, pour son compte, 1 300 roubles à la banque et, cet hiver, je devrai en verser encore autant. Il ne m'a pas demandé d'argent et s'est borné à faire illusion à sa mauvaise situation. Il a dit à Liova : « Le printemps dernier, j'ai demandé à maman 1 000 roubles (je lui en avais déjà donné 2 500), mais elle me les a refusés. Je n'ai rien assuré, maintenant tout a brûlé et je ne recevrai aucune indemnité. » A quoi Liova a répondu : « Ce n'est pas la faute de maman si un incendie a éclaté chez toi. Tu es injuste ! » Et il est parti. J'ai rappelé à Ilia que Serge et lui, trouvant désagréable d'avoir constamment à me demander de l'argent, avaient décidé que je réglerais pour eux, à dates fixes, les intérêts de l'hypothèque sur la propriété, à savoir 2 000 roubles par an et qu'il s'était déclaré satisfait de cet arrangement.

Maintenant, il me reproche de ne pas lui donner d'argent de la main à la main et il assure qu'il eût mieux valu que je ne fisse aucun versement à la banque. A ces mots, je me suis malheureusement fâchée, j'ai dit qu'il était vil de sa part de me prier de verser de l'argent à la banque pour me le reprocher ensuite. Comme c'est triste et douloureux que nous nous soyons querellés pour des questions d'intérêts. Je l'aiderais volontiers, mais je n'ai pas de disponibilités en ce moment.

1er septembre.

Tous nos hôtes s'en sont allés. Comme c'est bon d'être seule ! Hier soir, j'ai eu un entretien bref, mais désagréable avec Léon Nikolaïévitch. J'étais mal portante, il me cherchait noise à propos de certains passages de mon journal (je me propose toujours de narrer cette histoire) et surtout, je voyais son désir auquel, pour raison de santé, je ne pouvais répondre. C'est bien là ce qui l'a fâché le plus. Nous sommes redevenus amis, j'ai copié pour lui deux chapitres, fait sa chambre où j'ai mis des fleurs merveilleuses [53].

J'ai été très en mal de musique tout le jour ; je ne rêve que de musique. Bientôt, j'irai à Moscou, je prendrai un piano. Je jouerai et j'espère que Serge Ivanovitch viendra et jouera aussi. Comme ce sera bon ! Cette seule pensée me ranime [57].

2 septembre 1897.

J'ai mis en ordre la bibliothèque, suis allée me baigner avec Viérotchka ; l'eau avait 11° ; j'ai pris des photographies de notre jardin, des pommiers abondamment couverts de fruits. Recopié partiellement la lettre remaniée de Léon Nikolaïévitch à propos du prix Nobel. Le début en est modéré. Je suis de mauvaise humeur à cause de ces deux dents branlantes et la perspective d'avoir de fausses dents me semble insupportable. Que faire ? Il faut prendre son parti de vieillir.

Je vais me coucher et lire les œuvres philosophiques de Spire. Il a plu légèrement, mais il ne fait pas encore froid.

4 septembre.

Quelque peine que l'on se donne, quelque effort que l'on fasse, on ne parvient pas à combler la vie. Bien que nous ayons l'air unis, chacun des membres de notre famille souffre de la solitude. Léon Nikolaïévitch se plaint aussi d'être seul, abandonné. Tania est amoureuse de Soukhotine, Macha est mariée et moi, il y a longtemps que toute intimité morale a cessé d'exister entre Léon Nikolaïévitch et moi ! Nous sommes tous las de vivre uniquement pour le servir. Il était heureux d'avoir réduit trois femmes en esclavage : ses deux filles ainées et moi. Pour lui, nous copiions, sur lui, nous veillions, nous nous donnions beaucoup de peine pour lui assurer ce régime végétarien qui devenait si difficile et si compliqué quand il était malade ; jamais, nulle part, nous ne le laissions seul. Et soudain, chacune de nous a réclamé ses droits à une vie personnelle, les amis de Léon Nikolaïévitch sont déportés à l'étranger, il n'a plus de nouveaux disciples et il est malheureux.
Je m'évertue à lui aider ; je transcris son étude ; hier j'ai copié une longue lettre de quinze pages relative au prix Nobel, je prends soin de lui. Parfois, l'existence m'est insupportable sans travaux, sans intérêts personnels, sans répit, privée d'amis, de musique, je perds courage et m'ennuie.

Léon Nikolaïévitch parle sans cesse de l'amour de Dieu et du prochain et n'écrit que sur ces questions. Je l'écoute, je le lis et suis plongée dans la perplexité. Léon Nikolaïévitch passe sa vie sans entrer en contact avec son prochain, sans lui témoigner la moindre sympathie. Il se lève, boit son café, va se promener ou se baigner et, sans avoir vu personne, revient et se met à écrire ; puis il part à bicyclette de nouveau pour se baigner ou pour se promener ; il déjeune, lit en bas ou joue au tennis. Il passe l'après-midi chez lui dans son bureau. Ce n'est qu'après le souper qu'il passe quelques instants auprès de nous en parcourant les journaux ou en regardant les illustrations. Ainsi, jour par jour, s'écoule cette vie régulière et égoïste, cette vie sans amour. La famille, nos intérêts, les joies, les chagrins des êtres qui lui sont proches ne le touchent pas. Cette froideur m'a mise à la torture. J'ai cherché à remplir ma vie spirituelle, je me suis éprise de musique où je trouvais exprimés ou plutôt où je devinais les sentiments humains les plus complexes. Mais à la maison, non seulement on n'approuvait pas mon amour pour la musique, mais encore mon mari me le reprochait avec cruauté. Alors, la vie a de nouveau perdu tout intérêt pour moi et, le dos courbé, je copie durant des heures et pour la dixième fois un fastidieux article sur l'art ; je m'efforce de puiser une joie dans l'accomplissement de mon devoir, mais ma nature se révolte, aspire à une vie personnelle ; je m'enfuis de la maison, cours dans la forêt, lutte contre le vent, me jette dans la rivière et me baigne dans l'eau froide. Dans ces sensations, je trouve un maigre plaisir.

Sans m'en rien dire, Léon Nikolaïévitch est parti à cheval chez Bouliguine à Khotounka, à seize verstes d'ici. Il vient d'arriver un professeur américain que je ne connais pas. Jeté avec effroi un coup d'œil sur les papiers de Léon Nikolaïévitch que j'ai pris pour les copier. Que de travail sur la planche !

Donné ce matin à Sacha une leçon d'une heure et demie ; corrigé une composition sur sa visite au couvent de Troïtza ; marqué les mouchoirs de Micha, lu, copié. Bien que j'aie été occupée tout le jour, il me semble que je n'ai rien fait. Il en est toujours ainsi quand le cœur n'est pas à l'ouvrage.

En rentrant du bain, j'ai pensé de nouveau que l'homme ne vit que de rêves [59]. Mais le plus doux des rêves, c'est le royaume céleste dans lequel nous entrerons après la mort, l'union avec Dieu et la réunion avec les êtres chers que nous avons perdus.

Ah ! cher Vanitchka ! Aujourd'hui, en apercevant un morceau de sa petite veste bleue rayée, j'ai fondu en larmes. Pourquoi m'a-t-il laissée seule sur terre, privée d'affection. Je ne puis vivre sans lui, il a emporté mon âme et mon corps souillé de péchés achève péniblement sa vie terrestre.

8 septembre 1897.

Quelle agitation ! Encore des visiteurs : Dounaïev, Boulanger, Sen-Djon, un Anglais adressé par Tchertkov, je crois. On expulse Boulanger à l'étranger, on le trouve dangereux parce qu'il propage les idées de Léon

Nikolaïévitch et parce qu'il a écrit et publié dans les *Nouvelles de la Bourse* une lettre sur la misère où se trouvent les Doukhobores. On l'a convoqué à Pétersbourg, à la sûreté où, sans autre forme de procès, on lui a signifié son expulsion.

Boulanger est un homme plein de vie, intelligent et énergique. On a eu peur de lui. Comme notre gouvernement est despotique ! On croirait que nous n'avons pas de tsar. Des gens obtus et méchants tels que Goriémikine (le ministre de l'Intérieur) ou Pobiédonostzev prennent des mesures arbitraires que l'on impute au jeune tsar et c'est dommage. Léon Nikolaïévitch est très abattu par un bouton qu'il a sur la joue et parle beaucoup de la mort dont il a très peur. Cela m'effraie. Il aura bientôt terminé son étude sur l'art. Nous avons à la maison une jeune fille qui le copie à la machine. Léon Nikolaïévitch veut en envoyer la traduction en Angleterre afin qu'elle soit imprimée chez Tchertkov [122].

9 septembre 1897.

J'aurais voulu jouer du piano, lire, me promener, boire du thé même. Au lieu de cela, j'ai copié plusieurs heures de suite l'étude de Léon Nikolaïévitch sur l'art. En rentrant de chez Sousermann où il était allé à cheval, Léon Nikolaïévitch ne m'a même pas dit « merci » ; il est parti d'un air maussade lorsque je lui ai demandé de m'expliquer certains passages de son manuscrit que je n'avais pas pu déchiffrer. Je suis irritée que l'on apprécie si mal mon travail [100].

12 septembre 1897.

Depuis hier, je suis à Moscou complètement seule avec niania et je me sens fort bien. Micha fréquente le lycée et ne revient que pour les repas. Tania a élu domicile chez Woulf et je la vois peu. Le matin, je vais chez le dentiste qui me met à la torture [9]. Le moment est venu où il faut que je me fasse remplacer les dents ; j'ai perdu encore une dent de devant et je ne supporte pas ce qui est laid et incommode. Je prévois qu'il me sera difficile de porter de fausses dents. Je me sens à l'aise ici sans tous ces étrangers, sans ces visiteurs désagréables qui entourent Léon Nikolaïévitch. Je suis heureuse d'être hors de la famille, nos relations sont si compliquées, heureuse de ne point entendre parler des Doukhobores, des articles et des lettres qui doivent être imprimés à l'étranger, des attaques contre le gouvernement. Je suis à l'abri de toutes les exigences et de tous les reproches. J'en suis si lasse et j'ai si grand besoin de respirer. Ce soir, j'ai joué du piano, pris quelques notes en vue d'une nouvelle que j'ai grande envie d'écrire. Rien de la maison. Ici, je n'ai encore vu personne, mais j'ai grande envie de voir Serge Ivanovitch et surtout de l'entendre jouer. J'espère bien qu'il viendra me faire de la musique le jour de mon anniversaire de naissance.

14 septembre 1897.

Hier, je suis allée de nouveau chez le dentiste, puis j'ai gardé la maison, cousu, lu et fait de la musique le soir. J'étudie une invention de Bach à deux voix et une sonate de Beethoven. Cela ne va pas, il faut les travailler [98].
J'ai pris un fiacre pour aller avec niania sur les tombes de Vanitchka et d'Aliocha. Chaque fois que je vais au cimetière, je suis accablée par la douleur et par les souvenirs. C'est un mal que rien ne peut guérir.
Je souhaite passionnément la mort, je voudrais disparaître dans cet inconnu où sont mes fils. Niania a poussé des soupirs et pleuré, et moi, en récitant un *Pater noster*, j'ai fait effort pour m'unir spirituellement à mes enfants et leur demander d'intercéder auprès de Dieu pour nous, pauvres pêcheurs. Puis je me suis arrachée à mon chagrin [61]. Il paraît que Tanéïev est venu me voir aujourd'hui avec Ioucha Pomérantzev. Comme je regrette d'avoir manqué sa visite, j'ai si grande envie de le voir ! Comment arranger cela maintenant ? Dieu m'y aidera d'une manière ou d'une autre, et s'il ne m'y aide pas, ce sera bien aussi.
Je ne sais rien de la maison. Léon Nikolaïévitch n'écrit pas. Liova ne m'envoie de lui aucune nouvelle et ne me donne que des commissions.

15 septembre 1897.

Je me suis levée tard et me suis occupée du ménage [34].

Puis je suis allée chez le dentiste qui m'a posé des dents. Au premier moment, j'ai cru qu'elles allaient bien, mais elles me blessent tellement les lèvres que force me sera de retourner chez lui. Que tout cela est ennuyeux !

En rentrant à la maison, j'ai appris que Serge Ivanovitch était venu encore une fois en mon absence. J'en ai conçu du chagrin, je voudrais tant le voir ! Allée chez le prince Ourousov qui malheureusement était parti pour la campagne. Je suis allée demander si Varia ou Macha Kolokoltzéva étaient arrivées, mais je n'ai trouvé personne. J'aurais besoin de la société de quelqu'un qui me fût proche. Serge Ivanovitch est venu ce soir à 8 heures et a passé la soirée avec moi. Micha, après avoir dîné avec moi, était parti chez les Diakov. Quel regret que Léon Nikolaïévitch m'en veuille au sujet de Serge Ivanovitch ! Nos relations sont simples, sérieuses, calmes et me donnent beaucoup. Nous avons parlé toute la soirée d'art, de musique, des œuvres de Léon Nikolaïévitch pour qui Serge Ivanovitch a beaucoup d'affection [91].

Serge Ivanovitch m'a joué sa magnifique symphonie qui m'a beaucoup émue. C'est une œuvre splendide, d'un style noble et soutenu.

17 septembre 1897.

C'est le jour de ma fête et, sottement, je me suis occupée de cela toute la journée. J'ai acheté quelques fleurs pas chères, changé les meubles de place pour les disposer gentiment, tout comme je faisais lorsque j'étais enfant et que nous préparions une fête [12]. Reçu une lettre de Sacha dont je me suis réjouie. Liovotchka n'écrit pas, on dirait qu'il m'ignore et cela me fait mal. La maison a pris un air de fête. J'ai régalé les domestiques d'un pâté, d'une oie, de craquelins et de thé. Tout le monde était très content. Le soir sont venus : oncle Kostia, Aleksei Maklakov, S. I. Tanéïev, Pomérantzev, Koursinskii. Puis ce fut au tour des camarades de Micha qui ont chanté en chœur, sauté, lutté, mangé et bu. Oncle Kostia a prié Serge Ivanovitch de s'asseoir au piano, je n'osais pas le faire, et ce dernier nous a rejoué sa symphonie. Il en est de la musique de Serge Ivanovitch comme de certaines personnes : mieux on les connaît, plus on les aime. En entendant cette symphonie pour la troisième fois, j'ai découvert en elle de nouvelles beautés. C'était très intéressant.

Je suis allée chez tante Viéra Aleksandrovna. C'était son jour de fête. Je l'ai trouvée grippée, au lit et absolument seule. Pour le moment, sa petite fille est auprès d'elle, mais elle se prépare à partir. Voilà comment on reste seule au monde après avoir donné le jour à onze enfants. C'est instructif ! Il faut en prendre son parti sans murmurer.

Lu quelques instants, fait un peu de musique, allée au marché aux champignons. Journée vide et inutile.

18 septembre.

Fait la grasse matinée et me suis assise au piano. Étudié une invention à deux voix de Bach, très difficile ! Puis quand la pluie a cessé, je suis allée chez le dentiste et à la fabrique Goubner acheter de la finette. Rencontré par hasard Serge Ivanovitch. Tout d'abord, je ne l'ai pas reconnu, ensuite j'ai été étonnée de le voir. Le sort me réserve toujours pareilles surprises. Tanéïev allait se promener au Monastère de la Vierge, je l'ai accompagné jusqu'au train tout en causant. Je n'ai pas pu aller à la fabrique, mais suis arrivée à temps chez le dentiste qui semble m'avoir aujourd'hui très bien posé les dents. J'ai eu tort de raconter à Serge Ivanivitch que j'avais voulu m'ôter la vie en me laissant geler sur le Mont aux Moineaux. Naturellement je lui en ai tu les raisons et les circonstances. Mais ces souvenirs sont en moi si vivants et si douloureux que j'ai éprouvé le besoin de tout avouer [16].

En rentrant à la maison, j'ai dîné avec Micha. Joué du piano quatre heures de suite et je suis fatiguée. Micha et Boutiénev sont venus. Micha s'est mis à étudier ses leçons, moi à broder des monogrammes pendant que Boutiénev lisait en bégayant les *Pensées et Maximes*. Reçu de la famille un télégramme de félicitations qui est arrivé en retard. Par instants, je me sens attirée vers Iasnaïa Poliana ; mais si je songe à toutes les complications et difficultés de notre vie de famille, alors je préfère rester ici dans la solitude et le silence. Seuls ces visiteurs étrangers suffiraient à m'ôter l'envie de retourner là-bas.

19 septembre 1897.

Un homme de talent met toute son intelligence et toute sa sensibilité dans ses œuvres et n'oppose à la vie qu'indifférence et mollesse. Hier, j'ai étudié les romances de Serge Ivanovitch. J'en ai beaucoup maintenant. Non seulement la musique correspond au caractère de l'œuvre dans son ensemble, mais encore presque à chaque mot (que de passages vigoureux !) ; en outre le caractère et le style des œuvres de Serge Ivanovitch sont très soutenus. Maintenant, je reconnais tout de suite sa musique. Dans la vie, il est si calme, si peu communicatif, il n'exprime aucun sentiment, rarement ses idées et il a toujours l'air d'être indifférent à tout et à tous.

Et mon mari qui a incomparablement plus de talent ! Quelle étonnante compréhension de la vie psychologique dans ses œuvres et quelle incompréhension et indifférence envers la vie des êtres qui lui sont les plus proches. Il ne connaît et ne comprend ni moi, ni ses enfants, ni ses amis, ni autrui.

Du vent. Temps morne et triste. La musique, la musique seule m'attire. Je suis souffrante, seule, j'aurais besoin d'affection, de société, mais où trouver ces choses ? Chacun a besoin d'affection, mais rares sont ceux qui en peuvent donner ! Et si quelqu'un donne amour, chaleur, abnégation, alors on ne les accepte pas, on n'a pas besoin de cette affection qui n'est qu'un fardeau. Ainsi en est-il la plupart du temps : les lignes de l'amour sont parallèles et ne se rejoignent pas : elles ne sont presque jamais dans le prolongement l'une de l'autre. Il y en a toujours un qui aime et l'autre qui se laisse aimer.

22 septembre 1897.

Me voici de retour à Iasnaïa Poliana. J'ai laissé à Moscou Micha, niania et cet ivrogne d'Ivan. C'est à regret que j'ai renoncé à ma solitude, à la possibilité de faire de la musique et que j'ai renoué avec cette vie fiévreuse qu'a organisée ici Léon Nikolaïévitch. Nous avons reçu la visite des Molokanes auxquels, pour des raisons religieuses, on a enlevé leurs enfants. Léon Nikolaïévitch a déjà écrit une fois au jeune tsar à leur sujet, mais cette démarche est restée sans résultats. Il vient d'écrire à nouveau. Par bonheur, l'empereur est à l'étranger et il est probable que la lettre ne lui parviendra pas. Moi-même, j'aurais fait tout au monde pour rassurer les mères et consoler les enfants, mais puisqu'il n'y a rien à faire, à quoi bon mettre sa sécurité en péril. Léon Nikolaïévitch a déjà publié dans les journaux cet appel en faveur des Doukhobores. Il lui faut du bruit, de la réclame, de la publicité. Je ne crois ni en sa bonté, ni en son humanité. La gloire, la gloire, une soif de gloire illimitée, délirante, inassouvissable. Comment croire à l'amour de Léon Nikolaïévitch qui n'aime ni ses enfants, ni ses petits-enfants, ni aucun des siens. D'où lui viendraient soudain cette affection pour les enfants de Molokanes et des Doukhobores ? Il a un abcès sur la joue. Il est enveloppé d'un châle et a terriblement peur de tomber malade. Que de pitié il inspire !

Il est allé deux fois sans moi chez le docteur et la troisième fois, c'est le docteur qui est venu ici. Léon Nikolaïévitch affirme qu'il a le cancer et mourra bientôt. Il est morne et a mal dormi. Maintenant, il va mieux. Ah ! le pauvre, combien il lui sera difficile de souffrir, de se séparer de la vie ! Dieu lui vienne en aide. Puissé-je ne pas vois sa fin et ne pas lui survivre !

Tania se prépare à partir pour Ialta ; elle reste toujours aussi faible de caractère. Macha aussi est faible d'âme et de corps. Tout va bien chez Liova et Dora. Kolia Obolienski est allé à Moscou pour affaires.

Je viens de copier un peu pour Léon Nikolaïévitch. Tiré des photographies pour Micha, taillé une robe pour la petite Viéra, la fille du valet de chambre. J'ai une nostalgie de musique, mais à peine en parlé-je que mes deux filles me le reprochent d'un ton hostile.

26 septembre 1897.

Journées agitées. J'ai passé fort agréablement, bien que sans aucune solennité, le jour anniversaire de mon mariage. Trente-cinq ans que nous sommes mariés ! Bien que ma vie ait été par instants difficile et compliquée, je remercie Dieu qui a permis que nous restions purs l'un devant l'autre, que nous vivions amicalement et même que nous nous aimions encore. Mes deux fils aînés sont arrivés, toute la famille est réunie. Micha seul manquait, mais, à ma grande joie, je viens de le voir arriver. Serguiéenko, Boulanger et son fils âgé de neuf ans sont venus aussi. Boulanger part le 28 pour l'Angleterre où on l'exile pour avoir diffusé les idées de Tolstoï.

Léon Nikolaïévitch a écrit la conclusion de son étude sur l'art qu'il a de nouveau remaniée. Je vais me mettre à la transcrire. J'ai copié en outre une lettre de lui aux *Rouskié Viédomosti*. Plusieurs journaux déclarent inconcevable que le congrès des missionnaires réunis à Kazan ait voté une motion demandant à ce que les enfants des Molokanes fussent enlevés à leurs parents. Pourtant c'est un fait. Les parents auxquels on a ravi leurs enfants sont venus trouver Léon Nikolaïévitch et l'ont prié d'intervenir dans cette affaire. C'est à ce sujet qu'il a écrit aux *Rouskié Viédomosti*. Publiera-t-on cette lettre ? C'est là toute la question.

Nous avons passé deux jours paisibles en famille et aujourd'hui, de nouveaux visiteurs, un officier, le prince Tcherkasskii, le professeur de lycée Tomachévitch. Lisa Obolienskaïa est arrivée hier soir et, aujourd'hui, nous sommes allés avec elle faire une longue promenade. Comme c'était beau ! [83].

Chemin faisant, en réponse aux questions de Lisa Obolienskaïa, j'ai narré toute l'histoire de mon attachement pour Serge Ivanovitch, la jalousie de Léon Nikolaïévitch, j'ai parlé du sentiment que j'éprouvais pour lui en ce moment. Toute cette conversation m'a émue. A la maison, pénibles entretiens avec Macha au sujet de son avenir. Elle va aller vivre à Pokrovskoïé avec son mari chez la mère de celui-ci. Voilà ce que je n'approuve pas. J'ai dit à Macha qu'il fallait absolument que Kolia se mît à travailler et ne vécût pas aux crochets, tantôt de sa mère, tantôt de sa belle-mère. Tania, Kolia et Macha font leurs valises et se préparent à partir pour la Crimée.

29 septembre 1897.

Macha et Kolia sont partis hier pour la Crimée. Je les regrette peu, bien que j'aie pour eux plus d'affection maintenant qu'au début de leur mariage. La crainte de voir mourir Macha m'a attachée à elle. Kolia est un bon et brave garçon, mais il est mou et paresseux. Il ne veut, ne peut et ne sait pas travailler. C'est désagréable à voir.
Visite de Viéra et de Macha Tolstoï. L'aumônier des prisons de Toula est venu voir Léon Nikolaïévitch. C'est un homme de santé délicate, humble, doux et naïf. Il a dit que, sur beaucoup de points, il pensait d'accord avec Léon Nikolaïévitch et c'est la raison pour laquelle il désirait causer avec lui. J'ai été surprise que cet aumônier ait dû demander à son évêque l'autorisation de venir chez nous. Considère-t-on Léon Nikolaïévitch hérétique à ce point ? Les Molokanes sont venus après être allés à Pétersbourg avec les lettres que Léon Nikolaïévitch leur avait données pour Koni et différentes autres personnes qui n'étaient pas à Pétersbourg. L'affaire des Molokanes passe actuellement devant le Sénat et Koni espère que celui-ci décidera de rendre les enfants à leurs parents, mais croit possible que l'affaire aille jusqu'au Conseil d'État ; en ce cas elle risque de traîner deux ans. Les Molokanes ont raconté qu'une

petite fille de deux ans était tombée entre les mains d'une religieuse qui l'avait prise en affection, la soignait fort bien et s'indignait elle-même qu'on ait enlevé les enfants à leurs parents. Cette petite fille a dit à son père : « Vite, prenons un fiacre et allons-nous-en ! » Les garçons sont aussi au couvent, mais ils sont mal soignés, portent des chemises sales, pleines de vermine. Ils ont demandé aux religieuses l'autorisation d'aller sur le seuil de la porte jeter un coup d'œil sur leurs chevaux. Les religieuses ont déclaré aux Molokanes qu'ils ne pourraient voir leurs enfants qu'à l'église, mais quand ils arrivèrent à l'église, leurs enfants n'y étaient pas ; ils ne virent que d'autres Molokanes que l'on était en train de convertir à l'orthodoxie et on les leur montrait afin qu'ils prissent exemple sur eux. Tout en embrassant les nouveaux venus, le prieur du couvent leur adressa ces paroles : « Vous êtes plongés dans l'affliction parce qu'on vous a séparés de vos enfants ; de même votre mère l'Église est dans l'affliction parce que vous vous êtes séparés d'elle. » Mais les Molokanes restèrent inébranlables.
Aujourd'hui, départ général : Andrioucha et Lisa Obolienskaïa, les Tolstoï, les Molokanes et un jeune homme du nom de Popov qui part en Angleterre chez Tchertkov. La pluie tombe. Le calme, la solitude. Il fait bon.
L'abcès que Léon Nikolaïévitch a sur la tempe ne se guérit pas [5]. Voilà trois semaines qu'il en souffre et que l'état de l'abcès reste le même.
La pluie nous retient tous à la maison, ce qui est favorable au travail. Il faut confronter les derniers chapitres de l'étude

sur l'Art avec les chapitres déjà corrigés afin de les envoyer aux traducteurs.

Je suis allée avant-hier à Toula pour l'affaire de l'envoi en possession de Iasnaïa Poliana. Je me suis présentée en qualité de tutrice d'Andrioucha et de Micha. En outre, des affaires de toute sorte [155].

30 septembre 1897.

Tania est partie pour la Crimée où elle conduit Andrioucha, le fils d'Ilia. La maison s'est vidée. Seuls Sacha, Liova et sa femme sont restés dans les dépendances. J'ai grand'pitié de Léon Nikolaïévitch. Voilà tant d'années qu'il passait avec ses filles ces paisibles mois d'automne ; celles-ci l'aidaient, copiaient pour lui. Comme leur père, elles avaient adopté le régime végétarien et lui tenaient compagnie durant ces longues et fastidieuses soirées d'automne. Et moi, à cette saison, je partais à Moscou avec ceux de mes enfants qui faisaient leurs études et je m'ennuyais sans mon mari et sans mes filles. Je vivais avec eux en pensée, car les membres de ma famille que je préférais, ceux qui m'étaient les plus chers, c'étaient mon mari, Léon Nikolaïévitch, et ma fille aînée Tania. Actuellement tout est changé : Macha est mariée, la pauvre Tania est amoureuse et son funeste amour pour un homme indigne d'elle l'a épuisée et nous a tous épuisés. Elle se rend en Crimée pour bien réfléchir. Dieu lui vienne en aide !! Dans six jours, ce sera à mon tour de partir pour Moscou avec Sacha. Je diffère le départ autant que je le puis, mais il est grand temps que Sacha travaille. Elle a quatorze ans et, jusqu'ici, elle n'a pour ainsi dire rien fait. Micha aussi me tient en souci, je crains qu'il ne se gâte et pense que, malgré tout, rien ne vaut pour les garçons l'entourage de la famille. Léon Nikolaïévitch restera avec Liova, mais je vois que cette perspective n'est spécialement agréable ni à l'un, ni à l'autre. Dès que j'aurai accompagné et installé Sacha à Moscou, je reviendrai auprès de Léon Nikolaïévitch. Comme tout est difficile et compliqué ! Je prie Dieu pour qu'il me donne la force de ne pas faiblir devant mes obligations, de comprendre en quoi elles consistent et de m'accorder le courage de vivre jusqu'au bout ma vie de plus en plus difficile et compliquée.

Une petite pluie. Temps doux. Les rares feuilles qui restent encore ont jauni. Les chênes et les lilas sont encore verts et très feuillus. Aujourd'hui, j'ai rangé la maison et vaqué aux soins du ménage ; tiré des photographies. Départ de Macha et de Kolia. Chacun m'ayant demandé des photographies, j'en ai distribué à tout le monde. J'ai fait un peu travailler Sacha qui a écrit une très mauvaise composition. Ce soir, je recopierai pour la cinquième fois la conclusion de l'étude sur l'art, je réparerai une chemise de jour dont la dentelle est usée, j'y ferai de petits plis et y mettrai des entre-deux de dentelle. Je blâme en moi cette recherche et cette habitude d'élégance.

Bien que je m'en défende, je suis fort en mal de Tania. Ce vieil ami de trente-trois ans qui a été témoin de toute ma vie et de mon bonheur conjugal ! Joies et chagrins, elle a tout partagé et vécu avec moi. Nul être au monde ne m'est plus proche.

---

1. Cette phrase est en français dans le texte.

2 octobre 1897.

Calme automnal. Les feuilles se dorent sous les rayons du soleil. Passé une bonne journée. Ce matin, j'ai lu Sénèque, *Consolations à Marcia*, et rangé les livres de la bibliothèque. Nous sommes allés après dîner à Kozlovka, — route abandonnée, ennuyeuse, parsemée de souvenirs. A quoi bon les souvenirs et les regrets ? Pourquoi les impressions de la vie restent-elles si profondément gravées dans mon âme ? En rentrant, j'ai appris que Liova était parti pour Krapivna et que Dora était seule. J'ai couru chez elle lui tenir compagnie. Puis Liovotchka m'ayant remis le chapitre X de son étude sur l'art, j'ai porté les corrections du premier exemplaire dans le second. Travail difficile, mécanique, mais qui exige une grande tension d'esprit. J'y ai consacré trois heures. J'ai constaté avec plaisir que Léon Nikolaïévitch gourmande les Décadents et condamne leurs erreurs. Il cite en exemple des vers totalement dépourvus de sens : Mallarmé, Griffine, Verhaeren, Mauréas et autres. Le soir, afin que je prisse un peu de mouvement, Léon Nikolaïévitch m'a invitée à faire une partie de volant et je lui ai demandé de jouer à quatre mains avec moi. Nous avons joué, pas mal du tout, un septuor de Beethoven. Comme tout est devenu bon, gai, facile après la musique ! Nous nous sommes couchés tard. Lu dans *la Semaine* une étude sur l'amour sexuel. On aura beau discuter sur cette question, nul au monde ne saura la résoudre.

Ce qu'il y a de plus fort, de meilleur, ce qui fait le plus souffrir, c'est l'amour et encore l'amour. C'est lui qui dirige tout, autour de lui tout gravite. A l'artiste, au savant, au philosophe, à la femme, à l'enfant même, à tous, l'amour donne l'élan, l'énergie, la force de travailler, l'inspiration, le bonheur. Je ne parle pas précisément de l'amour sensuel, mais de toutes sortes d'amour. Ainsi, c'est mon petit Vanitchka que j'ai aimé le mieux et avec le plus d'abnégation. D'ailleurs, mon attachement à mon mari et à d'autres êtres a toujours été psychique, artistique, intellectuel plutôt que physique. Bien que mon mari m'ait répugné physiquement par ses habitudes de malpropreté, son intempérance, ses mauvais penchants (purement physiques), j'ai pu, grâce à sa richesse morale, l'aimer durant sa vie entière et fermer les yeux sur tout le reste. — J'ai aimé Ourousov parce qu'il m'a introduite dans le monde de la philosophie en me lisant Marc-Aurèle, Épictète, Sénèque, etc... C'est bien lui qui le premier m'a initiée à ces hautes spéculations, dans lesquelles j'ai puisé tant de consolations. Je me suis attachée à Serge Ivanovitch, non pour son être physique, mais pour son étonnant et magnifique talent de musicien. C'est de son âme que jaillit cette musique si noble et si pure !

Parmi mes enfants, c'était Vanitchka que je préférais et pour la même raison : maigre, incorporel, il était tout âme, intuitif, tendre, aimant. C'était un être fin, trop immatériel pour la vie terrestre.

Dieu m'aide à sortir de ce monde physique et à passer, l'âme ennoblie et le cœur purifié, dans ces lieux où se trouve maintenant Vanitchka.

6 octobre 1897.

Je suis partie à Moscou avec Sacha et Mlle Aubert. Je me suis séparée hier de Liovotchka. Il y a longtemps que je n'avais pas éprouvé un tel regret de le quitter. Il est seul, vieux, courbé (il se courbe chaque jour davantage sans doute par suite de son existence sédentaire. Il écrit le dos courbé pendant des journées entières).
J'ai rangé son cabinet, mis de l'ordre dans ses affaires, dans son linge, lui ai préparé de la semoule d'avoine, du café, du miel, des pommes, des raisins, des biscuits, différentes petites casseroles, de la vaisselle, etc... Il m'a fait des adieux très tendres, presque timides. Il regrettait de devoir se séparer de moi. Mais je reviendrai dans six jours et nous irons ensemble à Pirogov, chez son frère. Tous mes espoirs reposent sur mon fils Liova et sur Dora, je compte qu'il veilleront sur Léon Nikolaïévitch. L'abcès que mon mari avait sur la joue est guéri, mais maintenant il souffre du nez, ce qui lui fait très peur. J'espère que ce n'est rien de grave.
Je suis allée ce matin chez le dentiste, chez Kolokoltzev, puis à la banque pour voir Dounaïev au sujet des affaires de Léon Nikolaïévitch. J'ai prié Dounaïev de remettre au prince Oukhtomskii la lettre de Léon Nikolaïévitch en faveur des Molokanes. Les *Rouskié Viédomosti* ayant refusé de la publier, Léon Nikolaïévitch veut la donner aux *Peterbourgskié Viédomosti*.

Je suis lasse. Ce que j'écris est décousu.

10 octobre 1897.

Voilà quatre jours que je n'ai rien noté dans mon journal ; j'ai vécu dans la fièvre et l'agitation : une multitude d'affaires. Ni musique, ni lecture, ni joies, rien. Que j'aime peu cette vie ! Passé beaucoup de temps à copier Léon Nikolaïévitch, porté les corrections d'un exemplaire dans l'autre ; transcrit très proprement toute la conclusion. Cherché pour Sacha des professeurs de russe ; mon choix s'est fixé sur S. N. Kachkina, la fille de l'ancien professeur de musique de Serge. Micha est tombé et s'est fait mal à la jambe. Voilà trois jours qu'il est au lit, ne va pas au lycée et ne fait absolument rien. Ennuis de domestiques [20].
Serge Ivanovitch a passé la soirée avec moi et je suis restée déçue. Il me semble que nous sommes devenus étrangers l'un à l'autre. L'entrevue avec lui n'était pas gaie, pas naturelle et, par instants, pénible. Est-ce parce que j'ai reçu de Léon Nikolaïévitch une lettre agréable et qu'en esprit et en pensée je me suis transportée auprès de lui à Iasnaïa Poliana ? Est-ce parce que j'ai des remords que l'entrée dans ma vie de Serge Ivanovitch n'ait apporté que chagrin et afflige peut-être encore actuellement mon mari ? Quelque chose a changé dans mon attitude envers Serge Ivanovitch, bien que j'aie bravé le mécontentement de Léon Nikolaïévitch et que je n'aie pas voulu renoncer à ma liberté d'action et de sentiment tant que je ne me sens pas

coupable le moins du monde [19].
Demain concert tchèque. On jouera Beethoven, un quartetto de Tanéïev et du Haydn. Je me réjouis.

11 octobre 1897.

Reçu des lettres de Léon Nikolaïévitch, de Liova et de Dora. Tout le monde m'écrit que Léon Nikolaïévitch ne se porte pas très bien, aussi ai-je décidé de partir aujourd'hui même pour Iasnaïa Poliana. Concert magnifique ! Les artistes ont excellemment joué le quartetto de Beethoven. Le quartetto de Tanéïev a été un véritable triomphe. Quelle œuvre charmante ! C'est le dernier mot de la musique [13]. Je me suis délectée. On a rappelé Serge Ivanovitch deux fois et on l'a applaudi ainsi que les Tchèques qui ont irréprochablement exécuté le quartetto. Sous ces magnifiques impressions, j'ai regagné la maison, fait mes valises et, un quart d'heure avant le départ du train, j'étais à la gare. C'est l'âme joyeuse que j'ai fait le trajet en chemin de fer, parcouru la route qui mène à Kozlovka. Toute la première journée à Iasnaïa Poliana, je suis restée sous l'impression de la musique.
[Écrit après le 11.]

20 octobre 1897.

J'ai vécu à Iasnaïa Poliana avec Léon Nikolaïévitch du 12 au 18. La santé de mon mari est entièrement rétablie. Le 17 déjà, il est allé à cheval à Iasienka et a cessé de voire de l'eau d'Ems. Nous avons vécu en bas dans deux chambrettes. Je ne montais que pour m'habiller et me déshabiller dans ma chambre non chauffée. Aussi ai-je pris froid et suis-je tombée malade : des névralgies dans la tête, puis dans la main et l'épaule ; ensuite la grippe. Pendant cette semaine, la vie à Iasnaïa Poliana a été difficile et grise. Temps humide, morne, sombre. A la maison, le vide, le froid, la saleté. J'étais malade. J'ai copié des journées entières sans lever les yeux. Par instants, ma fatigue était si grande que j'aurais voulu rire, crier, pleurer. Porté les corrections d'un exemplaire dans l'autre ; ensuite beaucoup copié. Léon Nikolaïévitch s'est mis à modifier, à remanier, et à corriger ce que j'avais transcrit et il m'a fallu porter ses corrections sur le premier exemplaire. Il écrit sans soin, d'une écriture fine, confuse, il ne trace pas la fin des mots, ne met pas de signes de ponctuation. Comme il faut tendre l'esprit pour déchiffrer cet embrouillamini, les notes en marges, les différents signes et numéros…

Névralgies et rhume m'ont rendu le travail plus pénible encore. Mlle Schmidt est venue les deux derniers jours et m'a un peu aidée, en sorte que nous avons presque terminé. Pour tout service, nous n'avions qu'un gars du village, presque idiot, qui venait charger les poêles et préparer le samovar. Il m'est arrivé de préparer moi-même le samovar. Je le fais gauchement et non sans irritation — car faire tout soi-même, comme le préconise Léon Nikolaïévitch, me prive de la possibilité de l'aider et de copier pour lui. J'ai balayé les chambres, essuyé la poussière. C'est à peine si j'ai réussi à mettre en ordre ces deux pièces qui, pendant mon absence, avaient atteint au comble du désordre et de la saleté.

Nous allions prendre nos repas chez Liova et Dora qui sont installés dans les dépendances. Cela nous a paru tout d'abord étrange, puis, à la fin, cela nous a été agréable.

Mon mari m'a témoigné bonté et tendresse. J'ai été touchée de la manière dont il m'a appliqué des compresses sur la main et l'épaule malades, dont il m'a remerciée de mes travaux de copie et dont, en me disant adieu, il m'a baisé la main, ce qu'il n'avait pas fait depuis longtemps [105].

Je suis revenue à Moscou le 18. Le matin, j'ai couru pour affaires, essayé des robes. Le soir, je suis allée au premier concert symphonique [22].

Le mariage de Vania Raïevskii a été célébré le 19 [92].

Serge Ivanovitch est tombé, s'est fait mal à la jambe et garde le lit depuis quelques jours. Je n'ai pas pu y tenir et ai couru chez lui pour une minute, puis je me suis demandé si j'avais bien fait. Au concert symphonique, A. I. Maslova m'avait dit : « Allez tout simplement chez Serge Ivanovitch, il sera très content de vous voir. »

A-t-il été vraiment content ? Peut-être tout au contraire ? A. A. Maklakov était à son chevet ; tous deux jouaient aux échecs. Serge Ivanovitch était pâle et faisait peine à voir, comme un enfant puni. Il s'est plaint de ne pouvoir travailler, parce qu'il était privé d'air et de mouvement.

Des lettres de Tania et de Macha. Toujours ce même sentiment pénible au sujet de mes filles. Macha avec son gamin de mari, paresseux et déraisonnable. Tania avec son amour maladif pour Soukhotine. C'est comme si, d'un seul coup, j'avais perdu mes deux filles.

Sacha se donne beaucoup de peine et travaille bien avec sa nouvelle institutrice.

J'ai couru aujourd'hui faire des courses pour Dora. Celle-ci est enceinte. Elle est bonne, tendre, attentive envers Léon Nikolaïévitch et envers moi. Comme elle me fait peine avec cette grossesse et ces nausées !

J'ai passé la soirée avec oncle Kostia et Maklakov. Vide et inutile. Pourtant, ils sont meilleurs que beaucoup d'autres.

21 octobre 1897.

Je suis allée prendre des nouvelles de Serge Ivanovitch [22]. Comme toujours, nous avons conversé sérieusement, simplement, avec calme [6]. Je lui ai parlé des œuvres des *Décadents* dont j'avais fait quelques extraits à Iasnaïa Poliana. Puis nous nous sommes entretenus de musique, de Beethoven sur la vie duquel il m'a conté quelques détails et dont il m'a donné une biographie en deux volumes. Comme de coutume, après un entretien avec Serge Ivanovitch, j'éprouve un sentiment agréable, de calme satisfaction. Il m'a vivement priée de revenir le voir ; je ne sais si je m'y déciderai. Je suis allée chez Natacha Den, qui n'était pas chez elle. J'ai vu son misérable gîte. Toutes nos filles acceptent une vie pauvre pour se donner et se dévouer à l'homme qu'elles aiment. Pourtant, elles ont vécu dans de vastes demeures où il y avait de nombreux domestiques, une bonne nourriture, etc... Certes, rien n'est plus précieux que l'amour [16] ! Passé la soirée chez mon frère Sacha avec ma sœur Lise. La préoccupation des choses matérielles, l'absence de tout intérêt intellectuel et artistique m'effrayent chez ma sœur Lise [15]. Bref, journée inutile qui ne laissera pas la moindre trace.

Reçu de Léon Nikolaïévitch une lettre froide, distante. Il tâche de me manifester de la tendresse et n'y a pas réussi. Peut-être est-il fâché que je vive à Moscou et non à Iasnaïa Poliana où j'aurais copié pour lui du matin au soir. Mais, je n'en puis plus, je n'en puis plus ! Je me rappelle la semaine que j'ai passée là-bas : la boue dehors, la saleté dans ces deux pièces où Léon Nikolaïévitch et moi avons vécu, les souricières dont le volant se refermait sans cesse sur une souris prise. Des souris, des souris à n'en plus finir ! Une maison froide et déserte, un ciel gris, une pluie fine, l'obscurité, ces allées et venues à la lumière de la lanterne pour déjeuner et dîner chez Liova ; des copies, des copies du matin jusqu'à la nuit ; le samovar qui fumait, l'absence de domestiques, un silence mortel. Grise, terrible fut ma vie à Iasnaïa Poliana. Ici, c'est mieux, mais il faut se rendre utile et avoir une existence plus pleine.

23 octobre 1897.

Allée de bon matin chez le dentiste ; tout est à refaire. Chez tante V. A., j'ai beaucoup bavardé avec Macha Sverbéïéva et j'ai eu tort. Oncle Kostia est venu dîner et nous sommes allés ensemble voir Serge Ivanovitch. Gênant et ennuyeux. Je crois que je n'y irai plus. Nous n'y sommes restés que quelques instants. Pendant que nous étions là est arrivée A. I. Maslova, facétieuse, aux allures dégagées, et la visite est devenue plus ennuyeuse et plus gênante encore. Entendu au concert deux quintettes de Broms. Fastidieux, j'ai même sommeillé.

J'ai l'âme lourde : la nouvelle qu'Andrioucha est malade, sans doute très grièvement, me tourmente beaucoup. J'ai longuement pensé à Tania : il a dû lui arriver quelque chose aujourd'hui, car j'ai tout spécialement pensé à elle. Reçu une lettre de M. A. Schmidt qui me dit que Léon Nikolaïévitch est en train, se porte bien, que des moujiks sont venus prendre le thé chez lui, etc… Il nous est facile de vivre séparés, — ce n'était pas le cas jadis. Mais ce qui m'est difficile, c'est d'être privée d'amis, d'un être qui s'intéresserait à moi, avec qui je pourrais être en communion spirituelle. Quant à Léon Nikolaïévitch, il ne m'a été uni que par le corps, il ne m'a aimée que d'un amour charnel. Lorsque la sensualité s'est éteinte, alors s'est éteint aussi le désir de vivre avec moi.

Lu la biographie de Mendelssohn et pris les deux tomes de la vie de Beethoven. Mais que valent les biographies ? Qui connaît l'âme d'un être humain ? L'artiste crée avec son âme et l'art vit de la vie spirituelle de celui qui l'a créé. Quant à la vie matérielle de l'artiste, elle est souvent mauvaise ou insignifiante.

Qu'y a-t-il d'intéressant dans la vie de Léon Nikolaïévitch, dans celle de Serge Ivanovitch ? On les aime, non pour eux,

non pour leur vie ou leur extérieur, mais pour ce rêve profond, infini d'où jaillit leur création.
Je ne suis ni normale, ni équilibrée. Aujourd'hui, mon angoisse a atteint un tel paroxysme que j'aurais été capable de me tuer ou de faire quelque chose de tout à fait incohérent.

24 octobre.

De nouveau chez le dentiste. Levée tard ; j'éprouve cette angoisse automnale qui m'est familière. On dirait qu'autour de moi, les fils se sont rompus, que je suis seule, sans occupations, sans but, qu'aucun lien ne me rattache à aucun être et que je ne suis nécessaire à personne. Ce soir, Maklakov a amené Plévako, le célèbre avocat. Comme tous les gens exceptionnels, il est intéressant. On voit qu'il n'y a pas besoin de lui rien expliquer, il a de l'intuition, il comprend tout. Une tête large, un front aux bosses saillantes, puissant, plutôt sympathique bien qu'on dise du mal de lui.
J'ai commencé ce soir le premier chapitre de ma nouvelle. Je sens que ça ira bien. Mais à qui la soumettrai-je ? J'aurais envie de l'écrire et de la publier en secret.
Je souffre d'un œil. Je me couche chaque jour vers 3 heures du matin. Aucune nouvelle des miens. J'ai écrit hier à tout le monde. Expédié de l'argent. Je tâche de ne pas m'inquiéter afin de ne pas dépenser mes forces inutilement.

Nulle part, je ne trouve ni quiétude, ni joie.

25 octobre 1897.

Terriblement envie de voir Léon Nikolaïévitch, j'ai été en mal de lui tout le jour. Joué du piano quatre heures durant pour me distraire. Bien que le dentiste m'ait torturée, mes fausses dents continuent de me faire mal. Dire qu'il a fallu en arriver à mettre de fausses dents, j'en avais si peur !
Je suis allée voir Macha Kolokoltzéva à qui j'ai parlé de mes filles, Tania et Macha. Mon cœur est rongé par les soucis qu'elles me causent. Pomérantzev et Igoumnov sont venus dans la soirée. Igoumnov a joué longtemps : son ouverture, des œuvres de Skriabine, une fugue de Bach (pour orgues) et quelque chose de Pabst. Il a joué aussi des romances de Tanéïev et de Pomérantzev. Mais aujourd'hui, je suis fermée à la musique. J'ai envie d'aller lundi voir Léon Nikolaïévitch et de me rendre avec lui à Pirogov.

26 octobre 1897.

Accompagné Sacha et Sonia Kolokoltzéva à un concert populaire en l'honneur de Tchaïkovskii. De là, nous sommes allées au Musée d'Histoire où sont exposées des œuvres des peintres russes. Rien de remarquable. On est frappé par l'abondance des paysages d'automne. En effet, cette année, l'automne a été magnifique, les feuilles ont tenu longtemps, il y a eu de nombreuses journées ensoleillées. Un automne doré. Serge est arrivé. Comme toujours, ma tendresse pour lui est contenue par un certain sentiment de gêne. J'ai envie de le caresser, de lui dire combien je souffre de ses peines. Le soir, visites de Goldenweiser, de Natacha Den et de son mari. Goldenweiser a excellemment joué, avec une élégance et un goût consommés [9]. Cela m'a fait un grand plaisir. Tant d'art aujourd'hui, cela m'a fait du bien.

27 octobre 1897.

La neige. Le jardin, sous ce blanc vêtement, brille au soleil. Mais, déjà, je n'éprouve plus cet élan, cette joie simple et ingénue de la première neige.
Fait des courses, un peu de musique. Départ pour Iasnaïa Poliana.

Moscou, 2 novembre 1897.

Je suis allée à Iasnaïa Poliana auprès de Léon Nikolaïévitch. Le 28 octobre, je suis partie en traîneau de Kozlovka, j'étais pleine d'entrain, de courage et prête à aider Léon Nikolaïévitch. La matinée était ensoleillée, la neige brillait. Une lune énorme descendait à l'horizon tandis que le soleil se levait : une matinée d'une beauté féerique.
A peine arrivée à Iasnaïa Poliana, la malchance m'a coupé les ailes. Léon Nikolaïévitch était sec et ne m'a pas témoigné la moindre tendresse. Puis des désagréments : j'ai

fait notre chambre, tendu les souricières ; l'une d'elles s'est brusquement refermée et le volet m'a frappé l'œil ; j'ai cru que j'allais devenir borgne.

Au lieu de copier pour Léon Nikolaïévitch, j'ai dû rester étendue un jour et demi avec une compresse sur l'œil. Le lendemain, par une température de — 15°, Léon Nikolaïévitch est allé à cheval à Toula, ce qui n'a pas laissé que de m'inquiéter, et moi je suis restée tout le jour seule, couchée, les yeux clos à ressasser de sombres pensées [12].

De temps à autre, je me levais pour écrire. Bien que je ne visse que d'un œil, j'ai copié petit à petit tout le douzième chapitre sur l'art. J'ai pris mes repas à l'annexe, chez Liova et Dora où je me suis sentie bien à l'aise.

Le lendemain je suis allée avec Léon Nikolaïévitch chez son frère à Pirogov. Mais la veille de notre départ, est survenu un incident désagréable qui a fait une entaille à notre sentiment et ne peut que séparer davantage l'un de l'autre des gens qui se sont aimés. Qu'est-il arrivé ? C'est indéfinissable. Vraiment rien. Le fait est qu'une fois de plus, j'ai senti dans son cœur cette même glace qui si souvent m'a fait frissonner ; j'ai senti en lui une indifférence totale envers moi, envers les enfants. Lorsque je lui ai demandé s'il viendrait à Moscou et quand il y viendrait, il m'a répondu d'une manière vague et imprécise ; quand je lui ai exprimé le désir d'avoir avec lui des liens plus étroits, plus amicaux, de l'aider dans ses travaux de copie, de l'entourer, de veiller sur lui, sur son régime végétarien, il m'a répondu avec dégoût qu'il n'avait besoin de personne, qu'il jouissait de sa solitude, ne

demandait rien, qu'il n'était pas nécessaire que l'on copiât pour lui, bref il a fait tout ce qu'il a pu pour me priver de la joie de penser que je lui suis utile pour ne pas dire agréable. Et, nous autres femmes, n'avons rien de plus précieux que de sentir que nous pouvons être utiles ou agréables aux personnes qui nous sont proches.
J'ai pleuré tout d'abord, puis j'ai eu une crise d'hystérie. Mon désespoir était tel que je ne désirais plus rien d'autre que la mort.
Le pire, c'est cette glaciale froideur de Léon Nikolaïévitch qui fait naître dans mon cœur un puissant besoin de me lier à quelqu'un d'autre, de combler ce vide que laisse dans l'âme une tendresse repoussée par celui que l'on peut aimer légalement et simplement. Voilà la grande tragédie que les maris n'admettent et ne comprennent pas.
Quand, à force de chagrin et de larmes, j'étais sur le point de devenir folle, nous nous sommes réconciliés tant bien que mal, et dès le lendemain, à Pirogov, j'ai copié tout le jour pour Léon Nikolaïévitch. Alors tout est redevenu nécessaire : un bonnet que j'avais songé à apporter, des fruits, des dattes, mon corps, mon travail de copie ; tout cela a paru plus qu'indispensable. Mon Dieu, aidez-moi à accomplir mon devoir envers mon mari jusqu'à la fin de sa vie, c'est-à-dire à le servir avec patience, douceur et humilité. Pourtant, je ne puis étouffer dans mon âme ce besoin de relations amicales, sereines, attentives qui devraient exister entre proches.
Malgré tout le mal que m'avait fait Léon Nikolaïévitch, je me suis tourmentée pour lui et j'ai eu peur qu'en faisant à

cheval ces trente-cinq verstes, il ne se fatiguât et ne prît froid. Il est resté à Pirogov, chez son frère, et moi je suis revenue à Moscou. Assisté à un magnifique concert symphonique. Une sérénade en ut majeur de Tchaïkovskii pour instruments à cordes et un concerto de Schumann. J'ai vu beaucoup de monde, mais Serge Ivanovitch n'était pas là ; il continue à souffrir de la jambe.
Avec Sacha, tout va bien, seulement elle ne s'accorde pas avec Mlle Aubert. Micha m'a avoué qu'il avait toujours de mauvaises notes, cela m'a fâchée, émue plutôt, et je lui ai fait des reproches. Il a haussé la voix et a été désagréable.
J'ai été fort troublée hier que Serge soit allé voir sa femme qui l'avait appelé. Il a vu aussi son petit garçon. Quand je lui ai demandé ce qui s'était passé entre sa femme et lui, il m'a répondu « tout et rien », mais il s'est refusé à me conter en détail leur entrevue. Pourtant, il me semble qu'il est plus calme.
Macha tousse ; elle va partir à Cannes.
Ici à Moscou, je mène une vie plus paisible et meilleure, mais je retourne aujourd'hui à Pirogov. De là, j'irai à Iasnaïa Poliana où je passerai un jour, celui de l'anniversaire de naissance de Dora, puis le jeudi 6, je reviendrai à Moscou où je resterai. Léon Nikolaïévitch désire vivre loin de moi, c'est son affaire. Quant à moi, je dois veiller sur l'éducation de Sacha, diriger Micha. Non, je ne veux plus vivre à Iasnaïa Poliana. Auparavant, lorsque mes enfants étaient là-bas, ma vie était remplie, bonne, utile, maintenant n'être plus que l'esclave de Léon Nikolaïévitch qui, par-dessus le marché, ne m'aime pas (il

n'aime personne), être privée de travail personnel, de vie et d'intérêts qui me soient propres, — je ne le puis déjà plus. Je suis lasse de la vie.

7 novembre 1897.

Je n'ai pas pu mettre à exécution tous mes projets : je suis allée à Pirogov lundi matin et nous n'en sommes repartis qu'hier jeudi. La vie chez le frère de Léon Nikolaïévitch a été pénible. Serge Nikolaïévitch est un vieillard de soixante et onze ans, à l'esprit assez frais, mais despotique et misanthrope. Il lit beaucoup, s'intéresse à tout, mais dit du mal de tout le monde, sauf de la noblesse. Il n'a à la bouche que des mots comme ceux-ci : les professeurs, des fils de chienne, des misérables : les marchands, des brigands, des voleurs ; le peuple, mais on n'en peut rien dire et il invective contre le peuple ; le monde musical, il se compose d'idiots et de mauvais sujets... C'est terrible avec Serge Nikolaïévitch. Sa famille vit pauvrement et se nourrit très mal. Les filles, qui gardent le silence devant leur despote de père, cherchent, dans ce trou perdu, la société d'êtres humains. Viéra montre aux enfants des paysans la lanterne magique, leur enseigne l'anglais. Avec les moujiks, les selliers, les menuisiers, elles s'entretiennent de questions religieuses et philosophiques. C'est le père qui en a d'abord pris ombrage et maintenant, c'est au tour de la mère (la tzigane) de s'indigner. Ces trois jeunes filles ont un cheval et deux vaches qu'elles traient et dont elles boivent le lait.

Elles sont végétariennes.

Là-bas, Léon Nikolaïévitch a continué à écrire et moi j'ai copié pour lui des journées entières. Parfois, le soir, je jouais du piano et cela faisait la joie générale. Il y avait longtemps qu'ils n'avaient pas entendu de musique.

Nous aurions voulu partir lundi, mais il pleuvait, il y avait du verglas et nous sommes restés. Le lendemain s'est élevé un vent terrible ; je craignais que Léon Nikolaïévitch ne prît froid et de nouveau nous avons différé notre départ. Mais hier, mon angoisse ayant atteint au paroxysme, nous avons décidé de regagner Iasnaïa Poliana. Le vent soufflait avec violence. Léon Nikolaïévitch a fait allégrement à cheval ces trente-cinq verstes que j'ai parcourues en traîneau. Il y a longtemps que je ne m'étais pas autant inquiétée pour lui ! Combien m'ont paru insignifiants tous autres intérêts, tous liens, toutes fantaisies, devant la terreur que mon mari ne prît froid, ne tombât malade et devant la possibilité de le perdre.

Nous avons fait le trajet en trois heures et, grâce à Dieu, Léon Nikolaïévitch n'a pas pris froid. A Iasnaïa Poliana, qui m'a semblé un paradis après Pirogov, nous avons été accueillis par Liova et Dora chez qui nous avons pris nos repas. Le soir, nous avons allumé notre poêle. Léon Nikolaïévitch a corrigé encore les douzième et treizième chapitres et m'a priée de porter ses corrections sur le second exemplaire.

Nous avons bu gaiement le thé en tête à tête. Liovotchka a lui-même préparé le lit et après cette chevauchée de trente-cinq verstes, il était encore assez vert pour me témoigner de la passion... je note cela comme une preuve de sa remarquable vigueur, il a soixante-dix ans. Ce matin, il est tombé une neige molle et duvetée, pas de vent. L'air est pur. Nous avons bu le café, fait nos chambres, reçu des lettres de presque tous les enfants, ce qui nous a fait plaisir. Nous avons parcouru les journaux, après quoi je me suis rendue à la gare de Iasnaïa Poliana où j'ai pris le train pour Moscou. J'ai dit un amical au revoir à Léon Nikolaïévitch qui est allé jusqu'à me remercier de l'avoir tant aidé en recopiant son étude sur l'art. On a expédié aujourd'hui à Mod les douzième et treizième chapitres, afin qu'on les traduise. Avec mon mari sont restés Liova, Dora et son vieux scribe, Alexandre Pétrovitch Ivanov, un lieutenant en retraite qui, il y a dix-neuf ans, était venu demander la charité et, après sa conversion, est resté auprès de Léon Nikolaïévitch pour copier ses œuvres.

En wagon, j'ai lu tout le long du chemin la biographie de Beethoven qui m'a extraordinairement intéressée. C'est un de ces êtres pour qui le centre du monde est leur génie, leur création, dont tout le reste n'est qu'un accessoire. Grâce à Beethoven, j'ai mieux compris l'égoïsme et l'indifférence de Léon Nikolaïévitch. Pour lui aussi, le monde n'est que le cadre qui entoure son génie, sa création ; de tout ce qui l'entoure, il ne prend que ce qui peut servir à son talent, à son travail. Tout le reste, il le rejette. De moi, par exemple, il prend le travail de copie, les soins que je donne à sa personne physique, mon corps... Quant à ma vie spirituelle, il ne s'y intéresse absolument pas et n'en a pas besoin, aussi n'a-t-il jamais tâché de l'approfondir. Tant que ses filles étaient à son service, il s'est intéressé à elles et ses fils lui sont totalement étrangers. Nous souffrons de cela, mais le monde s'incline devant des êtres tels que ceux-là.

Beaucoup de choses à faire à Moscou : les éditions, la banque ; des ennuis de toute sorte. Sacha et Micha se sont vivement réjouis de mon arrivée, mais ils travaillent mal et Sacha continue à être grossière avec les gouvernantes.

Ce soir, j'ai trouvé le temps de faire un peu de musique.

10 novembre 1897.

Je suis revenue aujourd'hui de Tver où j'étais allée prendre des nouvelles d'Andrioucha. Andrioucha est venu au-devant de moi sur le seuil de la porte ; il m'attendait depuis le matin. Il exprime toujours tendrement sa joie de me voir. Il s'est brûlé et a dû garder le lit trois semaines ; maintenant, la plaie est cicatrisée. Nous avons passé ensemble une journée excellente. Il m'a tenu compagnie pendant que je travaillais, nous avons parlé de beaucoup de choses intimes et de choses le concernant personnellement. La vie semble l'avoir un peu dégrisé et développé. Il est frais, ne boit pas, mène une vie rangée. Il est en train et agréable. Sur ses insistances, je fais des démarches pour qu'il soit rattaché au régiment de Soumski à Moscou.

La route eût été terriblement fatigante sans cette biographie de Beethoven que je lis avec toujours plus de plaisir. La vie de chaque homme est intéressante, à plus forte raison, la vie d'un tel génie.

Reçu une lettre et un télégramme de Tania qui est retenue à Ialta par la maladie inopinée de mon petit-fils Andrioucha. Je me réjouis de la prochaine arrivée de Viéra Kouzminskaïa.

J'ai reçu une lettre de Léon Nikolaïévitch qui m'écrit qu'il est sur le point de terminer son étude sur l'art et veut entreprendre un nouveau travail. Il écrit encore : j'ai pensé à toi, je t'ai comprise et j'ai eu pitié de toi. Premièrement, comment m'a-t-il comprise ? Il n'a jamais essayé de me comprendre et il ne me connaît pas du tout. Lorsque je l'ai prié de me dire ce que je pouvais lire, il m'a indiqué, non des œuvres qui auraient pu m'intéresser ou m'être utiles, mais bien celles qui l'intéressaient lui. Pour la lecture, c'est feu prince Ourousov qui m'a beaucoup aidée et maintenant, je suis guidée par Serge Ivanovitch. Lorsque j'avais un chagrin quelconque, Léon Nikolaïévitch l'attribuait au mauvais fonctionnement de mon estomac (j'ai cet organe parfaitement sain) ; lorsque je désirais quelque chose, ou bien il n'en voulait rien savoir ou bien il prétendait que j'étais capricieuse et de mauvaise humeur. Et voilà que soudain il m'a comprise et me plaint. Cette pitié me blesse, je n'en ai nul besoin. Il ne me faut rien d'autre qu'un amour véritable, amical et pur, je suis devenue plus forte, je trouverai seule la joie de vivre et le sens de la vie.

11 novembre 1897.

Allée au lycée au sujet de Micha ; je n'ai entendu que

reproches touchant sa paresse et sa mauvaise conduite. Que je suis malheureuse ! Je suis condamnée à entendre toute ma vie les professeurs et les proviseurs se plaindre de mes fils.
Pourtant, il y a des mères fortunées qui, au contraire, entendent louer leurs enfants. A la maison, nouvelle discussion pénible avec Micha, j'ai décidé de faire tout le possible pour le mettre complètement au lycée. Il se révolte à cette idée, mais je tâcherai de maintenir mon point de vue. Fait des courses ; neige fondue, vent. Le soir, j'ai joué avec intérêt deux sonates de Beethoven. Je continue à lire avec délectation la biographie de ce grand génie. Depuis l'arrivée de Viéra Kouzminskaïa, je me sens moins seule. D'ailleurs, je ne suis pas seule : tout un monde nouveau s'est ouvert pour moi et je n'ai besoin que de distractions. Je suis contente de voir les miens, contente que Tania et Léon Nikolaïévitch soient revenus, mais ils ajoutent peu à mon bonheur intime. Hélas ! bien au contraire…

12 novembre 1897.

Assisté avec Sacha à une soirée musicale au Conservatoire. Pas fatigant, mais agréable. Il se forme là-bas d'excellents pianistes. Le directeur, Safonov, a été fort aimable avec moi. A l'entr'acte, il m'a offert le bras et invitée dans son bureau. Il m'a présenté un étranger, professeur de musique du nom de Ritter à qui j'ai dû parler allemand. Reçu la visite de Mme Den. Je suis allée ce matin à la banque. Je ne vois pour ainsi dire personne et n'ai envie de voir personne.

13 novembre 1897.

Fait des commissions pour Dora à qui j'ai écrit une lettre. Pris chez miss Welsh ma première leçon de musique. Aujourd'hui, je m'ennuie et je voudrais la société amicale et tendre d'un être que j'aime.
Viéra Tolstaïa est arrivée. Viéra Kouzminskaïa souffre beaucoup d'être en mauvais termes avec son père. Micha est au théâtre. Sacha prépare ses leçons. Je vais monter faire de la musique et tout deviendra plus facile. Sans cela, j'ai l'âme inquiète.
Joué toute la soirée. Quelle jouissance infinie procure la musique de Beethoven !

14 novembre 1897.

Toute la journée, des comptes fastidieux avec le commis. A. Maklakov est venu le soir ; j'ai fait avec lui de la musique à quatre mains, mais il joue par trop mal [24].
Andrioucha est arrivé pour deux jours. Il s'est senti si seul et s'est tant ennuyé après mon départ de Tver qu'il a demandé à son capitaine une permission pour venir ici. Une bonne lettre de Léon Nikolaïévitch.
Hier, Viéra Kouzminskaïa a reçu une lettre de sa mère qui lui annonce le mariage de M... qu'elle a aimé. Elle souffre et me fait peine. Elle est en mauvais termes avec son père et

elle a pleuré hier en lisant la lettre qu'elle venait de recevoir de lui.

Il gèle — 10°, puis — 7°. Du vent. Je ne suis pas sortie aujourd'hui. Demain, concert symphonique.

15 novembre 1897.

Journée de musique sans grande satisfaction. Ce matin, Viéra et Sacha ont assisté avec moi à la répétition. J'avais fort peu envie de me lever et d'y aller, mais je l'ai fait pour eux. Au cours de la journée, j'ai fait des exercices de piano. Micha Olsoufiev m'a questionnée au sujet de Tania et de Soukhotine. Je lui ai répondu que Tania avait refusé d'épouser Soukhotine. Nous avons parlé de Tania, mais par allusions. Micha était très ému. A-t-il jamais songé à l'épouser ? Sans doute, y a-t-il pensé et ne s'y est-il pas décidé. « Vos filles sont très passionnées, intéressantes, elles ont beaucoup de talent, mais on a peur de les épouser, » a-t-il dit. Cet entretien m'a aussi vivement émue. Boratinskaïa et oncle Kostia ont dîné chez nous. Les amis de Micha sont venus le soir et moi je suis allée au concert symphonique [15]. En somme concert ennuyeux ! Micha continue à m'être désagréable par sa faiblesse de caractère. Qu'adviendra-t-il ? Que tout est pénible, pénible !
Je suis affligée et irritée que Léon Nikolaïévitch ne vienne pas. Je ne vois pas Serge Ivanovitch ; il a mal à la jambe et je ne vais pas chez lui pour ne pas faire de peine à Léon Nikolaïévitch. Pourquoi mon mari qui vit loin de moi et

jouit de sa solitude se mêle-t-il de mes attachements et de ce que je fais ? Cela devrait lui être égal puisqu'il n'est pas avec moi.

16 novembre 1897.

Encore une journée de musique. Ce matin, écrit et fait des comptes, puis joué deux heures et demie sans pouvoir venir à bout de la huitième invention de Beethoven. Visites de Goldenweiser, de Dounaïev et de Varia Nagornova. Dounaïev nous a lu un conte de Tchékhov. Goldenweiser a très bien joué la sonate *Apassionata* de Beethoven, des préludes et des nocturnes de Chopin. J'aime son jeu intelligent et élégant bien que je me sois souvenue de l'interprétation que Tanéïev donne de ces œuvres : c'est comme la terre et le ciel. Comme je voudrais réentendre Tanéïev ! Se pourrait-il que je sois à jamais privée de ce plaisir ? Après le départ de Goldenweiser, Varia et moi avons essayé de jouer la symphonie tragique de Schubert ; dès le commencement, nous avons été emportés et avons joué plutôt d'inspiration. D'où avons-nous pris cette faculté ? Nous étions toutes deux dans l'enthousiasme. Charmante Varia ! si pleine d'instinct, de talent, d'intuition pour tout ce qui est beau.
Andrioucha est parti, je le regrette. Micha est allé à un concert de tziganes. Sacha a couru et joué avec Sonia Kolokoltzéva. Aucune nouvelle de personne. Je ne suis pas

sortie. La neige. 0°.

19 novembre 1897.

J'ai pris avec miss Welsh ma deuxième leçon de musique. Je ne pouvais quitter le piano et, après ma leçon, j'ai joué encore durant quatre heures. J'ai grande envie de faire de la musique à quatre mains et de jouer la *Symphonie inachevée* de Schubert, mais avec qui ? Viéra Kouzminskaïa, dans l'état d'hystérie où elle se trouve, me fait grande pitié. Serge et mon frère Stiopa veulent acheter une propriété et ce projet me déplaît extrêmement. Reçu une lettre de Léon Nikolaïévitch. Il écrit qu'il s'ennuie sans moi, mais qu'il lui faut la solitude pour travailler, d'autant plus qu'il ne lui reste que peu de temps à vivre et à écrire. Pour l'humanité, ces arguments ont peut-être une grande valeur, mais pour moi personnellement, il me faut faire un grand effort pour admettre que la composition d'une étude est plus importante que ma vie, mon amour et le désir d'être auprès de mon mari.
Le soir, je suis allée voir tante Chidlovskaïa qui a soixante-douze ans et je me suis beaucoup ennuyée avec elle. Je songe souvent qu'un jour viendra où moi aussi j'aurai cet âge et serai seule. C'est terrible.
Du verglas, on a peine à marcher sur les pavés glissants. Hier soir, il a plu. Aujourd'hui, tout est gelé et le verglas brille au soleil ; clair de lune.
Je viens de me faire les cartes. La mort est sortie à deux

reprises. J'ai terriblement peur de mourir et il y a si peu de temps, je désirais la mort. Je m'en remets à la volonté divine. Un peu plus tôt, un peu plus tard, cela n'a pas d'importance.

FIN